中國華嚴思想史

傅偉勳・楊惠南——主編

木村清孝——著

李惠英——譯

東大三民圖書

《現代佛學叢書》總序

　　本叢書因東大圖書公司董事長劉振強先生授意，由偉勳與惠南共同主編，負責策劃、邀稿與審訂。我們的籌劃旨趣，是在現代化佛教啟蒙教育的推進、佛教知識的普及化，以及現代化佛學研究水平的逐步提高。本叢書所收各書，可供一般讀者、佛教信徒、大小寺院、佛教研究所，以及各地學術機構與圖書館兼具可讀性與啟蒙性的基本佛學閱讀材料。

　　本叢書分為兩大類。第一類包括佛經入門、佛教常識、現代佛教、古今重要佛教人物等項，乃係專為一般讀者與佛教信徒設計的普及性啟蒙用書，內容力求平易而有風趣，並以淺顯通順的現代白話文體表達。第二類較具學術性分量，除一般讀者之外亦可提供各地學術機構或佛教研究所適宜有益的現代式佛學教材。計畫中的第二類用書，包括⑴經論研究或現代譯注，⑵專題、專論、專科研究，⑶佛教語文研究，⑷歷史研究，⑸外國佛學名著譯介，⑹外國佛學研究論著評介，⑺學術會議論文彙編等項，需有長時間逐步進行，配合普及性啟蒙教育的推廣工作。我們衷心盼望，關注現代化佛學研究與中國佛教未來發展的讀者與學者共同支持並協助本叢書的完成。

傅偉勳　楊惠南

中文版序文

　　我的研究生涯，是開始於中國華嚴思想的研究，直至現在，亦尚以此為基軸而進行。追溯三十年前，我剛成為東京大學大學院的學生時，即受玉城康四郎先生的指導，而以「華嚴思想的研究」為研究主題，並開始認真研讀那時尚未十分被重視的智儼的各種著作。此成了我的研究生活的起點，三十年來，因為所關心的範圍增廣，所挑戰的問題也增多，但其中心的中國華嚴思想卻是不變的。中國華嚴思想，可說是引導我，養育我的恩師了。

　　此次，因各方因緣促成，加上東京大學大學院博士課程在學的李惠英同學的盡力，《中國華嚴思想史》的中文版要上梓出版了，於我而言，真是感慨無量。此書可說是簡要說明了，現在我對中國華嚴思想歷史的看法。經由此書，即使是一人也好，若能使臺灣、中國大陸、甚而世界上懂中文的人們，了解到包含了解決現代各問題線索的中國華嚴思想的殊勝，並進而學習那些完成此歷史，或一邊革新，一邊找出自己的新據點的學者們的務實努力的話，則再沒有比這更喜悅的事了。

　　此書至付梓出版所得到的助緣，是不可勝數的，真的是如佛家所言的「眾緣和合」。在此深深感謝使本書的中文版得以順利出版的臺灣大學哲學系楊惠南先生，及諸位編輯、審查的先生，並感謝幫

助完成本書的各方善知識，及包涵我，由生死的根柢支持我的十方
諸佛、菩薩。

木村清孝

一九九五年十二月一日

前　言

　　在約二千五百年的歷史中，佛教的世界裏有很多的思想萌生、變遷、興衰、消長而至今日。其中，以《華嚴經》為根據的華嚴思想，也是此類思想中的一種。本書是從思想史的觀點作一簡明的整理而成。書中所討論的主題是：在尋跡追蹤華嚴思想的形成過程中，被認為有必要先被釐清的各主要部分。而文中所引用的各研究論文，則於書後統一列出。

　　本書題為《中國華嚴思想史》，關於此事，有若干附言。

　　第一：本書的敍述範圍，只限於中國。但這決非表示華嚴思想的展開範圍只限於此。不管是日本或是韓國，至今皆尚有華嚴思想的傳統，即其證明。再者，在印尼也有一時期，華嚴思想曾開花結果。若要把握華嚴思想的全體流程，這些領域也不可不注意。本書所嘗試的，只不過是基於以上原則，在整理「華嚴思想史」上所踏出的第一步而已。

　　第二：「華嚴思想」和「華嚴教學」必須明確地被區別。我認為：基於《華嚴經》，以其為根據而形成的思想稱為「華嚴思想」；其後，由中國、韓國、日本的華嚴宗祖師們所構築的體系性思想則稱為「華嚴教學」。因此，據此分法，則李通玄的思想為華嚴思想，因他雖不屬於中國華嚴宗系譜，但卻是《華嚴經》的研究者。而受其影響甚深，但卻被列為華嚴宗第四祖的澄觀，他的思想即是屬於華嚴教學。順便一提的是，當直接使用到《華嚴經》中所提到的思

想時，希望能讓我使用「《華嚴經》思想」一語。

第三：本書雖題為《中國華嚴思想史》，但筆者的重點在「提要」，或者不如說是「要說」，較為恰當。在華嚴思想的歷史中，雖然本書是將範圍限定於中國，但在本書處理的課題外，尚有很多不可忽視的課題存在。例如，對於宋代以後華嚴宗傳承的祖師們的思想，本書雖不曾詳細言及，但在細論「中國華嚴思想史」時，卻是不能忽略的重要課題。然而，如後所言，在筆者的華嚴思想史觀中，宗密以後，真正的華嚴思想史的主角，幾乎可說已逸出宗派、學派的範圍之外，而變為時代化、個性化了。本書第八章，即針對華嚴思想史上，被認為具有重要意義的部分，加以考察、集結而成。

筆者最先受平樂寺書店的井上四郎社長之託，而執筆此書時，已是十年前之事。自此以來，雖是朝夕掛念，但因諸多雜事，及筆者的怠惰而拖延至今。此書之所以能夠出版，皆是託時常向我打氣、勉勵、提醒的井上社長的福，在此謹致上誠摯的謝意。再者，編輯部的藤田貞弘先生及平樂寺書店的各位同仁，在編輯、校正、出版等各事宜上盡心盡力，給與我很大的協助，在此一併致上謝意。最後，對本書能順利付梓的各因緣，除致上無盡的謝意之外，更祈望此書能在華嚴思想研究、甚至佛教研究、人類研究上，於打開新途徑，能略盡棉薄之力，即感荷無限。於此擱筆。

木村清孝

一九九二年六月一日

中國華嚴思想史　目次

第八章　近世華嚴思想的諸樣相

第一章

華嚴經典的成立和流傳

一、序

在西曆紀元前後，以利他思想而蓬勃興盛的大乘佛教，於其發展過程中孕育出各式各樣的經典。其後被編纂的《華嚴經》及與其相關的各種經典，即是其中的一群。我們希望在本書中，將屬於這一群的經典總稱為「華嚴經類」，並將《華嚴經》與「華嚴經類」統合並稱為「華嚴經典」。

那麼，華嚴經典是在何種情況下被成立？又具有何種特色呢？因為華嚴經典是華嚴思想的根本依據，所以我們首先必須先將此問題釐清。

二、《華嚴經》的構成

現在，一般被稱為《華嚴經》的有如下四種，即是：

⑴東晉・佛馱跋陀羅 (Buddhabhadra) 譯的 《大方廣佛華嚴經》三十四品・六十卷❶ （西元 420 年譯出。略稱《六十華嚴》）。

---

❶《大正大藏經》第九卷所收。

(2)唐・實叉難陀 (Śikṣānanda) 譯的 《大方廣佛華嚴經》 三十九品・八十卷 ❷ （西元 699 年譯出。略稱《八十華嚴》）。

(3)唐・般若 (Prajñā) 譯的 《大方廣佛華嚴經》 一品・四十卷 ❸（西元 798 年譯出。略稱《四十華嚴》）。

(4)耆那密特拉 (Jinamitra) 等譯的 "Saṅs-rgyas phalpo-che shes-bya-ba 'sin-tu rgyas-pa chen-poḥi mdo"（《名為佛華嚴的大方廣經》）四十五品 ❹ （約九世紀末譯出。略稱《藏譯華嚴》）。

但是，以上四種中的(3)，是相當於其他三種 《華嚴經》 的最後一章，〈入法界品〉的部分。而(4)的〈莊嚴品〉則很明顯的是被增訂的部分，全體是由 〈入不可思議解脫境界普賢行願品〉 一品而成，性質不同。因此，所謂大本《華嚴經》，即是指綜合(1)、(2)的漢譯，及(4)的藏譯而言。

由以上可知，至今《華嚴經》的大本中，並無保留其梵文原本。現存的完整梵文本，則僅是相當於上面(1)、(2)、(4)各本 《華嚴經》

---

❷同，第一〇卷所收。

❸同，第一〇卷所收。

❹《西藏大藏經》（北京版）第二五、二六卷所收。又，本經原本的梵名被比定為："Buddha-avataṃ saka-nāma-mahāvaipulya-sūtra"，而前出的 《六十華嚴》、《八十華嚴》則為："Mahā-vaipulya-buddha-gaṇḍavyūha-sūtra" 的可能性較高。《探玄記》（大正三五，p. 121 上～中）、《華嚴經疏》三（大正三五，p. 524 中）、《演義鈔》一六（大正三六，p. 117 下）參照。

的〈十地品〉和〈入法界品〉（或是〈莊嚴品〉）的部分。但是歷史考證上，卻曾有大本梵文本存在過的事實，如後所述：初唐的智儼證實了《大慈恩寺華嚴梵本》的存在，並曾加以調查❺，可知並非虛言。只是此事並不能證明，《華嚴經》最初是直接由梵語編著而成。也不能證明，以上的⑴、⑵、⑷等三譯本所依據的原本是梵文本。

那麼，所謂的大本《華嚴經》是怎樣的經典呢？首先，由經全體的結構來檢討。

首先，由上述現存⑴、⑵、⑷三本，加上前所言及的智儼所見的《大慈恩寺華嚴梵本》，如將其諸品以對照表來表示的話，則如下所列❻，所顯示的是《六十華嚴》中所揭示的說法會座。

	《六十華嚴》	《八十華嚴》	《藏譯華嚴》	《慈恩華嚴》
①寂滅道	⑴〈世間淨眼品〉	⑴〈世主妙嚴品〉	⑴〈一切世主妙嚴出現品〉	⑴〈世間淨眼品〉
	⑵〈盧舍那佛品〉	⑵〈如來現相品〉	⑵〈如來品〉	⑵〈如來品〉

❺《孔目章》（大正四五，pp. 588 上～589 中）。

❻《慈恩華嚴》以外的三本的對照、考察，已由伊藤瑞叡氏完成（〈華嚴經の成立〉，講座《大乘佛教三・華嚴思想》，1983 年，春秋社）。本節即沿用其研究而成。表中《藏譯華嚴》各品節的譯名，是採用自《大谷目錄》的譯名。而《慈恩華嚴》的譯名則採用自《孔目章》梵本同異義的所出（此是否為智儼所譯，尚不明）。又，《藏譯華嚴》⑾〈如來華嚴品〉的品名，是由德格版補充的。

場會		(3)〈普賢三昧品〉	(3)〈普賢三昧神變出現品〉	(3)〈普賢菩薩修行入三摩提品〉
		(4)〈世界成就品〉	(4)〈世界海說淨方成就品〉	(4)〈說入世界海品〉
			(5)〈蓮華藏莊嚴世界海清淨功德海照明品〉	(5)〈淨世界海功德海光明品〉
			(6)〈世界海輪圍莊嚴海說品〉	(6)〈世界輪圍莊嚴海品〉
		(5)〈華嚴世界品〉	(7)〈世界海地莊嚴說品〉	(7)〈說世界海莊嚴地品〉
			(8)〈國土性處說品〉	(8)〈觀世界性處品〉
			(9)〈世界性安住說品〉	(9)〈觀世界處安住音聲品〉
		(6)〈毘盧遮那品〉	(10)〈毘盧舍那品〉	(10)〈毘盧舍那品〉
			(11)〈如來華嚴品〉	
②普光法堂會	(3)〈如來名號品〉	(7)〈如來名號品〉	(12)〈如來名號說品〉	(11)〈如來名稱品〉
	(4)〈四諦品〉	(8)〈四聖諦品〉	(13)〈聖諦品〉	(12)〈四諦品〉
	(5)〈如來光明覺品〉	(9)〈光明覺品〉	(14)〈如來光明覺品〉	(13)〈如來光明熾然覺品〉
	(6)〈菩薩明難品〉	(10)〈菩薩問明品〉	(15)〈菩薩問明品〉	(14)〈菩薩明難品〉
	(7)〈淨行品〉	(11)〈淨行品〉	(16)〈淨行品〉	(15)〈圓淨行品〉
	(8)〈賢首菩薩品〉	(12)〈賢首品〉	(17)〈賢首品〉	(16)〈賢勝品〉
③忉利天宮會	(9)〈佛昇須彌頂品〉	(13)〈昇須彌山頂品〉	(18)〈如來昇須彌頂品〉	(17)〈須彌頂入如來品〉
	(10)〈菩薩雲集妙勝殿上說偈品〉	(14)〈須彌頂上偈讚品〉	(19)〈須彌頂上如來神變菩薩偈讚品〉	(18)〈須彌頂如來作菩薩集說偈品〉
	(11)〈菩薩十住品〉	(15)〈十住品〉	(20)〈菩薩十住說品〉	(19)〈十菩薩說住品〉
	(12)〈梵行品〉	(16)〈梵行品〉	(21)〈梵行品〉	(20)〈梵行品〉

	(13)〈初發心菩薩功德品〉	(17)〈初發心功德品〉	(22)〈初發心菩薩功德品〉	(21)〈說初發心菩薩功德花聚喻偈品〉
	(14)〈明法品〉	(18)〈明法品〉	(23)〈明法品〉	(22)〈明法品〉
④夜摩天宮會	(15)〈佛昇夜摩天宮自在品〉	(19)〈昇夜摩天宮品〉	(24)〈夜摩天宮神變品〉	(23)〈蘇夜摩富作品〉
	(16)〈夜摩天宮菩薩說偈品〉	(20)〈夜摩宮中偈讚品〉	(25)〈夜摩天宮中菩薩來集偈讚說品〉	(24)〈蘇夜摩富菩薩集說偈品〉
	(17)〈功德華聚菩薩十行品〉	(21)〈十行品〉	(26)〈功德華聚菩薩行說品〉	(25)〈說功德花和合十菩薩行品〉
	(18)〈菩薩十無盡藏品〉	(22)〈十無盡藏品〉	(27)〈十無盡藏說品〉	(26)〈十無盡藏品〉
⑤兜率天宮會	(19)〈如來昇兜率天宮一切寶殿品〉	(23)〈昇兜率天宮品〉	(28)〈如來昇兜率天宮品〉	(27)〈如來昇入兜率陀天品〉
	(20)〈兜率天宮菩薩雲集讚佛品〉	(24)〈兜率宮中偈讚品〉	(29)〈兜率天宮菩薩來集讚說品〉	(28)〈兜率宮菩薩來說偈品〉
	(21)〈金剛幢菩薩十迴向品〉	(25)〈十迴向品〉	(30)〈金剛幢迴向品〉	(29)〈金剛幢迴向品〉
⑥他化天宮會	(22)〈十地品〉	(26)〈十地品〉	(31)〈十地品〉	(30)〈十地品〉
			(32)〈普賢所說品〉	
		(27)〈十定品〉	(33)〈十定品〉	
	(23)〈十明品〉	(28)〈十通品〉	(34)〈神通品〉	(31)〈神通品〉
	(24)〈十忍品〉	(29)〈十忍品〉	(35)〈忍品〉	(32)〈忍辱品〉
	(25)〈心王菩薩問阿僧祇品〉	(30)〈阿僧祇品〉	(36)〈心王所問入數說品〉	(33)〈心王問算數入品〉
	(26)〈壽命品〉	(31)〈壽量品〉	(37)〈壽量品〉	(34)〈壽量品〉
	(27)〈菩薩住處品〉	(32)〈諸菩薩住處品〉	(38)〈菩薩住處品〉	(35)〈菩薩住處品〉
	(28)〈佛不思議法品〉	(33)〈佛不思議法品〉	(39)〈佛不思議法品〉	(36)〈說佛法不思議品〉
	(29)〈如來相海品〉	(34)〈如來十身相海品〉	(40)〈如來身相海說品〉	(37)〈說如來十身相海品〉

(30)〈佛小相光明功德品〉	(35)〈如來隨好光明功德品〉	(41)〈隨好光明說品〉	(38)〈小種好光明說功德門品〉
(31)〈普賢菩薩行品〉	(36)〈普賢行品〉	(42)〈普賢行說品〉	(39)〈說普賢菩薩行品〉
(32)〈寶王如來性起品〉	(37)〈如來出現品〉	(43)〈如來出現說品〉	(40)〈說如來性起品〉
⑦ 重會普光法堂　(33)〈離世間品〉	(38)〈離世間品〉	(44)〈離世間品〉	(41)〈出世間品〉
⑧ 逝多園林會　(34)〈入法界品〉	(39)〈入法界品〉	(45)〈莖莊嚴品〉	(42)〈善財離貪藏品〉 (43)〈彌勒離貪名善財所問品〉 (44)〈說如來功德不思議境界上境界入品〉

　　而由諸本各品的對照表，可得到以下的結論：

　　第一，由全體的構成而言，很明顯地四本中各有其不同點。這個「不同」之義，可由二方面來解釋。㈠某一經本有其中數品，而另一本或另二本則無。具體而言，〈如來華嚴品〉和〈普賢所說品〉的二品，只存於《藏譯華嚴》。而〈十定品〉則只存於《八十華嚴》和《藏譯華嚴》，其他二本則無，類似此事。㈡一經本中的某數品，無法和其他經典的類似品節，產生一對一的對應關係。即若以《六十華嚴》為中心而言，其〈盧舍那佛品〉一品，在《八十華嚴》中，則是由(2)〈如來現相品〉到(6)〈毘盧遮那品〉的五品；在《藏譯華

嚴》和《慈恩華嚴》中，則是由⑵〈如來品〉到⑽〈毘盧舍那品〉
的九品，所分節、增訂而成的。其中，《八十華嚴》的⑸〈華藏世界
品〉是相當於，《藏譯華嚴》和《慈恩華嚴》的由⑸〈蓮華藏莊嚴世
界海清淨功德海照明品〉（〈淨世界海功德海光明品〉）到⑼〈世界性
安住說品〉（〈觀世界處安住音聲品〉）的五品。再者，位於《六十華
嚴》、《八十華嚴》、《藏譯華嚴》此三本最後部分的〈入法界品〉（〈莖
莊嚴品〉），在《慈恩華嚴》中，則被分為⑷〈善財離貪藏品〉、⑷
〈彌勒離貪名善財所問品〉、⑷〈說如來功德不思議境界上境界入
品〉的三品。但是關於此部分，在分量上，《慈恩華嚴》應是並未顯
著的增多，是可推測得知的❼。

　　其次，關於品名，雖然有若干的譯語不完全相同，但是並不能
由其譯語的不同處去還原，而推定其原本的原語也不相同。《慈恩華
嚴》只有品名，但其中品名不同的⒃〈賢勝品〉、⑷〈出世間品〉，
至少若由《藏譯華嚴》的相應譯語：（bzaṅ-pohi dpal 和 ḥjig-rten-las
ḥdas-pa）來判斷的話，不管是那個原語，都應曾是可譯的。只是，
各本的第一品，在《六十華嚴》和《慈恩華嚴》是〈世間淨眼品〉；
而在《八十華嚴》和《藏譯華嚴》則成為〈世主妙嚴品〉，以及，與
此很相近的〈一切世主妙嚴出現品〉（ḥjig-rten-gyi dbaṅ-po thams-
cad-kyi rgyan-gyis tshul rab-tu byuṅ-ba）之事，也是值得注意的。其

❼只是，推測的根據是：智儼只將各相當的品節，與《六十華嚴·入法界品》
　的具體內容的段落相對應，而他也並未提到增補等事。

中，《慈恩華嚴》的第一品的原名是什麼，則不得可知。因此，被
《六十華嚴》的譯名影響，而將其第一品的品名也同樣譯為〈世間
淨眼〉的可能性，不可說是沒有。但是，由其第二品即被譯為〈如
來品〉等可知，大概仍是忠於原語的譯作，而《六十華嚴》則只不
過是其參考而已，因此其可能性可說是不大的。總之，關於《華嚴
經》第一品的品名，有〈世間淨眼〉和〈世主妙嚴〉二系統。而我
認為：在以上四本中，《六十華嚴》和《慈恩華嚴》是屬於前者；而
《八十華嚴》和《藏譯華嚴》則是屬於後者。

　　由以上可知，第一、從嚴謹的立場而言，這四本的構成，可說
沒有一本是相同的。由此事可推知，大本《華嚴經》在其成立後，
又孕育出了一些異本。但是，在這四本之間，也可看出一些彼此在
發展史上的連繫。總之，首先從加上了其他三本所沒有的二品之事
可知，《藏譯華嚴》是四本中，代表最後發展階段的。其次，在《六
十華嚴》和《慈恩華嚴》中，沒有〈十定品〉；但是在《八十華嚴》
和《藏譯華嚴》中卻有。而且，第一品的品名，前二本和後二本不
同，等等這些事可知，《八十華嚴》可看作是第三階段的經典。進
而，在《六十華嚴》和《慈恩華嚴》之中，《慈恩華嚴》在全體上與
《藏譯華嚴》極為類似，幾可說是顯示了《藏譯華嚴》的古型，而
在年代上又比《六十華嚴》更接近《藏譯華嚴》。由以上事實取證，
我認為在發展史上，將它置於第二階段應是沒有錯的。只是，關於
此事，並不意味著《慈恩華嚴》的成立年代，就比《八十華嚴》早。

總之，從經典內容的增廣，發展過程而言，四本的順序可以認為是：《六十華嚴》→《慈恩華嚴》→《八十華嚴》→《藏譯華嚴》。但是，若從實際的經典成立的時間上的順序而言，其中的《慈恩華嚴》和《八十華嚴》的順序也是可對調的。

　　但是，將《八十華嚴》的⑸〈華嚴世界品〉，和與此相應的《藏譯華嚴》的五品相對照可知：後者雖被分成五品，但卻完全沒有增補的痕跡，反倒不如說，在說法形態上，反比《八十華嚴》更古❽。由以上諸事對照可知，《八十華嚴》系統的《華嚴經》和《藏譯華嚴》系統的《華嚴經》，都各具有相當長的歷史。前者是將重點置於原本內容的改訂；而後者則將重點置於，由諸品的重新設定和導入，而擴大了原本全體的結構。但是，從兩者都具有〈十定品〉❾可知，這兩個系統在其改變過程中，曾有過一段時期的交點。再者，若將《藏譯華嚴》作某程度的上溯，應是可和《慈恩華嚴》合流的，像這種看法並不能說是完全不可能的。

　　最後，再談談有關於會座的問題。

　　在《華嚴經》中，教主的盧舍那佛，並未直接說法。但是，卻

---

❽伊藤瑞叡，前揭論文，p. 51。

❾關於〈十定品〉，如後所述，很早即是單行別本，故在《六十華嚴》中無它，並不奇怪。只是，其後在初唐時代曾由地婆訶羅（Divākara，日照）等加以補譯，而亦未造成問題可知，在開始即有一群未含〈十定品〉的《華嚴經》在流傳，如此的看法較為自然吧。參考❸。

常在說法的舞臺登場，而位於其中心。只是，其舞臺，即其會座，卻常由地上轉向天上，再回到地面而輾轉交替。在前面的對照表，雖只列出《六十華嚴》的會座，但是，實際上，若相信智儼的介紹的話，似乎《慈恩華嚴》的會座，和此是完全相同的。總之，《慈恩華嚴》的⑴～⑽，即配〔《六十華嚴》的〕①；⑾～⒃即是②；⒄～⒇即是③；㉓～㉖即是④；㉗～㉙即是⑤；㉚～㊵即是⑥；㊶即是⑦；㊷～㊹即是⑧。對於此事，眾所周知的，《八十華嚴》是七處九會，而採用以他化天宮為會座的只有〈十地品〉，從㉗〈十定品〉到㊲〈如來出現品〉是重會普光法堂，㊳〈離世間品〉是三重會普光法堂的說法。由此事也可知，在發展史上，《六十華嚴》和《慈恩華嚴》較具關聯性。

三、華嚴經類和《華嚴經》

由前節所論可知，在現存《華嚴經》中，保留最古型的是《六十華嚴》。詳細如後述，但若依《出三藏記集》❿所載的〈出經後記〉和《六十華嚴》的〈後記〉⓫等而言，本經的譯出經緯大約如次。即道人支法領在于闐請到「梵本」⓬的《華嚴經》，而佛馱跋陀

❿《出三藏記集》九（大正五五，p. 61 上）。

⓫大正九，p. 788 中。

⓬《出三藏記集》諸異本中，有「華嚴經胡本，凡十萬偈」之句，此處的「胡本」，具體地說，應是「梵本」。推測的根據是，佛馱跋陀羅的譯經工作，將

羅則於揚州道場寺將其譯出。至於翻譯的工作，則大約在元熙二年
（永初元年，420）完成，而其校訂工作也在一年半後結束。由此可
知，《六十華嚴》所依的原典是梵文本，而在五世紀初尚存在於于
闐❸。順便一提的是，在七世紀末被譯出的《八十華嚴》的梵文本，
也是由于闐譯出的。由此可知，于闐曾是和《華嚴經》有很深因緣
的國度。

　　但是，前所言及的，成為《六十華嚴》的根本的《華嚴經》，也
不是在某一時期一氣呵成的。在其《華嚴經》成立之前，以各有其
《十地經》(Da'sabhūmika-sūtra)，《鍵達驃訶》(Gaṇḍavyūha-sūtra) 等
梵文本現存的〈十地品〉、〈入法界品〉等為首，至少構成現本《華
嚴經》諸品中的數品，確實已各有其獨立的經典流傳過一段時間了。
換句話說，可認為《華嚴經》是：將已存在的幾部具有共通性格的
大乘經典，基於某特定的構想，並加以選擇，再加上一些新的品節，
而加以有系統地編排、編纂、整理而成的一部經典。

那些異本記為「手執梵文，譯胡為晉」。佛馱跋陀羅，若依傳記，是北印度
的出身，未有通達其他西域諸語言的形跡。

❸只是，以原典本身似也有不完備之處。於唐永隆元年 (680)，由地婆訶羅
（Divākara，日照）等，將以其為底本而成的《六十華嚴》作了補譯。補譯
是參照「天竺諸本，及崑崙本，并于闐別行本」，於其等〈入法界品〉中，
發現了《六十華嚴》中未為譯出之文，而加以補上的（《探玄記》二〇，大
正三五，p. 484 下）。

　　那麼，在《華嚴經》成立之前，與其各品節相對應的經典，又有那些呢？

　　首先，若舉出現存而確實有的，《六十華嚴》譯出之前的漢譯華嚴經類的話，則如次表所示❹。

經　　名	對應品名	卷數	時代	譯　者
①《兜沙經》	〈名號品〉、〈光明覺品〉	一	後漢	支婁迦讖
②《菩薩本業經》	〈名號品〉、〈光明覺品淨行品〉、〈十住品〉等	一	吳	支謙
③《菩薩十住經》	〈十住品〉	一	東晉	祇多密
④《十住斷結經》		一〇	後秦	竺佛念
⑤《十住經》	〈十地品〉	四	後秦	羅什・佛陀耶舍
⑥《漸備一切智德經》	〈十地品〉	五	西晉	竺法護
⑦《等目菩薩經》	〈十定品〉	二	西晉	竺法護
⑧《如來興顯經》	〈性起品〉	四	西晉	竺法護
⑨《度世品經》	〈離世間品〉	六	西晉	竺法護
⑩《如來性起微密藏經》	〈名號品〉、〈性起品〉	二一	西晉	（不明）
⑪《羅摩伽經》	〈入法界品〉	三	魏	安法賢

　　由前表可知，在《六十華嚴》被譯出的劉宋之初，即在西元420年以前，在中國已有《六十華嚴》〈名號品〉、〈光明覺品〉、〈淨行品〉、〈十住品〉、〈十地品〉、〈性起品〉、〈離世間品〉、〈入法界品〉，及《八十華嚴・十定品》等，其中與其一品乃至數品相對應的諸經

❹拙書《初期中國華嚴思想の研究》（1977 年，春秋社）pp. 6～12 參照。又，其中之⑩是最近，由名古屋的《七寺一切經》古寫本之中發現的。缺了一部，但是善本書。

典，從二世紀後半的後漢代以來，已依次地被傳譯過來。

在此表中，像①、②、⑩那樣簡潔的經典，在內容上，又是如何能和《華嚴經》的複數諸品相對應呢？關於此問題，可有二個看法。第一個看法是：和《華嚴經》諸品相對應的各經典已單行多時，而抽取其各經典的精華部分，編集而成的簡潔經典。但是對於這種看法，至少對於①和②是不太具有說服力的。因此二經典，是簡潔但並未具有井然有序的論理體系，反倒是素樸性經典的感覺較濃的緣故。另外一個看法是：此經典本是以與〈名號品〉相對應的一經典為模型，而在內容補充中產生了分歧，進而在被增訂時各自分家，最後終於成了《華嚴經》的各品。而其產生的可能結果是，各經典又各自孕育出了別行的華嚴經典呢？或者是使《華嚴經》的原型成立了呢❺？總之，此第二的看法，（就筆者所知的範圍）至今好像尚未有能夠反駁的證據。

其次應被注意的是：⑦《等目菩薩經》的存在。本經的譯出年代未被明記，但是因為大約是在竺法護所活躍的三世紀末到四世紀初頭，比《六十華嚴》的譯出約早一百年，成為相當於其後被編入《八十華嚴》中的〈十定品〉的漢譯經典。此事說明了：不能完全

---

❺為何會採此看法，是因為坂本幸男博士的論文（〈華嚴經と菩薩本業經との關係〉，《華嚴教學の研究》，1956 年，平樂寺書店，pp. 301～322）。博士假設：「在七處八會的《六十華嚴經》成立以前，有七處七會的《華嚴經》存在過」。

地否定，《八十華嚴》的原本，有可能比《六十華嚴》原本的成立年代更早的可能性。

　　順便一提的是，法藏在《八十華嚴》譯出後，以其為手本，閱讀了「梵本」，並進行了華嚴經類的比對❶。而且，在其中也言及了實叉難陀譯的《大方廣普賢所說經》一卷。〔法藏〕介紹其內容為「述說在佛身內有不可說的世界之事」，並說：〔這部經〕在「現本」（即指《八十華嚴》）中雖無相應的品節，但在「梵本」中卻有❶。這件事是值得注目的。為什麼呢？因為如果本經（即《大方廣普賢所說經》），在前所述的四本《華嚴經》之中，相當於只存於《藏譯華嚴》內的〈普賢所說品〉的話，則法藏在七世紀末所看到的「梵本」❶，可被推測為與《藏譯華嚴》所依的原本同一，或者是與其極為接近的東西。因為其成立時間的最下限，是《藏譯華嚴》的成立時間，即由九世紀末葉❶，上溯約二百年的時候。

---

❶《華嚴經傳記》一（大正五一，pp. 155 中～156 中）。

❶同（同，p. 156 上）。

❶含有此記事的《「華嚴經傳記」的撰述年代》，吉津宜英氏推定為如意元年（長壽元年，692）（〈法藏の著作の撰述年代について〉，《駒澤大學佛教學部論集》一○，p. 174）。若此推測是正確的話，則此處之文等，即成為後之補筆。

❶伊藤瑞叡，前揭論文，p. 48。

四、《華嚴經》的諸特徵

至此我們已將圍繞在大本《華嚴經》，及漢譯華嚴經類的各種問題，從成立的觀點，所謂的外圍，大致地檢討了。而在本節，我想依循中村元博士的研究成果❷，考察《華嚴經》本身所擁有的，有關其成立的各種客觀的線索。

⑴地名

在《華嚴經》本身所擁有的線索中，首先應注意的是：在此經典中有什麼樣的地名曾被言及？

關於此點，第一，在相當於〈入法界品〉的梵本 (Gaṇḍavyūha) 中，舉出了許多與南印度有關的地名是引人注目的。例如敘述了「請前往位於南方，名維吉拉布拉的德拉維達人的都市去，在那裡，有位名為梅迦的德拉維達人❷」；或是提出了，同樣南方的「名為海堤的往錫蘭之道❷」。進而，如中村博士所提示的，〔梵本中〕也提到了「卡令伽森林」(Kaliṅga-vana) 和「拖薩拉市」(Tosala)。此外事實，再加上「海」(sāg'ara) 一詞很明顯地時常出現等事，說明了：

❷中村元《華嚴經の思想史的意義》（《華嚴思想》，1960 年，法藏館，pp.81～144）。

❷Gaṇḍavyūha, ed. by D. T. Suzuki & H. Idzumi, Kyoto, 1934～1936, p. 72, l. 13.

❷Ibid, p. 67, l. 17.

《華嚴經‧入法界品》是以南印度為背景而成立之事；及其作者（或者是作者們）曾知道在西元前 261 年左右被阿育王所滅亡的卡令伽國。〈入法界品〉的主人公善財童子被稱為「長者子」（Śreṣṭhidāraka）之事，似乎也正好與「在南印度西海岸，自西紀後數世紀之間，建設了很多由商人所捐出的窟院，還有在南印度海岸全部，時常發現著羅馬的貨幣」❷❸之事相應。

　　另一方面，在《六十華嚴‧菩薩住處品》裏，舉出了真旦（中國）、邊夷（疏勒 Kashgar）、罽賓、犍陀羅等國名❷❹。這件事即顯示了：本品是由不僅是印度諸地域，中國或中央亞細亞也進入其視野中的人（或人們）所作成的。

⑵登場人物的地位、職業

　　其次想討論的是，在《華嚴經》中出現的人物，是被描寫成具有怎樣的職業和地位呢？

　　眾所周知的，整本《華嚴經》中，佛本身並未說法。其教法主要都是由菩薩宣說的。甚至〈入法界品〉，被認為是超過舍利弗等聲聞大弟子的境界，為他們所不能了解的。由此事可知，《華嚴經》或許被認為是極為頂尖的經典，只有佛、菩薩能出場。但是，《華嚴

❷❸中村元，前揭書，p. 92。

❷❹《六十華嚴》二九（大正九，p. 590 上～中）。又，「邊夷」是與《八十華嚴》四五（大正一〇，p. 241 下）的「疏勒」相對應，因此比定為 Kashgar。

經》在另一方面，經由具體的描寫而表達了：像佛那樣的世界，是
為一切眾生開放的。

　　關於此點，特別應該重視的，有二個地方。其一，在《六十華
嚴》中，於初會佛陀開悟之所，被描述了「宿世的善友」之大菩薩
們，與金剛力士等無量三十三眾共聚一堂，讚嘆佛的開悟㉕。包括
最初的大菩薩而列舉如下，是：①大菩薩、②金剛力士、③道場神、
④龍神、⑤地神、⑥樹神、⑦藥草神、⑧穀神、⑨河神、⑩海神、
⑪火神、⑫風神、⑬虛空神、⑭主方神、⑮主夜神、⑯主晝神、⑰
阿修羅神、⑱迦留羅王、⑲緊那羅王、⑳摩睺羅伽王、㉑鳩槃荼王、
㉒鬼神王、㉓月身天子、㉔日天子、㉕三十三天王、㉖夜摩天王、
㉗兜率天王、㉘化樂天王、㉙他化自在天王、㉚大梵天、㉛光音天
子、㉜遍淨天、㉝果實天子、㉞淨居天。大概這樣的描寫是在表達：
佛和存在界眾生的普遍交流。基本上，佛的開悟浸透一切的存在，
而各類眾生也以自己的方法進入佛道。此處應注意的是：於此自然
神之形態中，想將重點置於大地、樹木、藥草、穀物、河、海六個
項目。

　　在想像中，於理論上，此六種沒有必要被當作自然界存在的代
表，卻被神格化。在《八十華嚴》㉖中被當作自然神的，除了以上
的六神之外，又加上了主山神、主林神、主水神三神，但這可說只

㉕《六十華嚴》一（大正九，p. 395 中）以下。

㉖《八十華嚴》一（大正一〇，p. 3 上～中）。

是在體系上更加整然而已。由此可連想到《六十華嚴》的所來處——《華嚴經》的編輯者們，至少「山」是他們神格化意識之外的存在。若推測他們的生居地是在林木藥草繁茂，穀物豐盛，且又近於河、海（或者是湖）之地的話，也沒什麼不合理的吧！

　　順便一提的是，在《八十華嚴》❷中，新的主城神也登場了。這或許是反映了：在《八十華嚴》被編纂而成的地方，那些編纂者們，強烈地意識到自己所處的社會，而作的表達也不一定。

　　第二應注意的是：在〈入法界品〉(Gaṇḍavyūha) 裏，對善知識 (kalyāṇamitra)❷們的描寫。不管是那一位，都是主人翁善財童子依次接受指示尋訪的對象。若依其〈後記〉，照訪問之順，而記下其地位，乃至由其稱呼所示的職業，則如下所示：①菩薩 (bodhisattva)、②～④比丘 (bhikṣu)、⑤德拉維達人 (dramiḍa)、⑥長者 (śreṣṭhin)、⑦比丘、⑧女性的在俗信者 (upāsikā)、⑨仙人 (ṛṣi)、⑩婆羅門 (brāhmaṇa)、⑪年輕女孩 (kanyā)、⑫比丘、⑬少年 (dāraka)、⑭女性的在俗信者、⑮資產家 (gṛhapati)、⑯法的長者 (dharmaśreṣṭhin)、⑰～⑱國王 (rājan)、⑲女性的在俗信者、⑳遍歷行者 (parivrājaka)、㉑香商 (gāndhika)、㉒漁師 (dāsa)、㉓長者、㉔比丘尼 (bhikṣuṇī)、㉕虔誠

---

❷同，一（同，p. 2 下）。

❷kalyāṇamitra 的原意是「善友」「勝友」，漢譯為「善知識」，但並無「立於上之師」「具有知識的教學者」之意。意為同為求道之友。《華嚴經》或廣而在一般大乘佛教，卻把它當作「師」的基本準則。

的女性 (bhāgavati)、㉖資產家、㉗～㉘菩薩、㉙神之子 (devaputra)、㉚地之女神 (pṛthividevatā)、㉛～㊳夜之女神 (rātridevatā)、㊴藍毘尼園的女神 (lumbinivanadevatā)、㊵釋迦族的少女 (śākyakanyā)、㊶女神 (devi)、㊷神的女兒 (devakanyā)、㊸年少的老師 (dārakācārya)、㊹年少的長者 (śreṣṭhidāraka)、㊺女性的在俗信者、㊻細金工師 (hairaṇyaka)、㊼～㊽資產家、㊾婆羅門、㊿少年和少女 (dāraka, dārikā)、(51)～(52)菩薩❷❾。

那麼，由以上的整理，我們注意到：首先，全體上，善知識幾乎分散於各地位、階級、身分、職業，且無性別上的差別待遇。此種現象，恐怕並非只是高舉大乘的平等理想。其思想表達上，是證明了：在 "*Gaṇḍavyūha*" 裏開花結果的宗教運動自身，就是超越社會的階級、身分、職業而廣受支持的吧！

但是，在此也包含了只由概括所不能解決的問題。即上述的五十三（第五十的善知識有二位）位善知識之中，長者 (śreṣṭhin) 乃至資產家 (gṛhapati) 有七人，女性則除了神之外有八人，若加上神則達二十人。但是所被放置的位置，則大多在中半到後半。這件事，如果和菩薩只四人，比丘只五人登場，且比丘也只出現到前半第十二位次，比較起來是較被簡單地處理了，以上等事對照來看的話，簡直就是一種暗示。我認為，若大膽地加以推測的話，前所言的〔大

❷❾*Gaṇḍavyūha, paścāllekha*, pp. 548～549。關於譯語，請參照中村元博士（前揭書，pp. 88～89）。

乘〕運動的直接支持基層，應是在這些長者，乃至資產家和女性身上吧！

　　還有一點，也不能忽略的是，德拉維達人的梅格 (Megha) 和漁師麥維拉 (Vaira)，各為第五和第二十二位登場的善知識，德拉維達人 (dramiḍa) 是具有大半已被阿利安民族所征服的印度先住民族的血統，一般來說，恐怕是被當作奴隸，而處於社會最下層的階級。再者，漁師的原語是達沙 (dāsa)，對阿利安民族而言，本來是先住民敵對者，由其被征服民的語意可知，是屬奴隸階層的人所從事的職業。總之，所謂德拉維達人和漁師，實際上幾乎表達了同一意思，即最下層社會的存在❸。

　　那麼，"Gaṇḍavyūha" ❸的編集者們，為何將那些人當作善知識，

---

❸關於這些論點，請參照中村元《インド古代史》上（1963 年，春秋社）pp. 38～42。又，Megha 在《六十華嚴》四六（大正九，pp. 692 下～693 下）是被稱為「良醫」，而在《八十華嚴》（大正一○，pp. 337 中～338 中）則無寫職位。又，Vaira 在《六十華嚴》五○（大正九，pp. 713 下～714 中）中是「海師」，而在《八十華嚴》六七（大正一○，pp. 361 中～362 中）中，則是「船師」。Vaira 之譯，總之，把被附於 Megha 的 dramiḍa，《六十華嚴》將之譯為「良醫」，好像是一種造作。在《八十華嚴》中其譯語已不存在之事可知，《八十華嚴》的原典已將此語刪除。

❸Gaṇḍavyūha, p. 450, l. 13.《六十華嚴》五七（大正九，p. 766 上）、《八十華嚴》七六（大正一○，p. 418 中）。又，《大品般若經》五（大正八，p. 256 中）的四十二字門中，其字音被模寫為「醛」。是探討般若經典和華嚴經典

使其登場呢？所能想到的理由之一是，如前所言，在本經中思想上匯集而成的宗教運動，曾由其奴隸階層得過支持，至少也未曾受到抵抗或反抗吧！但是，基於印度社會所特有的傳統階級的強烈意識，我想只有那理由是無法說明的。據筆者的推測：在推進上述運動的人們中，更積極，或者稍微誇張地說，曾經有過打破階級社會意識的壁壘，將奴隸階層由宗教上、精神上來解放的意圖吧！

⑶言語學上的特徵

進而，在言語學上應注意的是，"*Gaṇḍavyūha*" 及與此對應的《華嚴經‧入法界品》善知眾藝童子 (silpābhijña) 所說的四十二字門之中，舉有（yas‧闍‧也娑）字音之事。有一說是，這個字音非印度所固有，是起源於于闐。在印度，只能由西曆紀元前後，屬於西域起源王朝的，西北印度諸國王的諸碑文或貨幣裏面發現❸。如果這是事實的話，那麼此點相當重要。在考量〈入法界品〉，廣而《華嚴經》全體的成立背景上應列為必要參考資料。

五、諸論書的注釋和引用

在印度，隨著佛教研究的發展，而產生了很多「論」──即對於「經」的注釋書。在那些論書之中，也有一些是注釋華嚴經典，

關係的一個線索。

❸中村元，前揭論文，p. 92。Cf. *Sylvain Lévi: Memorial Paris*, 1937, p. 355 f.

或加以引用的。若能明辨諸論書的關係，或許能推定華嚴經典成立年代的下限，同時也能一窺印度華嚴經典流傳的狀況吧。

首先，在現存諸論書之中，注釋，鋪衍華嚴經典的，有被傳為是龍樹（Nāgārjuna，約 150～250）撰的《十住毘婆沙論》❸，和被認為是世親（Vasubandhu，約 400～480）撰的《十地經論》❸。兩者皆是，相當於《華嚴經・十地品》的《十地經》的注釋書。而前者只注釋到第二地。雖然如此，但此事也可推知，在印度十地思想的重要性，以及《十地經》成立的年代相當早。

除了《十地經》的注釋之外，另外則未有華嚴經類的注釋作品傳世。但是，以引用的形態，而被認為與印度佛教思想的展開相關的華嚴經類，則有一些。

其第一是，在被認為是龍樹著作的《大智度論》裏，言及有十萬偈頌的《不可思議解脫經》的存在❸。現存的 "Gaṇḍavyūha"，和

❸平川彰博士將本論和《大智度論》相比對，而認為兩論書皆應當作別人〔即非龍樹〕的撰作才恰當（〈十住毘婆娑論の著者について〉，《印度學佛教學研究》五一二，pp. 176～181）。筆者也贊成此看法，若論那些論書的作者，不管是何者，皆不能勉強歸於龍樹，可看作是敬仰他為祖師的人們各自作成，而假託於他，此較為適當。

❸關於此問題的最近成果，可參照荒牧典俊〈十地思想の成立と展開〉（講座《大乘佛教三・華嚴思想》，pp. 79～120）。

❸《大智度論》一○○（大正二五，p. 756 中）。又，以摩訶衍的法「甚多、無量、無限」為前提，《大品般若》裏有十萬偈之事。進而，「《諸佛本起經》、

與此相當的《華嚴經‧入法界品》，所持有的諸教說，也常常被當作這個經的思想，而屢屢出現❸。這件事說明了一個可能：即若本經是指《華嚴經》，或 "Gaṇḍavyūha"，且《大智度論》也若是龍樹的真撰的話，則《華嚴經》或 "Gaṇḍavyūha"，在他〔龍樹〕的生存年代二～三世紀時，即已流傳於世了。

但是，《大智度論》是否為龍樹撰的？並未確定。近年由拉莫特教授提倡一新說：即《大智度論》是四世紀初頭成立的，其作者是北印度出身，說一切有的出家學僧❼。或者，關於作者，本說較正確也說不定。只是，不管作者是誰，至少在《大智度論》裏，包含了一些漢譯《大智度論》的，鳩摩羅什 (Kumārajiva, 344～413) 的增補，是不會錯的。關於此點，如後所述，有一些修正是必要的，但一切已如明確的論證所示（詳情請閱❽，干潟龍祥的論文）。

《寶雲經》、《大雲經》、《法雲經》、各有十萬偈」，也一併被說。

❸ 《大智度論》五（大正二五，p. 94 中）、同，三三（同，pp. 303 中、308 中）、同，五〇（同，p. 419 上）、同，七三（同，p. 576 下）、同，一〇〇（同，p. 754 中）等。

❼É. Lamotte, *Le Traité de la Grande Vertu de Sagesse de Nāgārjuna avec une nouvelle Introduction*, Tome III, *Publications de I'Institut Orientatiste de Louvain* 2, Louvain, 1970. 平川彰《É‧うモット教授的「大智度論つうンス語譯註」第三卷について》（《印度學佛教學研究》19-2）參照。

❽干潟龍祥〈大智度論の作者について〉（《印度學佛教學研究》7-1，pp. 1～12）。

　　那麼，這個《不可思議解脫經》的引用部分，到底是屬於《大智度論》的原本，或是鳩摩羅什的增補部分呢？若略作思惟，此《不可思議解脫經》與現行的 "Gaṇḍavyūha" 有關，是具有與《華嚴經・入法界品》相應內容的經典，全部的引用處所都具有與這些相應的部分，故應無誤。可是，即使能假定《大智度論》的原作者是龍樹，但是卻沒有證據能斷定那些引用是龍樹本身所做的。或許那些引用必須歸於鳩摩羅什所作，也說不定。無論如何，以《大智度論》中的《不可思議解脫經》的引用為證據，而認為 "Gaṇḍavyūha" 廣而《華嚴經》原典的成立，是在龍樹之前之事，是需要慎重考慮的。

　　此外，將《華嚴經》各品的一部分，當作一部獨立經典而加以引用的印度論書，尚有：堅慧 (Sāramati) 作，被推定為五世紀初所成立的《寶性論》❸，和寂天 (Śāntideva, 650～750) 的《大乘集菩薩學論》❹(Śikṣāsamuccaya)。前者是與〈性起品〉相對應，而無用「經」名；後者則有〈賢首品〉相對應的《寶炬陀羅尼》(Ratnolkādhāaṇī)，及與〈十迴向品〉的一部分相對應的《金剛幢經》(Vajradhvaja-

---

❸J. Takasaki: *A Study on the Ratnagotravibhāga (Vttar atantra) being a Treatise on the Tathāgatagarbha Theory of Mahāyāna Buddhism*, Is MEO, Roma, 1966, p. 62.

❹關於前者，參照高崎直道《如來藏思想の形成》(1974 年，春秋社) pp. 574～602。又，關於後者的具體引用個所，及對應個所，參照山田龍城《梵語佛典の諸文獻》(1977 年，第二版，平樂寺書店)，p. 92。

sūtra)，而被引用。而以上之事也只是證明，以上的三品曾在五～八世紀左右，在印度以各自獨立的經典單獨流傳過而已❹。但是，較特別的是，包含於《大乘集菩薩學論》中的華嚴經典被引用之事，其意義是不可忽視的。為什麼呢？因為此件事證明了，大本《華嚴經》在成立之後，也並未將華嚴經類吸收殆盡。但是，如前所述，一方面大本《華嚴經》並無在印度流傳過的痕跡。另一方面，相當於〈十地品〉的《十地經》和相當於〈入法界品〉的 "*Gaṇḍavyūha*" 尚各自以完本的獨立經典的形態流傳至今。將這些事情互相比對考量的話，或許大本《華嚴經》在印度幾乎沒有弘傳過；而一些華嚴經類，即《十地經》、"*Gaṇḍavyūha*"、《寶炬陀羅尼》、《金剛幢經》等，至少到某一時代曾一起，或有時互相接觸、交融過，才是實情也說不定。不管是那方面，大本《華嚴經》的編纂、弘傳，在印度文化圈內，也只不過是曾表達了華嚴經典所具有的思想運動的一個方式，應是不會錯的。

六、結語

由以上可知，圍繞著華嚴經典的成立和流傳的諸問題，不管是

---

❹《寶性論》中被引用的教說，並非來自與〈性起品〉相應的獨立經典，而由《華嚴經》來的可能性也不是沒有。但是，若由早在西晉時代，相當於〈性起品〉的《如來興顯經》已由竺法護漢譯之事來看，將其推測為來自相應於《如來興顯經》的獨立經典的引用，較為自然吧。

那一個，至少在現階段皆無法做明確的結論。但是，若將所論及的各事項作一整理，不揣淺陋地將筆者現在所思考的問題條列披露的話，則如次所示。

一、《華嚴經》在成立之後，也屢屢被修訂，增補，而產生了各異本。

二、在現存《華嚴經》之中，《六十華嚴》保留了最古型，而其梵語原本，則曾存於五世紀初的于闐。

三、若追溯《華嚴經》的最初構想，大概可上溯到三世紀前半被漢譯的《菩薩本業經》，甚而二世紀後半的《兜沙經》。

四、但是《華嚴經》，如別處所論❷，若將〈世間淨眼品〉、〈盧舍那佛品〉、〈十地品〉、〈性起品〉、〈入法界品〉，視為不可欠缺的棟樑的話，那麼《華嚴經》的成立，則必須置於已完成發展形態的《菩薩本業經》，及與其各品的原本合流、編彙而成的時點不可。

五、在前項各品之中，至少相當於〈十地品〉及〈性起品〉的單行經典，確實曾在三世紀後半流通過；相當於〈入法界品〉的經典則曾在四世紀後半流通過。

六、但是〈世間淨眼品〉和〈盧舍那佛品〉則未曾有過單行本流通的痕跡。這些品節可認為是《華嚴經》在編纂時，重新作成，附加的部分。正是這些，可讓我們明確地了解到《華嚴經》的獨立

❷拙著《華嚴經》（《佛教經典選》五，1986年，筑摩書房）卷末「解說」參照。

性。

七、由以上各點可知，《華嚴經》在構想或體系上，至少與《六十華嚴》相同（或近似），但其成立年代不太能上推到很早時代。在現在的範圍，也只能說是成立於西元 400 年前後而已。

八、關於成立的場所，相當於《華嚴經・入法界品》的 "*Gaṇḍavyūha*" 的原型，應是成立於南印度沒有錯。但是，也將這些經典取入，而實行《華嚴經》編纂的，依各種情況證據顯示，應是在西域的于闐❸，或者是其周邊才是。

---

❸關於四～五世紀的綠洲國家于闐，法顯有相當詳細的記錄（《法顯傳》，大正五一，p. 857 中～下）。若據其傳，當時的于闐似極為富庶，並盛於大乘佛教。總之，至少在那兒曾有可支持《華嚴經》編纂的社會基盤，是可想像的。

第二章

《華嚴經》的傳譯及其研究

一、《六十華嚴》的出現

如前所述，在中國，由《華嚴經》傳來前二百年開始，後來成為《華嚴經》的一部分而被編入的各經典已陸續傳來。而且，以其為序曲，最初的漢譯《華嚴經》，即所謂的《六十華嚴》在中國人面前展現了其初姿。

那麼，《六十華嚴》的先鋒部隊各獨立經典，在中國傳弘到怎樣的程度呢？又給予中國的人們在思想上怎樣的影響呢？

想來，這問題實包含著不可忽視的重要性。為什麼呢？因為由追究此問題，可了解到，受容《華嚴經》思想的基盤，已經成熟到怎樣的程度。可是很遺憾的是，可解開此問題的直接線索，幾乎沒有被保留下來，只有一個與此有關聯的事實，可明白的提出。即很多翻譯者，為了使華嚴經類的佛教思想，能讓中國人理解，而導入了他們很熟悉的中國式諸觀念，毋寧說是將原典改製成新的經典。

例如支謙，在與〈淨行品〉相應的《菩薩本業經》❶裏，將佛

---

❶《菩薩本業經》（大正一○，pp. 446 中～449 中）。

的活動，以「無上的道德顯現於各事項上」的形態表現。而將菩薩
的一面描寫為：

> 見丘聚舍，當願眾生，常處仁智，道無危殆。……見人閒居，
> 當願眾生，恬淡無為，遊志典籍。……見安樂人，當願眾生，
> 安快如佛，淡泊無患。❷

最後總括菩薩為：「誠願俱行，兼愛博施、不捨十方」❸。由此
可知，支謙是立於折中立場，而取入儒家、道家、墨家等的基本概
念，當作一種道德思想來表達。

又，竺法護在相當於〈離世間品〉的《度世品經》❹中，很明
顯地用了《老子》「玄之又玄」的觀念，來表達世界（法界）的無限
性和根源性。在相當於《八十華嚴・十定品》的《等目菩薩經》❺
裏，把同樣世界的本質──真如 (tathatā) 的譯語，用當時一般常用的
語詞「本無」來表達。甚而，在相當於〈十地品〉的《漸備一切智
德經》❻裏，於仁、不仁之外，屢屢用了柔仁、仁和、仁愛、慈仁

❷大正一〇，p. 448 下。

❸同，p. 449 中。

❹《度世品經》四（大正一〇，p. 640 下）。

❺《等目菩薩經》上（大正一〇，p. 578 上）。於本經中可見「諸法本無之界」
之語（同，p. 575 上）。

等包含仁的合成語。而將此經典的性格整理為：

> 此經如是，眾典之英，道德弘明，志平等正，解達無身，乃至
> 無上正真之道，度脫一切生死老病終始之患。去來今佛之所由
> 生，諸經之淵海，道德之宮。❼

竺法護很明顯地，一邊考慮配合經典的性格，一邊很大膽地道家化，或儒家化地意譯了華嚴經類。

　　由以上事例推之，接觸了初期漢譯華嚴經類的人們，恐怕對那些經典沒有抱著很大的違和感吧。即使在性格上有些不同，但是在本質上，當作與中國思想不相違的東西，而接受的人，或許也有吧。不管怎樣，為了使《華嚴經》思想成為中國人的東西，華嚴經類初期翻譯者們的竭誠努力，是不可忘記的。為什麼呢？因為他們的努力，確實對孕育了開花結果的中國華嚴思想土壤的形成，完成了重要的任務。

　　記載關於《華嚴經》初傳於中國，被漢譯等事的基本資料的是，《出三藏記集》的〈出經後記〉。

　　據其記載，支法領在于闐請到「梵本」的《華嚴經》後，於義熙十四年 (418) 在揚州道場寺，請佛馱跋陀羅（Buddhabhadra，佛度

---

❻《漸備一切智德經》一～五（大正一〇，pp. 458 上～497 中）。

❼大正一〇，497 上。

跋陀羅、佛大跋陀、覺賢）譯出。其時，法業任筆受，孟顗和褚叔度則作了經濟上的援助。翻譯的工作，大致於元熙二年（永初元年，420）結束，其後約經一年半，至翌年，永初二年 (421) 十二月校訂完畢❽。幾乎同樣的記載，也可見於智儼的《搜玄記》❾。恐怕智儼是訂正了《出三藏記集》的部分記事而援用的吧。

　　但是，關於本經的譯出，有必需注意的問題。即是同樣《出三藏記集‧佛大跋陀傳》 ❿和承繼其旨的《高僧傳》⓫記事，與前之〈出經後記〉有一些相違點。其中，內容上的不同點是：請佛馱跋陀羅翻譯的，並非支法領，而是孟顗和褚叔度。又，被附加之點是：參加譯場工作的除了法業之外，尚有慧嚴，合計約有百餘人。可說於道場寺中，曾有「華嚴堂」的存在吧。但是關於譯出的年月日和校訂，在此處卻無記載。我們應如何來解釋這些現象呢？

　　首先，《華嚴經》 的漢譯作業中心人物，各傳一致是佛馱跋陀

---

❽《出三藏記集》九（大正五五，p. 61 上）。

　現行的《六十華嚴》亦收載〈後記〉，但無有關於最後校訂的記事（大正九，p. 788 中）。又，關於校訂年，原文是「永初二年辛丑之歲」，但永初二年的干支是辛酉。此前後的辛丑年，是東晉的隆安五年 (401)，或是南朝宋的大明五年 (461)。恐怕「辛丑」是「辛酉」之誤吧。

❾《搜玄記》（大正三五，p. 13 中～下）。

❿《出三藏記集》一四（大正五五，pp. 103 中、104 上）。

⓫《高僧傳》二（大正五〇，pp. 334 中、335 下）。

羅。因此，關於此點，應無問題。佛馱跋陀羅，若依最古的傳記資料，前之《出三藏記集・佛大跋陀傳》的記載，是北印度出身，五歲時成為孤兒，十七歲出家，弱冠而以禪、律馳名。後會見歸國途上的智嚴，而一起東行，在長安與鳩摩羅什親交，門下眾多。但是，招道恆等之怨，而被逐出長安，受慧遠之迎而暫留廬山，於義熙八年 (412) 赴荊州。於其處，得後之劉宋武帝長豹的歸信與其共還都建業，而被請入道場寺，元嘉六年 (429)，以七十一歲歿。最初的漢譯《華嚴經》與《無量壽經》等，恐怕是在好不容易得到的安寧之中，佛馱跋陀羅的嘗試之作吧。

　　其次關於支法領，他于于闐請到《華嚴經》原典之事，以上諸資料及《名僧傳鈔》❷皆有相同記載，應是屬實之事。只是，他本人是否將翻譯託付於佛馱跋陀羅呢？則未可知。

　　其次，關於孟顗和褚叔度。孟顗是熱心的佛教徒❸，應是不會錯的。但是沒有資料可確定，他直接和《華嚴經》的翻譯有關係。又，褚叔度在《南史》有其傳❹，但是無有可讓人了解他的佛教立場的記事。因此，對於他倆曾是翻譯事業的贊助人，或是本身對於《華嚴經》翻譯的期望等記事，不可囫圇吞棗，妄自揣測。

　　其次法業，在《高僧傳・曇斌傳》中❺，因有曇斌向法業學《華

---

❷《名僧傳鈔》附〈名僧傳說處〉（續藏一一二乙一七一一，p. 16 右上）。

❸《批點世說補》一九，〈輕詆〉下。孟顗是在會稽太守任職期間而歿的人。

❹《南史》二八，〈列傳〉一八，〈褚裕之傳〉。

嚴經》和《雜心論》的記事，因此確實是通達《華嚴經》的人吧。
其與《華嚴經》的譯出有關係，也是不違常理的。但是，他曾任筆
受之職的記載，卻連《出三藏記集》的〈佛大跋陀傳〉的關聯文中
亦未見，留下可疑點。

　　最後關於慧嚴，他是當時的名僧之一應足以置信❻。他加入《華
嚴經》翻譯那樣的大事業裏，也沒有什麼可奇怪的。但是，此事因
未記載於他的傳記中，故不確實。

　　如此，關於中國最初的《華嚴經》譯出狀況，有一些不明點。
但是，翻譯是於揚州道場寺執行，翻譯的中心是佛馱跋陀羅，此工
作是開始於義熙十四年 (418) 三月，應是無疑問的。又，由《華嚴
經》的分量來看，最少也需要二年左右的翻譯時間吧。若如此，則
翻譯大約是完成於元熙二年 (420) 六月，也是可相信的。

　　又，譯出的《華嚴經》卷數，最初似為五十卷。由《出三藏記
集‧新集經論錄》❼裏「五十卷」的記載，及《開元錄》裏「初以
五十卷譯出，後人將其分卷為六十」❽的解說，即可明白，佛馱跋
陀羅譯《華嚴經》，最初是以五十卷品成立的（由此點可知，把原初

---

❺《高僧傳》七（大正五〇，p. 373 上）。
❻慧嚴學於鳩摩羅什，著《老子略注》等，並據說編纂過《南本涅槃經》（《高
　僧傳》七，大正五〇，pp. 367 中～368 中）。
❼《出三藏記集》二（大正五五，p. 11 下）。
❽《開元錄》三（大正五五，p. 505 中）。

形狀的本經,略稱為《六十華嚴》,是不適當的)。

　　那麼,何時?是誰?將其改為六十卷本的呢?很遺憾的是沒有可明確地回答此問題的資料。僅有在隋代已有六十卷本的存在,且已被傳用之事可知❶。又,應注意的是,六十卷《華嚴經》開始流行之後,從來的五十卷本也沒有消失之事。不僅諸經錄承認五十卷本的存在,而現存的舊宋本(1104～1148 年編)是由五十卷所成之事,也可說是其證據之一吧。但是,由法藏稱中國傳來的《華嚴經》為「六十卷本」❷可知,在初唐時代,這已成為一般普遍化的事了。

　　如此,漢譯《華嚴經》由五十卷本,轉為六十卷本的整體性變化,好像只不過是分卷的變化而已。為什麼呢?因為沒有資料言及其中內容的變化。又,上所言及的舊宋本,與六十卷本諸本相比較,也沒有較醒目的不同。進而,即使說是六十卷本,由現行諸本中,分卷方法有異同可知,最初分卷方法好像即無統一。因此,於南北朝的某一時期,佛馱跋陀羅譯的《華嚴經》,只是於方便上被分為六十卷,而後即成了一般化。但是,其立場並未統合於佛教界全體,有人繼續使用從來的五十卷本,有人則另立別的分卷方法,是可以想像的。

---

❶ 由《法經錄》一(大正五五,p. 115 上)記為「《大方廣佛華嚴經》六十卷」,而未言及五十卷本來看,改變為六十卷本應是在同錄完成的開皇十四年(594)以前,而在此年六十卷本已是盛行於世。

❷《探玄記》一(大正三五,p. 122 中)。

　　於唐永隆元年 (680)，佛馱跋陀羅所譯的 《華嚴經》，在內容上稍有了改變。即於其年，以在太原寺的地婆訶羅（日照）為中心，進行了〈入法界品〉一部分的補譯❷。據華嚴宗法藏的記載，補譯的部分是：〈入法界品〉 中夾於摩耶夫人和彌勒菩薩之間登場的九位‧十人的善知識。即指由天主光童女到德生童子‧有德童女❷。法藏所看到的「梵本」有八、九紙❷，若以《大正大藏經》的譯文而言，大約是三頁的分量。法藏之師智儼的《華嚴經》注釋書《搜玄記》裏，無此部分的注釋。又，他將〈入法界品〉的善知識人數定為四十五人也可知❷，這部分在佛馱跋陀羅譯的《華嚴經》裏，確實是缺少的。但是，其欠缺的原因，是如法藏所說的，由於翻譯者的省略呢？或是原來在原典中即沒有了呢？情況不明。只是，在筆者認為，可省略此部分的證據很微弱，加上若考慮到，在翻譯後似都會很慎重地執行校訂工作，則採取後者的看法應較為自然吧。

---

❷同，一（同，p. 122 下）。

❷同，二〇（同，p. 484 下）。

❷同❶。

❷ 《搜玄記》五上（大正三五，p. 90 中）、《孔目章》四（大正四五，p. 584中）。

二、《華嚴經》研究的進展

⑴趨向研究的脈動

關於《六十華嚴》譯出以前的華嚴經類研究狀況,詳細情況不明。因為,現存資料很少,若以西元 400 年為上限,現知的注釋書只有長沙寺僧衛的《十住經》的注釋存留❷。這件事使人推測,早期被傳譯的華嚴經類的研究狀況,是極為寂寞的。

但是,在五世紀初,鳩摩羅什來長安之後,好像稍微帶出了華嚴經類的研究,其理由之一是,因為他本身也對華嚴經類抱著不少的關心。

例如,鳩摩羅什除了與佛陀耶舍譯出前述的《十地經》四卷之外,將其初地的注釋書《十住毘婆沙論》十六卷,以佛陀耶舍的口誦翻譯。進而,自己又譯出了別的《十住論》十卷❷。又在回答廬山慧遠質問的《大乘大義章》裏❷,屢屢引用了與《華嚴經‧入法界品》相應的《不可思議解脫經》,也同時表明了自己思想的立場。

---

❷《高僧傳》五(大正五〇,p. 356 上)。只是「十住」是相當於《華嚴經》那一品,指何漢譯經典,卻無明記。

❷《華嚴經傳記》一(大正五一,pp. 155 下、156 中)。

❷《大乘大義章》上(大正四五,pp. 126 上、127 下)。同,中(同,p. 130 上)。

這些已足以看出，鳩摩羅什對華嚴經類的關心之切，與評價之高了吧。後世會傳出他曾譯出《華嚴經》，且加以吟詠之說❷，也非偶然的了。

　　承受了鳩摩羅什的關愛與重視，大概在他的門下，會出了不少華嚴經類，特別是十地思想的研究者。但是，現在因在這方面的研究而聞名的，僅有《十地義疏》的作者道融❷一人而已。此事可說是佐證了：鳩摩羅什的主要思想史任務，是在促進般若思想史的發展。但是，即使是那樣，他及他的門下鞏固了華嚴經類，特別是十地思想的研究基礎，而使其研究有了某一程度的前進，是不會錯的。而且，可能因此使此研究的傳統，一直承續到《十地經論》的譯出，皆未曾斷絕，是可想像的。之所以如此是因為，僅明記在《高僧傳》的《十地經》學者，即有曇遷 (384～482)、僧慧 (408～486)、曇斌 (409～475 頃)、慧亮（413～475 頃）、弘充（412～483 頃）、僧鍾 (430～489)、寶亮 (444～509)、法安 (454～498) 等人❸。可惜的是，他們的研究成果又是如何呢？卻無法可知。

　　那麼，與其傳統不同，在江南新加入漢譯《華嚴經》的研究者與研究狀況，是怎樣的呢？

---

❷《續集古今佛道論衡》（大正五二，p. 402 下）。

❷《高僧傳》六（大正五〇，p. 363 下）。

❸只是他們並非專心於《十地經》的研究、講學。此外關於種種的經論，似也具有相當大的關心及學識素養。

　　在《華嚴經》研究史上初綻名聲的是，在佛馱跋陀羅譯出《華嚴經》時任筆受的法業。法藏評其業績是「大教之濫觴」 **❸**。相傳法業著《止歸》 **❷** 二卷，但今已不存。

　　若把《止歸》二卷，看作是《華嚴經》研究的最初著作的話，將法業置於《華嚴經》研究史的開頭毋寧是不會錯的。但是，他所親近承仕的《六十華嚴》翻譯者——佛馱跋陀羅，相當清楚的《華嚴經》思想的主體化，可被承認之事，也是不可忘記的。據《高僧傳》 **❸**，他承襲無自性空，提倡了「一微」和「眾微」的緣起關係。此思想可說是，包含了與其後華嚴教學的法界緣起說，在本質上是相連續的內涵。

　　繼法業之後的華嚴教學者的重要人物，有求那跋陀羅(Guṇabhadra, 394～468)、玄暢 (416～484)、劉謙之（477 頃）等人。

　　首先求那跋陀羅 **❹**，是婆羅門出身，讀《雜心論》而入佛門，後學大乘佛教，特別是《大品般若經》和《華嚴經》。元嘉十二年 (435) 由海路來中國，途中，風止而船不進之時，他拼命地祈求觀音而獲救。又來中國之後，傳說他也是由觀音信仰而了解中國話的。

---

❸《華嚴經傳記》二（大正五一，p. 158 中）。

❷同上。又，與現存同名金澤文庫本的關係，請參照高峰了州〈華嚴兩卷旨歸について〉（《佛教研究》三一一，pp. 71～81）。

❸《高僧傳》二（大正五〇，p. 335 上）。

❹《華嚴經傳記》二（大正五一，p. 158 中～下）。

求那跋陀羅，經劉宋的譙王等之請，講了十數回的《華嚴經》。

　　其次玄暢❸，金城出身，幼時出家於涼州，學於曾師事佛馱跋陀羅的禪者玄高 (402～444)。但是，其師歿後，為避北魏太武帝的廢佛，而於元嘉二十二年 (445) 遠赴揚州。而於其地，得劉宋文帝的尊信。注釋、講解《華嚴經》，並善於三論。由求那跋陀羅及玄暢的事跡可知，劉宋時代對《華嚴經》的關心次第高昇，由此可推測，《華嚴經》的思想研究，也某些程度加深了吧。其後，南方的《華嚴經》研究，由以法朗 (507～581) 及吉藏 (549～623) 為中心的三論系的人們來傳承。但可說是以前二人為先驅的。可是關於他們的思想和研究成果的實情，卻幾乎是不清楚的。

　　另一方面，此時在北地，劉謙之 ❸ 正進行著《華嚴經》研究。他本是仕於宮中的宦官，但於北魏太和初年 (477) 入山，由文殊的靈驗而深入《華嚴經》的奧旨，終於達成《華嚴論》六百卷。若現存的話，於了解當時的佛教學水準是貴重的書籍，可惜卻散佚而幾乎不傳。然而，他似是以文殊信仰，來作為《華嚴經》研究的主要基盤，則是不可忘記的。之所以如此，文殊於《華嚴經》，擔當著引導正確發心而契向修行的重要角色。因為劉謙之立於文殊信仰，注釋《華嚴經》，及由正面真摯地研究《華嚴經》之事，是使我們推定他的正統研究態度的緣故。

---

❸《高僧傳》八（大正五〇，p. 377 上～中）。

❸《華嚴經傳記》一（大正五一，p. 156 下）。

⑵北方研究的發展

北魏永平四年 (511)，於洛陽，世親（Vasubandhu，天親）的《十地經論》十二卷被譯出❸。其翻譯者之一是勒那摩提，而承受其教法的慧光，則形成地論南道派，《華嚴經》研究因此急速繁盛。傳說勒那摩提常應宣武帝之命講《華嚴經》❸，後因應天帝之請，上天講《華嚴經》，歿於法席，弟子們也相繼辭世，是《華嚴經》研究的大家❸。在慧光一門，《華嚴經》研究者輩出之事，也並非是不可思議的。事實上，慧光❹(468～537) 自己著寫《華嚴經》注釋書，其門下的大弟子們也幾乎都宣講《華嚴經》，並著其注釋。

首先僧範❹(476～555)，通於諸學，二十九歲時聽《涅槃經》而開悟、出家。但是其後即專注於華嚴，著有《華嚴疏》五卷。相傳他於顯義寺講《華嚴經》時，至〈十地品〉第六現前地時，有一雁

❸崔光〈十地經論序〉（大正二六，p. 123 中）。此〈序〉，以前曾有偽作說提出（布施浩岳〈十地經の傳譯と南北二道の濫觴〉，《佛教研究》一一一，pp. 126～138），於今不採用。

❸《續高僧傳》七（大正五〇，p. 482 下）。

❸同，一（同，p. 429 上）。

❹《續高僧傳》二一（大正五〇，pp. 607 中～608 中）。《華嚴經傳記》二（大正五一，p. 159 上～中）。

❹《續高僧傳》八（大正五〇，pp. 483 中～484 上）。《華嚴經傳記》二（大正五一，p. 159 中～下）。

飛來聽法。

其次慧順❷(487～558?)，是崔光之弟。初習儒學，而營在家生活。後聽《涅槃經》，而入慧光之門，時二十五歲。講《十地經》、《地持論》、《華嚴經》、《維摩經》，並作其疏記。

其次道憑❸(488～559)，始誦《維摩經》，後學《涅槃經》、《成實論》。聞慧光宣揚戒律而入其門下，十載學成，聲聞漸高，乃辭師門（慧光），而通法弘化。講《十地經論》、《涅槃經》、《華嚴經》、《四分律》等，皆覽卷便講，目不尋文章疏本，故被傳為「憑師法相，上公（法上）文句，一代希寶」，一時流為美譽。

其次曇遵❹(480～564?)，年少出家，因美於姿容，恐於此犯戒而一度還俗。二十三歲時再度受戒，而成為慧光的弟子。於「大乘頓教、法界心原」有領悟，並加以析解。《續高僧傳》裏，曇遵無著有注釋書，但法藏的《華嚴經傳記》❺，則記其著《華嚴經疏》七卷。

其次曇衍❻(503～581)，十八歲時受戒於慧光，三年間專心於佛學，而於二十三歲正式出家。嚴守戒律、日誦《維摩經》、《勝鬘經》一遍，臨終時誦念彌勒佛，怡悅而卒。《續高僧傳》無明記其與《華

---

❷《續高僧傳》八（大正五〇，p. 484 中）。

❸同，八（同，p. 484 中～下）。

❹同，八（同，p. 484 上～中）。

❺《華嚴經傳記》三（大正五一，p. 164 中）。

❻《續高僧傳》八（大正五〇，p. 487 中～下）。

嚴經》的關係。但《華嚴經傳記》 ❹ 則記其為慧光歿後的「華嚴大
教」再興者，著有《華嚴經疏》七卷等。

　　最後安廩 ❹(507～583)，性好老莊、早達經史。二十五歲出家，
於光融寺容公處學諸經論，從慧光聽《十地經》，深究於禪。在魏十
二年，主講《四分律》。梁太清元年 (547) 赴南地，得武帝厚遇而住
天安寺，講《華嚴經》。陳永定元年 (557) 入內殿，受勅命住耆闍寺。
安廩是地論南道派中，可明白知道，完成《華嚴經》南地傳播的第
一人。

　　地論南道派，於第二世代，也孕育出了道憑門下的靈裕、曇衍
門下的靈幹、法上門下的慧遠等等優秀的《華嚴經》研究者。

　　首先靈裕 ❹(518～605)，幼習儒學，十五歲遭父喪，瞞母出家。
其後謁鄴都，欲從慧光學，時慧光已歿，乃從道憑聽《十地經論》。
並從曇隱習《四分律》，亦學《雜心論》和《成實論》。因學德俱優，
被稱為「裕菩薩」。著書有《華嚴疏》及《旨歸》合九卷等，共計百
餘卷。弟子有彭淵 ❺(544～611)，也是有名的《華嚴經》研究者。

　　其次靈幹 ❺(535～612)，十四歲時成為曇衍弟子，十八歲講《華

---

❹《華嚴經傳記》二（大正五一，pp. 159 下～160 上）。

❹《續高僧傳》七（大正五〇，p. 480 中～下）。

❹《續高僧傳》九（大正五〇，pp. 495 中～498 上）。《華嚴經傳記》二（大正
　五一，pp. 160 中～161 上）。

❺《續高僧傳》一一（大正五〇，pp. 511 中～512 上）。

嚴經》、《十地經》，備受讚賞。似為專持《華嚴經》者，常依本經而修〈蓮華藏世界海觀〉及〈彌勒天宮觀〉。他所撫育的外甥靈辯❺❷，也因弘播《華嚴經》而有名。

最後慧遠❺❸(523～592)，敦煌人，十三歲時便成為僧思禪師的弟子，十六歲時學於湛律師，進而從法上受具足戒，於曇隱聽《四分律》。北周武帝廢佛時，曾極力抗議，被法上和曇衍感謝，而稱其為「護法菩薩」。隋興，文帝即位，任慧遠為洛州沙門都。後被召還京，從曇遷聽《攝大乘論》，住淨影寺。門下七百餘人。著書有《華嚴疏》七卷、《大乘義章》十四卷等。

關於《華嚴疏》，法藏曾如下述之。即慧遠晚年注《華嚴經》之疏，至〈十迴向品〉，心臟急痛，心臟部分的毛孔滲血，透明可見。又作了持鎌刀上山，割草至一半力盡而停的夢。醒後慧遠告訴門人，做了注釋未完而終的夢，因此而停注《華嚴經》❺❹。由此可知，或許《續高僧傳》的《華嚴疏》七卷，是慧遠晚年的著作，《華嚴經》的前半，即到《六十華嚴・迴向品》的注釋，也說不定。

如上所述，北地的《華嚴經》研究，主要是由地論南道派的力

---

❺❶《續高僧傳》一二（大正五〇，p. 518 上～下）。《華嚴經傳記》二（大正五一，p. 161 中）。

❺❷《續高僧傳》一二（大正五〇，p. 518 下）。

❺❸《續高僧傳》八（大正五〇，pp. 489 下～492 中）。

❺❹《華嚴經傳記》一（大正五一，pp. 156 下～157 上）。

量而發展。但是，為何會如此呢？為何在地論南道派中，會出了這麼多的《華嚴經》研究者呢？

想來，《十地經論》其自體，確是一個佛教研究的成果。但是本書不能說是具有一貫整理的思想結晶。為什麼呢？因為本書只是世親對於華嚴經類的一經，從自己的佛教立場，加以解釋的嘗試之作而已。因此，只讀《十地經論》，世親的唯識思想的特色、《十地經》的特色，皆無法把握，為了進行《十地經論》的研究，與了解世親的唯識說的同時，無論如何，也必須解明包含《十地經》而成為其一部分的《華嚴經》不可。地論學派能一直推出《華嚴經》研究者的最大原因，就在這裏吧！

但是，北地的《華嚴經》研究者大部分是屬於地論南道派的，雖沒有錯，但卻不是全部。與地論學派不同系統，而第一受注目的人，是曇無最❺❺（520頃），其專修禪定，深究《涅槃經》、《華嚴經》，門下千人。傳記中，菩提留支稱其為「東土菩薩」，將其著《大乘義章》譯為梵語等。

在曇無最門下，出了智炬❺❻。傳說他因夢普賢菩薩而開悟。講《華嚴經》五十餘回，著《疏》十卷。生卒年不詳。

也有雖是《四分律》的學者，而作《華嚴經》研究的。例如，學於勒那摩提和慧光，善於禪觀的僧達❺❼(475～556)，和確立了《四

---

❺❺《續高僧傳》二三（大正五〇，pp. 624 中～624 上）。

❺❻《華嚴經傳記》二（大正五一，pp. 158 下～159 上）。

分律》不動地位的洪遵❺❽(530～608)。

　　此外，學系雖不明，但作為北方的《華嚴經》研究者而不可忘記的是，靈辨和慧藏。

　　靈辨❺❾(477～522)，與前所述劉謙之同為經由文殊信仰而大悟，居五臺山清涼寺，經四年歲月，於神龜三年 (520) 完成《華嚴經論》一百卷❻⓿。他一邊編輯本書，一邊於神龜元年 (518) 奉敕命，於宣光殿宣講《大品般若經》以後，即夏天講《華嚴經》，冬天講《大品般若經》。

　　慧藏❻❶(522～605)，據傳十一歲出家，未達弱冠即屢屢講授《涅槃經》。四十歲時棲隱於于鵲山，以《華嚴經》為樞要研究佛學，洞盡幽微，聞空中靈告「是」之聲而撰《義疏》，後受北齊武成帝之請，而於太極殿講《華嚴經》。隋代成六大德之一，並受請講《金剛般若論》。慧藏的《華嚴經》研究，可看出是與上述的靈辨相同，是以空觀思想貫徹其中的。

---

❺❼《續高僧傳》一六（大正五〇，pp. 552 下～553 中）。

❺❽同，二一（同，pp. 611 上～612 上）。據說他著有《華嚴經疏》七卷（《華嚴經傳記》三，大正五一，p. 164 中）。

❺❾《華嚴經傳記》一（大正五一，p. 157 中～下）。

❻⓿《探玄記》一（大正三五，p. 122 下），將卷數記為「100 餘卷」。

❻❶《續高僧傳》九（大正五〇，p. 498 上～中）。《華嚴經傳記》二（大正五一，p. 161 上）。

此二人之中，靈辨的《華嚴經論》現尚存一部分❷。該書於其歿後被收入《大藏經》中，因弟子們的努力不久即弘傳於今山西省間，於七世紀末開始流傳於長安，由此可知此書在當初即名望甚高。實際上，由其斷簡也可看出其思想水準之高。承《華嚴經·光明覺品》的無量佛身之說，立於如來藏思想，將其佛身「一切世界皆入其中，而無妨礙」，而定義為不思議的「身藏」❸；又基於「觀」來解釋經典全體，特別是將一和多的相即當作真如觀來宣揚❹等，是

---

❷百卷之中，包含近年被發現、介紹的，現存的只有卷三、卷一○、卷一四、卷一六、卷一七、卷一八、卷五一～卷五六等計十二卷，其中，卷一六是殘簡。關於出處，卷一○被收於《大日本續藏經》（一一九三一五，pp. 468 左上～472 左下）。其次卷五一～卷五六的六卷，佐藤泰舜於朝鮮發現，以〈靈辨の華嚴經論に就いて〉為題，發表了論文（宇井佰壽博士還曆記念論集《印度哲學と佛教の諸問題》所收）。只是，其論文中，原典只揭載了一小部分，其他又無發表過的痕跡，無法直接讀其原文，實甚遺憾（據韓國大韓傳統佛教研究院的金知見博士言，朝鮮動亂時此六卷原典，似已全部散佚）。最後，卷三、一四、一六、一七、一八的五卷，是新藤近海於正倉院發現的，揭載於《南都佛教》的九號～一三號各卷。

❸《華嚴經論》一○（續藏一一九三一五，p. 472 左下）。又，靈辨的基本佛身觀是法身和應身的二身說，實際上應身的功用即是被當作法身來理解。

❹《華嚴經論》一七（《南都佛教》一二，p. 117 上）。他又借鏡、像之喻，論於存在中無實體性，更主張微細世界和大世界，少世界和多世界等的「八對相即」（《華嚴經論》一八，《南都佛教》一三，p. 135 上）。此思想並受容於

其代表。在靈辨的思想裏，確實可承認是，具有先導華嚴教學之無
盡緣起思想的一面。

(3)南方研究的傳統

　　三論學派的大成者吉藏 (549～623)，於其著作《華嚴遊意》之
中敘述，江南的《華嚴經》講學是始於攝山（江蘇省江寧縣東北）
的勝法師，其後法朗繼其跡廣傳《華嚴經》❻。「勝法師」的事跡不
明，但包含法朗在內三論學派系統❻的學者們，支持了江南《華嚴
經》研究的傳統，則是確實的。

　　首先，鞏固三論學派興隆的是僧朗❻　（500 頃）。他學於法度
(437～500)，專力於《華嚴經》和三論的講學。僧朗門下出了僧詮，
有弟子法朗、智辨、慧勇、慧布。其中發展了《華嚴經》研究的是，
法朗和慧勇。

　　法朗❻(507～581) 二十一歲出家，從寶誌習禪，並從各專門學
者學律、成實、毘曇。其後就僧詮研習四論及《華嚴經》、《大品般
若經》。永定二年 (558)，受敕住興皇寺，講學《華嚴經》和《大品

宋朝禪。《宗鏡錄》二五（大正四八，p. 557 下）參照。

❻《華嚴遊意》（大正三五，p. 1 上）。

❻平井俊榮《中國般若思想史研究》(1976 年，春秋社，pp. 243～341 參照)。

❻《高僧傳》八（大正五〇，p. 380 下）。

❻《續高僧傳》七（大正五〇，pp. 477 中～478 中）。

般若經》各二十餘遍。由其傳記推測，他也打開了《華嚴經》解釋的新境界。

慧勇 ❻(515～583)，修禪，學《十誦律》、《成實論》後，跟隨了僧詮。天嘉五年 (564) 受陳文帝之請講學於太極殿而成名，而於大禪眾寺住了十八年。各講《華嚴經》、《涅槃經》、《大品般若經》二十遍，講四論三十五遍。是通於諸學的佛教者吧。

三論學派其後於《華嚴經》研究亦延續不絕。學於法朗、慧布的慧覺 ❼(554～606)，屢次講學《大品般若經》、《涅槃經》、《華嚴經》等二十餘部經論。法朗的弟子小明法師 ❼，住於蘇州永定寺，教義襃（611～661 頃）《華嚴經》和《大品般若經》。又，吉藏著《華嚴遊意》追究《華嚴經》思想，也同時由《華嚴經》中吸收了很多的東西，進而形成了自己的思想 ❼ 。

由以上可知，在江南，自僧朗以來，由三論學派的學者們連綿延續了《華嚴經》研究。如前節所述的安廩，是由北地而來傳播《華嚴經》的。但是，江南《華嚴經》研究的主流，還是必需說是在三論學派。

---

❻同，七（同，p. 478 上～下）。

❼同，一二（同，p. 516 上～下）。

❼同，一五（同，p. 547 中）。

❼詳情參照前示拙著《初期中國華嚴思想の研究》，pp. 229～274。

⑷攝論學派的問題

　　歷史上打開《華嚴經》研究新頁的，是攝論學派。為什麼呢？因為攝論學派一直在培植內部新的《華嚴經》研究之道，而給與華嚴教學的成立很大的影響。

　　所謂攝論學派，是真諦 (Paramārtha) 在天嘉四年 (562)，於南方的廣州制旨寺翻譯❼無著 (Asaṅga) 所著《攝大乘論》三卷，與世親的解釋——《釋論》二十卷，以此二論為依據而形成的學派。據說此時真諦也同時著了《義疏》八卷，而實際上，他對《攝大乘論》所付出的熱情，也似是非同小可。但攝論學的傳播，因南方三論學派的隆盛，和《攝大乘論》等唯識論書，具較濃厚的印度色彩，不易切入中國思想的阻撓，而未能順利進展。但是，因北周的廢佛而有很多地論學派的學者逃到南方，情況即改變了。地論學派的學者開始盛行研究《攝大乘論》，隨著隋朝的興起，《攝大乘論》也相繼地傳到北方，不久，攝論學即攀上了佛教研究的中心地位。

　　於此攝論學派之中，可明確地指出進行了《華嚴經》研究的第一人是曇遷❼(542～607)。他備練六經，偏究《易經》、老莊，初學於慧榮，再投曇靜律師出家，時年二十一歲。後受教於曇遵，並棲

---

❼《開元錄》七（大正五五，p. 546 中）。《續高僧傳》一（大正五〇，p. 430 上）參照。

❼《續高僧傳》一八（大正五〇，pp. 571 中～574 中）。

隱於林廬山淨國寺，潛心研究《華嚴經》、《十地經》、《維摩經》等。北周廢佛時逃至建康，進住道場寺，講學唯識義，於桂州刺史蔣君家得《攝大乘論》，而完全理解了唯識思想。隋朝興起，他即刻北返，而在北上途中，於彭城講學了《攝大乘論》和《楞伽經》、《起信論》等。據說此為《攝大乘論》北地弘傳的開始。開皇七年(587)，慧遠、慧藏、僧休、寶鎮、洪遵等五大德，同赴長安，拜謁文帝於大興殿。如此，曇遷於大興善寺講學《攝大乘論》，雲集了很多學僧，完成了講學。其著書據傳有《攝論疏》十卷、《亡是非論》、《楞伽經》、《起信論》等的疏，及《華嚴明難品玄解》等二十餘卷。但現存的只有其中的《亡是非論》一卷而已，其為郭象注《莊子‧齊物論》的佛教化改訂，也可以說是精簡本。

　　因此，無法知道他的詳細思想體系，只是，華嚴宗二祖智儼，在最晚年的著作《孔目章》❼❺裏，於討論了究極的緣起樣相──「性起」之後，將《亡是非論》以「順性起」的理由收錄。這件事很明顯地證明了，《亡是非論》和智儼的性起思想，在本質上有直接關係。而其連結點是什麼呢？想來，應是在最後一段被說的「無心」的境界。在欲脫離是非的束縛前提下，事實上即已不能免去其束縛。欲脫離束縛，除了成為無心之外無別徑。只有成為無心，才能消滅是非、彼我、得失等一切的相對，而能放任無為，遨遊於自由的境地──曇遷如是說❼❻。智儼恐怕是於此「無心」，確信了性起，亦即

❼❺《孔目章》四（大正四五，pp. 580 下～581 中）。

所謂的真理現前——根本究竟的出現吧。智儼對於曇遷《亡是非論》的高評價，暗示了看起來極為複雜難解的華嚴思想，其實也是由明快簡潔的體驗出發，並殊途同歸於此，這實具有深遠的意義。

受學於曇遷，而與《華嚴經》有關，被記載傳記資料的，有慧休和法常。但是慧休**❼**(548～645)，並非研究《華嚴經》者。毋寧說是因聽不懂靈裕講解的《華嚴經》，反而了悟生而為人的道理，並悟出了「心沐法海」的生存之道。可認為是：他之所以向曇遷、道尼學《攝大乘論》，也是此生存之道具體化的一部分。

其次法常**❽**(567～645)，十九歲時入曇延門，修涅槃學，後專心研究《攝大乘論》。他是以攝論學者聞名，但其自身至最後似是仍著重於《涅槃經》。據說法常亦講解了《華嚴經》，並作法釋書。

此外，與攝論學有關的隋代《華嚴經》研究者，有道璨**❾**（生歿年不明）。他同時研究《攝大乘論》和《華嚴經》、《十地經》，並住於勝光寺。據說他受敕命送佛舍利到許州辯行寺時，曾有靈異事跡。

由以上可知，據資料所載，攝論學派系統的學者們，於研究《華嚴經》上，似乎並非很興盛，又與《華嚴經》有關的曇遷和法常，他們對本經理解的程度，也不得可知。因此，不太能確定說明。但

---

❼同，四（同，p. 581 中）。

❼《續高僧傳》一五（大正五〇，pp. 544 中～545 中）。

❽同，一五（同，pp. 540 下～541 中）。

❾同，二六（同，p. 669 以下）。

是，在華嚴教學上，於《華嚴經・菩薩明難品》的解釋，給與骨架結構的「十甚深」思想，則是來自於曇遷，是沒有錯的 ⓫。即是只鑑於此點，也可窺知：如下所論的，攝論學派並非只是由攝論學，而給與華嚴教學形成上很大的貢獻；同時也是在基於對攝論研究，而產生了某一程度的《華嚴經》新解釋的成果，並將其表現、提供出來。

⓫《探玄記》四（大正三五，p. 176 以下）。《演義鈔》三一（大正三六，p. 233 中）參照。

第三章

華嚴經觀的展開

由前章的概觀可知，《華嚴經》自傳來以後，即被很多的中國佛教者研究。因為彼等研究者的思想形成裏，與《華嚴經》有很深的關係。

但是，與《華嚴經》有關，並受容其思想而確立了自己的主體性的，並非只有他們。有些人於傳記資料中不能以《華嚴經》研究者稱之，或華嚴宗之人而留名。但他們為《華嚴經》所吸引，並受《華嚴經》影響的程度，與彼等相同，甚而在彼等之上，這些人，絕非少數。於此不能詳論，但如淨土教曇鸞、地論南道派慧遠、天台宗智顗、三論宗吉藏等的教學本質，若除去《華嚴經》思想則不成體系。又如由無名氏等因熱心於佛教的宣揚，而作成的幾部重要偽經之中，亦留下了顯著的《華嚴經》思想的痕跡❶。

那麼，包含了以上的佛教研究者，《華嚴經》的人們，將其視為怎樣的經典呢？以下，想由教判及宗趣二方面，來概觀此一問題。

---

❶詳細請閱前揭拙著《初期中國華嚴思想の研究》，pp. 109～274。

一、教判的定位

中國佛教亦被稱為教判佛教。教判，即將佛的說法作一體系性整理的教相判釋，構築了中國佛教的特殊性。此事乃因佛教經論不依成立順序和相互的關聯，雜亂無章地被傳譯入中國的歷史條件有關。無秩序地被傳譯而來的，具有各種型態和思想的佛典，中國佛教學者只好根據自己的方法來選擇、整理，此即形成了教判。

若由分量來看，教判可說是中國佛教的特色。但是，在印度佛教中也並非沒有教理的分類和等級。例如，被認為是龍樹著作的《大智度論》中，有現示和祕密的二種佛法的分類❷，並有大乘（摩訶衍）和小乘的區別❸。又《十住毘婆沙論・易行品》❹中，列論了淨土教之所依的難行道、易行道。又於《解深密經》❺中，可見三時、三乘教說的分段。如上所說，各經論本身已具有了教判思想，因此印度佛學者，將其採用、重視，也並不為奇。法藏❻所傳的

---

❷《大智度論》四（大正二五，pp. 84 下～85 上）。同，六五（同，p. 517 上以下）。

❸同，四（同，pp. 85 中～86 上）。

❹《十住毘婆沙論》五（大正二六，p. 41 中）。

❺《解深密經》（大正一六，p. 697 上～中）。《瑜伽師地論》七六（大正三〇，pp. 722 下～723 上）中，引用了包含此部分的一段。

❻《起信論義記》上（大正四四，p. 242 中～下）。《探玄記》一（大正三五，

戒賢 (Śīlabhadra, 529～645) 的有、空、中道的三種教，智光 (Jñ-ānaprabha，生歿年不明) 的四諦、法相大乘、無相大乘的三時教說的區別等，即是一例。

　　如上所述，印度亦略有教判之說，但是印度佛教並非基於教判而發展的佛教，這是任何人也不能否定的。

　　在中國佛教的教判中，《華嚴經》是如何被定位的呢？以下想先檢討《華嚴經》的教判位置。

　　首先，在華嚴教學成立以前，亦即至隋代，有提倡者氏名，及明記《華嚴經》教判位置的，可列舉如下（〈　〉內是《華嚴經》的位置）。

提　倡　者	生　歿　年　代	教　　判
①慧觀	（五世紀前半）	三教五時 ❼ 〈頓教〉
②岌師	（生歿年不明）	三教三時 ❽ 〈頓教〉
③宗愛	（生歿年不明）	三教四時 ❾ 〈頓教〉
④僧柔	(431～494)	三教五時 ❿ 〈頓教〉

pp. 111 下～112 上）。

❼《三論玄義》（大正四五，p. 5 中）。以下，各教判的典據，只舉出被認為是最重要的。

❽《法華玄義》一〇上（大正三三，p. 801 上）。

❾《法華玄義》一〇上（大正三三，p. 801 上～中）。梁的僧旻被認為用了此教判。

❿《法華玄義》一〇上（大正三三，p. 801 中）。梁的智藏、法雲，據云亦用

惠次	(430～490)	
⑤慧光	(468～537)	四宗❶〈常宗〉三教❷〈頓教〉
⑥真諦	(499～569)	二教❸〈頓教〉三法輪❹〈持法輪〉四教❺〈觀行教〉
⑦護身等	(生歿年不明)	五宗❻〈法界宗〉
⑧安廩	(507～583)	六宗❼〈常宗〉
⑨慧遠	(523～592)	四宗❽〈破相宗・顯實宗〉
⑩智顗	(538～597)	四教❾〈圓教〉三教❿〈頓教〉
⑪達摩岌多 (Dharmagupta)	(?～619)	四宗教㉑〈觀行教〉

此。

❶《法華玄義》一〇上（大正三三，p. 801 中）。「佛陀三藏」據云亦用此教判。

❷《五教章通路記》一一（大正七二，p. 366 下）。

❸《探玄記》一（大正三五，p. 110 下）。

❹《刊定記》一（續藏一一五一一，p. 8 左下）。只是，《解深密經疏》五（續
藏一一三四一五，p. 413 右下～左上），提出小乘、大乘、一乘的三法輪說，
並將《華嚴經》配於一乘。

❺《解深密經疏》一（續藏一一三四一四，p. 298 左上）。《成唯識論料簡》上
（續藏一一七六一五，p. 468 右上）參照。

❻《法華玄義》一〇上（大正三三，p. 801 中）。

❼《法華玄義》一〇上（大正三三，p. 801 中）。《華嚴五教章》一（大正四五，
p. 480 下）參照。

❽《大乘義章》（大正四四，p. 483 上～中）。

❾《四教義》一（大正四六，p. 721 上）。法藏以此為慧思、智顗等之說（《探
玄記》一，大正三五，p. 111 上）。

❿《法華玄義》一〇上（大正三三，p. 806 上）。

⑫吉藏	(549〜623)	二藏四教 ㉒〈菩薩藏・華嚴教〉 三種法輪 ㉓〈根本法輪〉
⑬慧誕	(生歿年不明)	二教 ㉔〈頓教〉
⑭波羅頗迦蜜多羅 　(Prabhākaramitra)	(七世紀前半)	五教 ㉕〈觀行教〉
⑮印法師 　敏法師	(生歿年不明)	二教 ㉖〈平道教〉

　　這些教判並非全是可信的。其中無可置疑的只有⑨⑩⑫，因為教判者在其現存的著作中有明言。但是，由中國佛教的位置來推測，即使教判者本身略有問題殘留，但是上述，或是與其相似的教判，曾經存在的事實，是不可否認的。

　　若立於此前提，來考慮諸教判中的華嚴經觀，我們應注意什麼呢？

　　第一，將《華嚴經》判為頓教的教判，是極為有力的。所謂頓

---

❷《刊定記》一（續藏一一五一一，p. 9 左上）。

❷《三論玄義》（大正四五，p. 5 下）。「華嚴教」，原文是「華嚴經」，但從文脈及意義上來看，還是「華嚴教」較適合，故如此訂正。大概是在抄寫中，於某一時期誤寫。

❷《法華遊意》（大正三四，p. 934 下）。

❷《大乘義章》一（大正四四，p. 465 上）。關於慧誕及其教判，請參照坂本幸男《華嚴教學の研究》，pp. 167〜179。

❷《成唯識論料簡》上（續藏一一七六一五，p. 468 右下）。

❷《探玄記》一（大正三五，p. 111 中）。

教，若依於南北朝時代，將諸教判以頓、漸、不定的三種教相來總括的智顗所言，它如太陽照射高山，是只以菩薩為教化對象的教法❷。如這般，將《華嚴經》視為超越凡俗的經典的看法，在中國是主流。

　　第二，由地論學者所立的華嚴經觀的問題。即地論南道派之祖慧光，將佛教分為因緣、假名、誑相、常的四宗，而將《涅槃經》和《華嚴經》分配於「常住佛性，本有湛然」的常宗❷。此常宗的理解裏，充分反映了《涅槃經》的思想。在此處，《華嚴經》可說是依由《涅槃經》而被理解的吧。

　　其次，若依智顗之言，由此慧光發展出來的教判，有其門下護身的五宗教判，在此教判中，《華嚴經》獨立而被判為「法界宗」。法藏說明「法界宗」的意義為：「華嚴明法界自在無礙法門等」❷，此很可能是法藏自己的見解。但即使是如此，若此教判曾存在的話，其《華嚴經》被置於最高位置，並以「法界」的概念來被界定，此意義不可說是不大。

　　地論學派的華嚴經觀，至集大成者——慧遠時，在本質上有了轉變。亦即他將佛教分成立性宗（因緣宗、小乘阿毘達摩的立場）、

---

❷《法華玄義》一〇上（大正三三，p. 801 上）。

❷《法華玄義》一〇上（大正三三，p. 801 中）。又，若依法藏，於慧光門下的曇隱，有與此酷似的因緣、假名、不真、真的四宗教判。

❷《五教章》一（大正四五，p. 480 下）。

破性宗（假名宗、《成實論》的立場）、破相宗（不真宗、空思想的立場）、顯實宗（真宗、如來藏思想的立場）四類，而以第四的顯實宗為自己思想的根據。但他認為第四的顯實宗和第三的破相宗，在本質上並無差別，而在經、論上亦無不同❸。慧遠認為大乘的諸經典最終目的皆為明示「法界緣起」法門的。因此，《華嚴經》也不能只是固定於顯實宗 （真宗）。 筆者認為此見解可給予高評價——在《華嚴經》思想主體化，引導了不將《華嚴經》視作特別，此觀點上。

　　第三的問題是，將《華嚴經》判為「圓教」的教判來源。法藏認為是起源於地論學派慧光的漸、頓、圓三教教判❸。但若依日本的凝然和鳳潭所引用的 《華嚴疏》，慧光曾自明言：「以經 （《華嚴經》），三教之中，蓋是頓教所攝❸」。於此，鳳潭推測：上面的慧光之《華嚴疏》中，並無明顯寫出「圓」字；或者是「教」字是「圓」字之誤❸。但是，此解釋並無客觀根據。如後所述，依現存資料考證，無可置疑的，將《華嚴經》置於圓教的是法藏以後。法藏之師智儼，不過是當慧光和法藏的媒介，將《華嚴經》攝入頓、圓二教

---

❸《大乘義章》一（大正四四，p. 483 中）。

❸《華嚴經傳記》二（大正五一，p. 159 中）。

❸《五教章通路記》（大正七二，p. 366 下）。《五教章匡真鈔》二（大正七三，p. 348 中）。

❸《五教章匡真鈔》二（大正七三，p. 438 中）。

而已。至少不可忘記的是：慧光提倡漸、頓、圓三教教判，且《華嚴經》並非只被判為圓教之事。

　　另外尚有天台智顗，亦判《華嚴經》為圓教。智顗的教判為三藏教、通教、別教、圓教的四教，而將《華嚴經》配於別、圓兩教，特別是強調其圓教的性格❸。但是智顗認為《華嚴經》不能治二乘的心，因此只是「方便說」，而非「如實之說」❸。由此可知，智顗的「圓教」概念，並非如文字所示的完整性。

　　第五，由印度來的譯經僧們的教判，如真諦的四教，達摩笈多的四宗教，及波羅頗迦蜜多羅的五教，他們對《華嚴經》的定位，也是不可忽視的。前二人的教判幾乎相同，即四諦教、無相教、法相教、觀行教。而波羅頗迦蜜多羅的五教是四諦教、無相教、觀行教、安樂教、守護教。但是以上三人，皆將《華嚴經》配於觀行教。這純粹是由實踐的觀點來把握《華嚴經》，但遺憾的是「觀行」的意思並未曾被細說。真諦是西印度人，達摩笈多是南印度人，波羅頗迦蜜多羅是西印度，或是中印度的人。他們三人皆將《華嚴經》視作觀行教。因《華嚴經》未有曾在印度廣泛流行的痕跡，故不可將此見解囫圇吞棗。但對於表示印度的華嚴經觀方面，則是意味深長的。

---

❸《四教義》二（大正四六，p. 727 上）、《維摩經玄疏》三（大正三八，p. 533 上～中）等參照。

❸《法華玄義》六下（大正三三，p. 757 上）。

　　另有智顗介紹的「北地禪師」的教判，是與第五點有關，而應被注意的教判。但因未必確實，故未有明記。依據北地禪師的教判認為：「一切眾生即涅槃相」的《楞伽經》和《思益經》是無相大乘；而「說階級十地的功德行相」的《華嚴經》，則與《瓔珞經》和《大品般若經》同是有相大乘❸。確實《華嚴經》是以〈十地品〉為首，具體地描述菩薩道實踐的方法，綿密地明示實踐境位之特質的經典。而此看法在中國並未被重視而討論。與此相較，北地禪師的華嚴經觀，可看作是與一般中國的看法不同，而率直地指摘出《華嚴經》的本來性格。這或許是，他們本身即是真摯的禪定實踐者，而那是成就菩薩智慧的直接基盤。

　　如上所述，如何將《華嚴經》具體地在教判論上加以定位，因人因學派而有不同。但是將《華嚴經》視作最優秀經典的思潮，至隋代即成為主流。例如吉藏，在論及各教判時，即曾嘆言：「南方的五時之說，北方的四宗之論等，皆說《華嚴經》為了義教，《法華經》為不了義教」❸。而《華嚴經》由傳至中國，直至隋代，在教判上一直是被置於上位。此由智顗所舉之舊說：《華嚴經》為了義；《法華經》為不了義❸之點亦可知道。

　　而在華嚴宗形成時，或在其成立之後，即在初唐以後的教判，

---

❸同，一〇上（同，p. 801 中）。

❸《法華玄論》一（大正三四，p. 366 上）。

❸《法華文句》九上（大正三四，p. 125 下）。

又將《華嚴經》如何定位呢？

在唐代以後的佛教史中，新由印度、西域傳來的佛教，在初唐時代有玄奘所傳的護法系唯識思想；盛唐有善無畏、金剛智、不空所傳的密教。這二支新佛教，各受當時皇帝的保護，前者成為法相宗；後者則以中國密教（密宗）定著於中國社會，進而，中唐以後次第增大勢力的禪宗，於因會昌廢佛 (845～847) 而急速衰微的學問佛教諸派（教家）之中，反而逐漸擴大發展。沿此流風，唐代以後的教判論，以各占其時代主位的佛教應如何定位為問題的中心而展開。但於其各教判中，有一基本的共通性顯著地呈現出來：即都立於佛法是一的確信上，力圖與其他各教派及各種學說調和、融和。而不再只是強調教理的不同，或自派的優位。

例如，代表初唐的教判之一，律宗道宣 (596～667) 的化教（教化的教說）、制教（規制的教說）二教判❸。於此教判中，《華嚴經》被判為化教。不僅沒有誰的教理較好等問題意識，也沒有《華嚴經》等經論其自體應屬何種類等觀點。可說僅是將實踐的根據之「正法」的各教理，由其性格分為二種類，而加以提出而已。

再者，在承繼玄奘之學而集其大成的窺基 (632～682) 的法相教學中，立有三時教，或三教八宗的教判。前者是將《華嚴經》配於說「三無性、非空非有非中道」❹的第三時教。而後者則配於三教

---

❸《四分律行事鈔》上一（大正四〇，pp. 4 下～5 中）。

❹《義林章》一（大正四五，p. 249 上）。

第三的「非空有宗」❹（但是，是八宗中的何宗，則未有明言）。而窺基更引用《華嚴經》的「如來以一言說，說示無限大經海」等文句，明白宣言各種教理本無差別，教判是根據受教對象的資質、能力而加以區別的。

但是，如後所詳論的，華嚴宗法藏的五教十宗的教判，非常強調自宗的優位，卻是吸收窺基此教判思想而設定的。但也正因為如此，華嚴宗的教判其後被迫面臨變革。而完成此變革的，可說是宗密的教禪一教論吧。

此外，不空等的新教判思想也應受注目。對向來的諸宗派，他並未使用顯教、密教等術語，來強調其密教的優越性。但他深深確信《金剛頂經》所開示的真實本源❷，是有不同於大乘諸說（亦含《華嚴經》）❸的。不空的密教於遼代，由華嚴教學的觀法，和密教的三密加持作為中心，再和道殿的「顯密圓通」的思想結合為一。

由以上可知，唐代以後的教判論，是以「佛法本一」為基礎而展開的。明代智旭的禪、教、律三者，或戒、律、禪、教四者為一的教判思想❹，其所表示的，即是此潮流的結晶。

---

❹同，一（同，p. 657 中）。

❷《金剛頂經義訣》上（大正三九，p. 808 上）參照。於此處，不空認為《金剛頂經》是「諸佛、大菩薩等的甚深祕密境界之相」，中國的《梵網經》，是由此《金剛頂經》所引出的淺略教法。

❸《三十七尊出生義》（大正一八，p. 299 上）。

　　但是，從另一方面來看，這樣的教判，在本質上可說已非教判。因為它們並未判定解釋各種教理，也未將應傳達的道理，條理順暢地具體表達。晚唐以後，新教判已極為減少。其原因，一方面是到盛唐時，所能考慮到的各種教判已被成立；但事實上，可能上述的中國佛教的趨勢才是主因吧！於此意義，當下的主題，可說是與不將《華嚴經》視為特別的教判思想的動向相連貫的。

二、「宗趣」的看法

　　華嚴教學的大成者法藏言：「宗」者，經典語言之所表；「趣」者，「宗」之所歸❹。而其「語之所表」所指的，應是那最尊貴、最高、究極的宗意吧❹！所謂宗趣，本指實踐經典的思想的本質。在本節，為了解明中國對《華嚴經》理解的實際的一面，將考察《華嚴經》研究者如何把握宗趣，其中並包含只談到「宗」的部分。

　　只是，可解明此問題的資料很少。因為現所知的《華嚴經》宗

----

❹例如，智旭言「禪、教、律，道理相通而一貫。只是，如春蘭、秋菊，並非只意味美。禪是佛心，教是佛語，律是佛行」（《雲峰澓益大師宗論》二一三，〈示世聞〉），又云「戒是佛身，律是佛行，禪是佛心，教是佛語」（同，二一五，〈示六正〉）。其他，尚有「以佛心為宗，教為佛語，戒為佛身」（同，二一一，〈示初平〉）及「顯密圓通」（同，二一二，〈示念日〉）等。

❹《探玄記》一（大正三五，p. 120 上）。

❹《刊定記》一（續藏一一五一一，pp. 19 左下～20 右上）參照。

趣論，幾乎只有法藏、慧苑、澄觀等華嚴宗人所傳的極少數的東西。但一想到宗趣論的重要性，對於此問題的整理，也並非沒有意義的。

　　他們各於《探玄記》❹、《刊定記》❹、《華嚴經疏》❹所介紹的宗趣說，及其提倡者，各如次頁所列之表。以下即對其各說，加以檢討。

　　首先，江南的印師、敏師等所主張的「以因果為宗」之說，上之法藏、慧苑、澄觀三人皆有提到。法藏認為：此經廣明菩薩實踐境位的因，並開示由其實踐所完成佛果的殊勝。慧苑和澄觀亦作同說。

ⓐ法藏 (643～712)《探玄記》	①江南印師、敏師	因　果
	②大遠法師	華嚴三昧
	③衍法師	無礙法界
	④裕法師	甚深法界心境
	⑤光統師	因果理實
	⑥自　說	因果緣起理實法界
ⓑ慧苑 (673～743?)《刊定記》	①笈多三藏	三十二聖觀行
	②敏法師、印法師	因　果
	③遠法師	華嚴三昧
	④衍法師	無障礙法界
	⑤裕法師	甚深法界心境
	⑥光統律師	因果理實
	⑦現　傳	因果緣起理實法界

❹《探玄記》一（大正三五，p. 120 上）。

❹《刊定記》一（續藏一一五一一，p. 20 左下）。

❹《華嚴經疏》三（大正三五，pp. 521 下～522 上）。《演義鈔》一四（大正三六，p. 108 中～下）參照。

ⓒ澄觀 (738～839)《華嚴經疏》	①衍法師	無礙法界
	②裕法師	甚深法界心境
	③有	緣　起
	④有	唯　識
	⑤敏、印師	因　果
	⑥遠法師	華嚴三昧
	⑦笈多三藏	四十二賢聖觀行
	⑧有	海印三昧
	⑨光統律師	因果理實
	⑩賢　首	因果緣起理實法界
	⑪自　說	法界緣起不思議因果緣起理實法界不思議

　　但問題是，印師、敏師到底是誰呢？此二人亦倡屈曲、平道二教判，而為人知。似皆為初唐之人。所謂敏師，可能如普寂❺⓿所推斷，是在《華嚴經傳記》中亦被提及的法敏❺❶(579～645) 吧！法敏是長於三論和《法華經》的禪者，亦研究《華嚴經》和《涅槃經》等，並撰有《華嚴疏》七卷。至於印師，則無史傳，但普寂認為他是高麗人，且是法敏之師。

　　以上檢討了提倡印師、敏師諸說，但關於此說，更應注目的是，它是流行於盛行三論研究的江南之地。三論學的大成者吉藏，在其著作《華嚴遊意》之中，一邊繼承法朗的立場，一邊由「因果」概念來統括《華嚴經》思想❺❷。

---

❺⓿《探玄記發揮鈔》一（日全八，p. 42 上～下）。

❺❶《續高僧傳》一五（大正五〇，pp. 538 中～539 上）。《華嚴經傳記》三（大正五一，p. 162 上）參照。

　　而對於智顗的 「華嚴圓頓之教」 的 「宗」 趣，可由 「因」、
「果」、「因果」 的三方面來說明❸。由此事可知，他所生長的江南
之地，在隋代時曾盛行此議論。由法藏等所提出的印師、敏師的因
果宗趣說，或許可說是此種議論的綜合代表吧！

　　其次，大遠法師的以「華嚴三昧」為「宗」之說。法藏釋為：
「實踐之因革，莊嚴佛果❸」。提倡者大遠法師，即淨影寺慧遠。他
曾著有《華嚴疏》七卷，但現不存。故華嚴三昧宗趣說，亦無法究
明。但若慧遠確曾提倡此說的話，那麼被評為學解之人，而認為慧
遠的境界有限的一般之見，則需再重新考證。

　　若在慧遠的現存著作中，尋找與本說有關聯的資料的話，有《大
乘義章》的「眾經教跡義」和「二諦義」，及《無量壽經義疏》。在
《大乘義章》❸中，《華嚴經》、《法華經》、《無量壽經》，皆是以「三
昧」為宗。他認為：大乘諸經的宗趣之不同，不過皆是為了直接表
明某些特點。而其根本所要表達的，所謂唯一的真實，亦不過是「大
乘緣起之行德，究竟之了義」。在《無量壽經義疏》之中，他以「如
《華嚴經》之說」，來解釋《無量壽經》的「佛華嚴三昧」。並說明

---

❸《華嚴遊意》（大正三五，p. 11 下）。

❸《法華玄義》九下（大正三三，p. 795 中）。

❸《探玄記》一（大正三五，p. 120 上）。

❸《大乘義章》一（大正四四，pp. 466 下～467 上）。與卷一（同，p. 483 中）
　的「二諦義」所說相同。

之：

　　此三昧統攝法界全體，佛法皆入其中❺❻。

　　由此可知，華嚴三昧，在他認為是，統括、包攝一切法的根本
禪定。從以上諸說可了解，慧遠確曾提倡華嚴三昧宗趣說。

　　但對以上二宗趣，法藏評為：「只是表達了被實現的實踐之德，
而忘了根本的法界」❺❼。澄觀則論：「只是表明了因果而已❺❽」。這
些批評，也不能說不妥當。但是，首先關於吉藏的因果宗趣說，若
其因果的意義，是同於所著《華嚴遊意》中之因果義，那麼法藏即
不能如此簡單地批評。因為吉藏的因果概念，是包含了能依和所依，
亦即扣緊了主體和客體的無礙性。其次，關於慧遠的華嚴三昧宗趣
說，在慧遠將宗趣的內容，限定在「行德」❺❾以上，法藏的批評，
即不能成立。再者，澄觀將二宗趣說並評為「只明因果」，其理由是
不明的。

　　其次是衍法師的無礙法界❻❶宗趣說，提倡者衍法師，由其年代

---

❺❻《無量壽經義疏》上（大正三七，p. 98 下）。

❺❼《探玄記》一（大正三五，p. 120 上）。

❺❽《華嚴經疏》三（大正三五，p. 522 上）。

❺❾《大乘義章》一（大正四四，p. 466 下）。

❻❶慧苑改此語為「無障礙法界」，但意義應有不同。

和與《華嚴經》的關係來判斷，應是著作《華嚴疏》七卷，在慧光歿後提倡華嚴學再興的曇衍 (503～581)。但他關於此宗趣說，卻無留下任何說明。此宗趣說，與下面將要說明的裕法師的宗趣說，皆只留下法藏的「有根本法界，而無實踐之德」❻之批評而已。曇衍無著作現存，亦無相關資料，故在內容上，無法說此宗趣說有問題。但是，「只以根本為宗趣」的法藏之批評，是否正確，尚有置疑之處。

其次，尚有以甚深法界心境為宗的裕法師。裕法師，應是地論南道派的靈裕 (518～605)。若據法藏之說，靈裕會提出此宗趣論的原因是，他於「法界」上，立成淨土的「境」，和成法身的「一心」，認為由此兩面可道盡《華嚴經》的本質❻。法藏批評，靈裕之說及前曇衍之說，皆是忘了「實踐之德」的宗趣論。

確實，本說是由佛的立場來確立《華嚴經》的宗趣論。因此，法藏之批評並不越軌。但是，「由佛的立場」來看，及「只由佛的立場」來看，在根本上是不同的。筆者認為：此宗趣論提出以〈入法界品〉為經證，此即立證了以「甚深法界心境」為宗趣之說，並未遠離了「被實現的實踐之德」。

其次，想檢討光統師的因果理實宗趣說。光統師，即地論南道派之祖，光統律師慧光 (468～537)。法藏認為：慧光的宗趣論，意

---

❻《探玄記》一（大正三五，p. 120 上）。

❻同上。

義較圓滿❸。此即暗示了智儼、法藏的宗趣說，皆是繼承於此。但是，澄觀❹認為：慧光的「因果理實」，和法藏的「因果緣起理實法界」有差別。慧光是取「因果即緣起、理實即法界」的立場；而法藏則是立於──以因果為緣起中之別義，現實為法界中之別義──的立場。不管怎麼說，法藏之說是慧光之說的發展，應是無有異議的。再者，「現實」應可理解為「真理」、「真實」之意。

法藏於《文義綱目》之中，亦論及慧光的宗趣論：

> 今依光統師，以因果緣起理實為宗趣。因果是位，緣起是義，理實是體。以因果與理實不二，故是緣起也❺。

於其文下又續述：「因果約事，緣起會相，理實顯體」。於此可知，此處所提出的內容，比起《探玄記》所舉的因果理實宗趣說，又更進了一步。智儼的《搜玄記》❻，亦提到「因果緣起理實」之宗趣說。因此，因果緣起理實宗趣說，應是慧光或智儼所提倡出來的。若依《文義綱目》的敘述，此宗趣論具有為法藏的宗趣論定位的印象，故將它歸於慧光之說，是必需慎重的。

---

❸同上。

❹《華嚴經疏》三（大正三五，p. 522 上）。

❺《文義綱目》（大正三五，p. 495 上）。

❻《搜玄記》一上（大正三五，p. 14 下）。

其次，有三十二聖觀行宗趣說。這是慧苑新加入的，而提倡者是笈多三藏，亦即達摩笈多。關於本說，無法得知其具體內容。或許是由某一觀點，來整理《華嚴經》的菩薩實踐道，而成的宗趣論吧！澄觀曾以「四十二賢聖觀行」宗趣說之名，提出本說，或許這才是正確的吧！若如此，達摩笈多即是順從正統的菩薩位階論者。學於玄奘的圓測，也採用此說，並當作自說提出 ❻❼。總之，達摩笈多是於「說行位而使觀法現成」的立場，來承認《華嚴經》 ❻❽ 的本來性格，是可確認的。本宗趣可說如實反映了他看《華嚴經》為觀行教的立場。但澄觀批評此宗趣說，為「只明因之修行」 ❻❾。

最後想談談，只有由澄觀所提出的三說，亦即各以緣起、唯識、海印三昧為「宗」之宗趣說。首先，此三說之提倡者，姓名不明。但是，澄觀在介紹法藏之宗趣時曾提及：「法藏以前之宗趣論，皆各有缺」 ❼⓿。由此可知，這些宗趣論也是在法藏之前被提出的。

第一的以緣起為宗趣之說，澄觀說明為「法界緣起，相即入故」 ❼❶。筆者認為：這可能是鞏固了地論南道派的「法界緣起」的思

---

❻❼圓測於《解深密經疏》一（續藏一—三四—四，p. 298 右上）說「《華嚴經》等，以四十二賢聖觀行為宗」。

❻❽《華嚴經疏》三（大正三五，p. 522 上）。

❻❾同上。

❼⓿同上。

❼❶同上。

想，而形成的宗趣論，但因說明太簡單，故無法具體地推定其提倡者。

澄觀將前說及次說共評為：「但明緣起」。但此說與澄觀自身的「法界緣起不思議」宗趣說，有何不同，則未說明。因兩者的不同並不清楚，故批評很難說是公平的。

其次，唯識宗趣說。其經證只舉出〈十地品〉現前地的「三界唯心❼」，和〈菩薩說偈品〉的「心如工畫師❼」。被引用的兩句，若從主體性的心之把握的觀點來看，在天台思想是負有重務的句子❼。因此本說可推測為，是澄觀關照到天台思想，所提出的宗趣論。再者，由「唯識」之語，亦可想到是對法相教學的對應。而事實上，唯識的探討，也成為《華嚴經》本身，很難去除的支柱之一。也有佛教者，以提倡「三界虛妄，但是一心作」，當作自己的實踐的❼。筆者認為：在唯識思想裏找出《華嚴經》的本質，也並非是

---

❼《六十華嚴》二五（大正九，p. 558 下）。《八十華嚴》三七（大正一○，p. 194 上）。

❼《六十華嚴》一○（大正九，p. 465 下）。《八十華嚴》一九（大正一○，p. 102 上）。

❼此問題，玉城康四郎《心把捉の展開》（1961 年，山喜房佛書林）之中有詳論。

❼曇遂，初學《大智度論》，後盡心於唯識研究。《續高僧傳》二六（大正五○，p. 672 中～下）。

不可能的。澄觀對此宗趣論的批評，亦如前說，是「但明緣起」，但對緣起和唯識的關係，則無說明。

進而，澄觀並舉出以海印三昧為「宗」之宗趣說，但對此亦無詳細說明。所謂海印三昧，是指於佛的三昧之中，含容映照出一切萬物、萬像，如澄澈的大海，映照出萬物之姿一樣。

海印三昧，是華嚴教學的根本定。但是海印三昧在《華嚴經》中，並非是獨特的三昧。不僅如此，在《華嚴經》中，並未將海印三昧視為根本定。因此，在何時，何種思想潮流之中，此三昧的分量漸為增大，即成為問題，但這已不可考。海印三昧受到重視，依現存的資料考察可知，似是突然出現於智儼的文獻中。但是智儼並未特別將海印三昧定為「宗趣」。其後，在華嚴宗內部，其傳統持續將海印三昧視作根本定，但是並未將海印三昧視作「宗趣」。故其提倡者是不明的。

澄觀將此說評為「但明果用」**❼**。確實本說是著眼於佛，及究極的真理。反過來說，本說未觸及到「因」的觀點，澄觀於此看到本說的極限。由此亦可知，澄觀與法藏相同，對於宗趣論，同樣要求其思想體系上的完整性。

由上可知，澄觀所加入的三說，其提倡者皆不明。但是此三說，在內容上可看出，和華嚴教學的思惟，有一定的關聯。從這些脈絡也可推斷，或許三說是澄觀為完成華嚴教學的宗趣論而提出的也說

❼《華嚴經疏》三（大正三五，p. 522 上）。

不定。若加上此三說，則法藏之說即成為第十位。再者由澄觀來看，前導的宗趣說有十種，對於華嚴教學十全性，具有加深印象的效果。此點亦有助於推斷，上之三說是由澄觀創設提出的。

由以上可知，應從何處來探討《華嚴經》的趣意之問題，在內容上，不明確之點尚多。但可承認的是，由以上之宗趣論可看出，在中國的《華嚴經》宗趣論之基本動向，及它曾被熱烈提倡的事實。

而事實上，法藏等三人，曾如何地介紹宗趣說，也是有問題的。

首先，看到最初所列出的表，即可發覺，法藏、慧苑、澄觀，皆未觸及華嚴宗初祖杜順，第二祖智儼的宗趣說。不管杜順有沒有，但如剛才所論，智儼確是有宗趣論的，但卻未被提及。這可能是因為，智儼的宗趣說的獨自性，未能被承認吧。

其次應注意的是，宗趣說的排列方法。關於此點，先說三人共通的特徵是，無視於宗趣說成立的歷史順序。其排列方法，並非有誰加以規定，但是法藏和澄觀，則是根據自己的理論，來決定其順序。再者，對於法藏的排列，慧苑、澄觀的承續態度亦有問題。傳統的說法是，澄觀是法藏的正統思想繼承者，而慧苑則被視為異端。但是對於宗趣論的繼承，卻是相反的。慧苑一邊全面地尊重法藏的排列，一邊將自己所加的放在第一位介紹；而澄觀則無視於法藏的排列。澄觀的這種態度，或許是出於對慧苑的對抗。但是在此可明確看出，比起傳統，澄觀更優先重視自己的理論。而且澄觀的排列方法，若從慧光、法藏以外等諸說來看，幾乎是與法藏反方向的。

亦即，其方向大概是，由客觀的哲理到主體的實踐。此排列方法本身，即反映了法藏、慧苑和澄觀的宗趣說的相違性。

最後，有一重要的全體性的問題，是不可忘記的。即各宗趣說的提倡者，與其年代、系譜的關係。

若據法藏的整理，最初提出《華嚴經》宗趣的是慧光。慧光首先提倡因果理實宗趣說。其後，即陸續傳出了由法藏所嚴格批判的諸說。特別是在地論南道派，其後即由直系弟子曇衍，提倡無礙法界宗趣說，進而孫弟子的靈裕和慧遠，亦各自提出甚深法界心境宗趣說，和華嚴三昧宗趣說。屬於慧光法脈系統的人，其宗趣說皆極為特殊。在法藏等來看，無異是提倡了後退的宗趣說。這個展開過程，孕育了宗趣論本質上的問題。

想來，「宗趣」可能並未具有可客觀地決定其正當性的性格。在某些意義上，正是各人在其主體追求中所把握到的宗趣，才是真實的宗趣。此事在像《華嚴經》這種，由各種獨立諸經典所組合，編集而成的，內容豐富的經典，更是可說明的。如上所述的地論系諸師的《華嚴經》宗趣說的歷史，可說是直率地表現了這種宗趣論的本質吧。

第四章

華嚴教學的形成

　　以杜順為初祖，智儼為二祖，法藏為三祖的宗密，其三祖說❶，
是華嚴宗祖統說的發端。其後，再加上四祖澄觀、五祖宗密而成五
祖說❷。進而，於杜順之前加上馬鳴、龍樹，而成七祖說❸。其中，
七祖說的前二祖，被認為是由信仰的立場，來主張宗門的正當性，
為提高其權威而立的。而三祖說的三祖之間，及五祖說的第四祖和
第五祖之間，有明白的師承關係。只是，五祖說的第三祖法藏和第
四祖澄觀之間的關係不明，而且，五祖說是否適當，亦有問題。即
使是如此，傳統的看法，幾乎一致認為，華嚴宗歷史的成立是以杜
順－智儼－法藏的師承為軸的。

　　如後所述，筆者亦對至三祖法藏的祖統沒有異議。但是這並非
意味著，以《華嚴經》（《六十華嚴》）為根據的華嚴宗思想，亦即華
嚴教學的形成，可全部歸功於那些祖師們。在那背後，尚有數百年

---

❶ 《注法界觀門》（大正四五，p. 684 下）。

❷ 《佛祖統紀》二九（大正四九，p. 292 下）。

❸ 《五教章通路記》一（大正七二，p. 297 上），《八宗綱要》下（佛全三，p.
　 28）參照。

之間，中國佛教者對以華嚴經典為首的漢譯諸佛典的研究，及由其孕育出的諸多思想成果。以下即一邊關照到此點，一邊想考察智儼奠定華嚴教學基礎的情況。

一、華嚴宗初祖──杜順

如前所述，在華嚴宗最古的祖統說，亦即宗密的三祖說之中，杜順被列為華嚴宗的初祖。其後的五祖說，亦以杜順為初祖。但是近年，對於此種說法出現了幾個異議。例如，境野黃洋的智正初祖說❹，鈴木宗忠氏的智儼初祖說❺等。但是現在，一般是贊成常盤大定、結城令聞兩博士的傳統說支持論❻。筆者也認為：將杜順當作初祖，此事本身應無問題。為什麼呢？第一，如現存於西安郊外華嚴寺的杜順紀念塔所表徵的意義，宗密以來，繼承華嚴宗的人們，是一直相信著它的。即使只有此事（杜順華嚴塔），杜順初祖說也是可成立的。而且，如下所介紹的，據最基本的資料，道宣《續高僧傳》的〈杜順傳〉所云：杜順具有教祖的資質，且曾是智儼之師。

❹境野黃洋《支那佛教史講話》下，pp. 490～499。

❺鈴木宗忠《原始華嚴哲學の研究》，pp. 7～80。

❻常盤大定〈支那華嚴宗傳統論〉（《東方學報》東京第三，pp. 1～96）、同〈續華嚴宗傳統論〉（同，東京第五，pp. 1～85）、結城令聞〈隋唐の中國的な新佛教組織の一例とレへの華嚴法界觀門について〉（《印度學佛教學研究》六一二，pp. 276～281）。

又，法藏的《華嚴經傳記·智儼傳》描述，杜順和智儼有若父子之
親。由此可知，將杜順以智儼之師的身分，放入華嚴宗祖譜，應是
沒有疑問的。

　杜順 (557～640)，又名法順❼。雍州萬年縣人，其地多出實踐
宗教者。十八歲棄俗出家，師事深於禪定的因聖寺僧珍。後行化慶
州，勸民設齋會，以五百人之齋食，而足千人之份。此外，杜順尚
有很多神異傳聞。如使惡人向善，令蟲移徙，治癒聾啞等。而那些
神異，並非有特別的準備和方法，只是與其對坐而已，筆者認為：
此事已表達了杜順具有組織一個教團的資質、能力。終於，杜順之
名，傳至宮中。貞觀六年 (632)，太宗賜號「帝心❽」。貞觀十四年
(640)，圓寂於南郊義善寺，遺骸坐龕，葬於樊川之北原。至澄觀之
時（八～九世紀），已盛傳杜順為文殊之化身❾。

　杜順臨終時，留下「生來行法，令使承用」的遺言。由此語可
知，其一生亦奉修此「生來行法」。但這又是怎樣的一種行法呢？

　關於此問題有一重要線索，即《華嚴經傳記》❿之所述。對十
六歲投於杜順之門的樊玄智，杜順「課以讀誦《華嚴經》，並使依經
修普賢行」。另外，杜順亦有令人讀誦《華嚴經》的記載⓫。由此事

❼以下，主要是依《續高僧傳》二五（大正五〇，pp. 653 中～654 上）。

❽《佛祖統紀》三九（大正四九，p. 364 上）。

❾《演義鈔》一五（大正三六，p. 116 上）參照。

❿《華嚴經傳記》四（大正五一，p. 166 下）。

可推知，杜順本身的行法，也是以讀誦《華嚴經》和實踐普賢行為中心。而前所述的「生來行法」，至少與此有很深的關聯吧！

　　而杜順對上所言之行法，是否曾自述並加以口傳呢？答案是否定的。確實，後代有很多杜順的著作留下。但那些幾乎都是偽撰，或是誤傳。現在一般認為，為杜順真撰的，只有《法界觀門》（《修大方廣佛華嚴法界觀門》）一卷而已。但是此作品也不能否定，是由據傳為法藏撰的《發菩提心章》一卷，所抄出的可能性。對於《法界觀門》是否為杜順著作之事，在此不作判斷。

　　由上可知，杜順主要是由教化群眾，得到上下的信仰，而建立了華嚴宗教團的基礎，此事於上述各點亦可察知。而杜順對華嚴教學的形成，又有何貢獻呢？

　　第一，是對智儼的教育。根據《華嚴經傳記・智儼傳》❷云：

　　杜順與智儼之相遇，如次所述。隋大業九年 (613)，有一天，杜順翩然訪智儼家，對智儼之父言：「此我兒，可還我來」。智儼之雙親，知智儼應入佛門，遂欣然將其託付予杜順。杜順領了智儼後，將其託給高足達法師。此時杜順五十七歲，智儼十二歲。

---

❶《華嚴經感應略記》（續藏一一二乙一七一三，p. 386 左上）參照。

❷《華嚴經傳記》三（大正五一，p. 163 中）。

這即是杜順和智儼，被認為原本是父子的原因。而這亦可證明二人關係之深與密切。恐怕其後，杜順亦或多或少教育過智儼吧。因此，智儼在杜順圓寂後，以弟子之身分，至杜順的龕所，教化眾生。

第二，對後繼者的智儼，在構築華嚴教學體系時，所給予的直接貢獻。此點由後所述的《一乘十玄門》一卷，即可知道。諸資料皆一致認為，《一乘十玄門》是「承杜順之說」的智儼所撰述，且在其內容編入了杜順的思想。但由本書要抽出杜順的思想，幾乎是不可能的。因此，在華嚴教學的形成方面，杜順實際上的貢獻，是到何程度，尚不可得知。

二、智儼及其思想

⑴傳記

智儼 (602～668)，俗姓趙，甘肅天水人 ❸。父之名為「景」，曾任申州錄事參軍。智儼於隋的仁壽二年 (602)，生於此小地方官吏之家。年幼即好佛教，十二歲時，如前所述，入杜順之門，而被託於達法師 ❹。隋末的大業十一年 (615) 出家為僧，學於普光寺法常、辨法師、琳法師 ❺，和至相寺智正。其學問的中心是，先學《攝大乘

---

❸以下，主要是依《華嚴經傳記》三（大正五一，pp. 163 中～164 上）。

❹不清楚，但也可能是律藏寺通達。《續高僧傳》二五（大正五○，p. 655 中～下）參照。

論》，後研究《華嚴經》。其間，並熟達梵語。

　　智儼對《華嚴經》思想，開竅的契機是，從智正聽了《華嚴經》的講義之後，接觸到地論南道派之祖慧光的《華嚴疏》。據說智儼由本書，欣然領會到「別教一乘無盡緣起」。其後並受一異僧教以追究「六相」之義，終於了知一乘的真義，而著《華嚴經》的注釋書《搜玄記》五卷，立教分宗，成為一獨立的宗教者，時年二十七歲。

　　如此於貞觀二年 (628)，智儼已立於統率一宗的立場，但他其後亦並未積極於社會活動。晚年在顯慶四年 (659) 前後，由終南山至相寺移至長安雲華寺，進而進駐清淨寺。其間較明顯的對外活動，只有雲華寺時代，成為沛王賢的講主而已。智儼的大半生，可能都是用在於自己的修行，和對義湘、法藏等門弟的教育上吧。臨終時，囑咐門人：

　　吾此幻軀，從緣無性。今當暫往淨方，後遊蓮華藏世界。汝等隨我，亦同此志❶❻。

智儼徹於空觀，確信由阿彌陀佛的極樂淨土，到毘盧遮那佛的蓮華藏世界，二段構造的淨土。欣然迎接死亡，應是其所嚮往的吧。主

❶❺辨法師，可能是大慈恩寺靈辨 (586～663)，或是弘福寺僧辯 (568～643)，琳法師據推測是弘法寺靜琳 (565～640)。

❶❻《華嚴經傳記》三（大正五一，p. 163 下）。

要的著書，除了剛才提及的《搜玄記》五卷之外，尚有顯慶四年
(659) 以後所著的《五十要問答》二卷，及龍朔三年 (663)，在《五十
要問答》之後所著的，《孔目章》四卷等。又，《一乘十玄門》亦有
非智儼撰之疑。但是，筆者認為，那原本可能是智儼自身講課的筆
記，而由後人加以添加而成的❶ 。

⑵教判論

如上所言，智儼吸收了當代優秀學者們的學問。而他又如何完
成自己的思想體系呢？且於華嚴思想史上有何意義呢？以下，想將
重點置於教判論，來探討這些問題。

如前所述，中國佛教從某一方面而言，是教判佛教。幾乎所有
的學派，及大多數的中國佛教者，或多或少以教判意識為媒介，而
構築了各自的思想體系。但此事並非直接意味著，有那一位中國佛
教者，具有確定性的教判。智儼的情形也是一樣。全體而言，毋寧
是說因佛教的分類有其必要性，而適度採用適當教判的傾向。

但智儼所用的教判亦非沒有統一，將其大別，大概有四種類。

第一，被推測是承繼於慧光教判的漸、頓、圓的三教教判❶，
可見於青年期的《搜玄記》 ❶ 。其後的五教教判等，即於此基礎上

---

❶石井公成〈「一乘十玄門」の諸問題〉（《佛教學》一二，1981 年）參照。
❶慧光立此教判之事，日本凝然在《五教章通路記》一（大正七二，p. 366
下），引經證〈光統疏第一〉而明言，故是確實的。

成立的。

　　意味深長的是，在此教判中，《華嚴經》被置於頓、圓二教，各被說明為：

> （釋尊）始於道樹，為諸大行，一往直陳宗本之致。方廣法輪，其趣淵玄，更無由藉，以之為頓。……所言圓教者，為於上達分階佛境者，說於如來解脫法門，究竟窮宗至極果行，滿足佛事，故曰為圓❷。

此說明本身，幾乎全部依照慧光之說❷。但慧光將《華嚴經》評為「頓教所攝」　❷。因此將《華嚴經》判為頓、圓二教的，可說是智儼自身的主張。無論如何，對此《華嚴經》的定位，可說是其後將《華嚴經》置於圓教的過渡時期。

　　智儼所用的第二教判是，依於真諦譯《攝大乘論》及《攝大乘

---

❶《搜玄記》一上（大正三五，p. 13 下）。

❷同，一上（同，p. 15 下）。又，類似的圓教之規定，亦可見於《搜玄記》一上（大正三五，p. 14 中）。

❸《五教章匡真鈔》二（大正七三，p. 348 中）、《華嚴五教章》一（大正四五，p. 480 中）、《探玄記》一（大正三五，pp. 110 下～111 上）參照。

❹《五教章通路記》一一（大正七二，p. 366 下）、《五教章匡真鈔》二（大正七三，p. 348 中）參照。

論世親釋》所立的，小乘、三乘、一乘的三教教判❷。此與第一教判相同，可見於《搜玄記》，但主要所用的，卻是根據於《五十要問答》❷。《華嚴經》於此教判，不用說是被置於一乘。例如「見佛」之意，小乘、三乘、一乘各有不同。而一乘的見佛，即《華嚴經》所說的見十佛。由此可知，《華嚴經》的「一乘」教，即意味著究極、絕對的真理。

順便一提，由此教判而衍生的，有將三乘二分為始教（初教）、終教的四教判❷。在這教判中，將《成唯識論》等玄奘譯唯識論書，置於始教可知，恐怕是意識到新興的法相教學而成立的吧。

第三是五教教判。此最初是出現於晚年的著作──《孔目章》，雖是常被用的教判，但其名稱和分類的方法，卻沒有一定。智儼最根本，最常用的是，小乘、初教、終教（熟教）、頓教、圓教（一乘）的五教。而此五教，其後並被法藏確立為華嚴宗的教判。

於此五教教判，《華嚴經》被置於圓教（一乘）。此事很明顯的，與前之漸、頓、圓的三教教判的情形不同。為何在此五教教判中，

---

❷《攝大乘論》下（大正三一，p. 132 下）、《攝大乘論世親釋》一五（大正三一，pp. 265 中～266 上）參照。

❷《五十要問答》上（大正四五，p. 519 上～中）等，關於〈十佛〉，本節第四項參照。

❷ 例如《五十要問答》上（大正四五，p. 519 下）、同，上（同，p. 522 上）等。

《華嚴經》和頓教的關係沒有被言及呢？

《孔目章》的五教教判中的頓教，被說明為：

「若約頓教，即一切行位，皆不可說，以無相故」；或是「若依
頓教，一切不可說，契同一理觀」❷❻。

總之，頓教如維摩居士的沈默所表徵的，是表達了言語道斷的
瞑想世界的真實❷❼。相對於頓教的，一乘圓教的基本特色是表明了
「一即一切、一切即一」❷❽的無盡緣起。

若從上述的頓教的性格來看，將頓教從教判的領域去除，也是
可能的❷❾。從另一方面而言，毋寧是去除得好。但是智儼一邊利用
可稱為中國佛教底流的漸、頓二教教判，一邊將頓教視作往一乘實
踐的最終階段，在內容上領有一乘教義❸❶。筆者認為：

智儼在最晚年的五教判中，如此地壓抑頓教，將華嚴只配於一

❷❻《孔目章》一（大正四五，p. 537 下），及同，四（同，p. 583 中）。

❷❼同，二（同，p. 558 下）。

❷❽同，一（同，p. 548 上）。

❷❾事實上，法藏之門下慧苑即如此作。《刊定記》一（續藏一一五一一，p. 12
　右上）參照。

❸❶《孔目章》一（大正四五，p. 538 中），及同，二（同，p. 548 中）等參照。

乘別教，應是他的教判意識的進展。

　　為什麼呢？因為由於此事，而使得包融、超越漸教（可說）、頓
教（不可說）的圓教的特色，更為凸顯❸。

　　第四類的教判，是於一乘的立場而立的同、別，乃至共、不共
的二教判。其中，同、別二教的分類，早已見於《搜玄記》❸。據
此，同教被喻為《法華經‧譬喻品》的三車，而別教則被喻為大白
牛車。前者是因應於各人資質、能力的方便教；而後者則是於其方
便之後給予的究竟真理。但是《搜玄記》並未再作進一步的分析探
討。

　　《搜玄記》中的同、別二教判，發展為《五十要問答》的共、
不共二教判。即在《五十要問答》之中，一乘教義被分為共教和不
共教❸。像《華嚴經》這樣，一言一句即具一切的圓教一乘的教理，
是屬於不共教；而小乘、三乘的教理即是共教。只有《華嚴經》是
被配於一乘不共教，而其他的經典則被分配於共教。由此可知，此
教判一邊繼承《搜玄記》的同、別二教的範疇，一邊明確地標出《華
嚴經》的超越及優位性。尚有，共、不共的概念，或許是由來於《大

❸關於頓教之諸問題，中條道昭〈智儼の教判說について〉（《駒澤大學佛教學
　部論集》九，1978 年）參照。

❸《搜玄記》一上（大正三五，p. 14 中～下）。

❸《五十要問答》上（大正四五，pp. 522 中～523 中）。

智度論》的二種般若說❸❹。

　　但是，上述的共、不共的二教判，到了《孔目章》又消聲匿跡，同、別二教的教判再次被使用。亦即《孔目章》中認為：一乘同別的教義的根本是海印三昧，依海印三昧而成立其教義❸❺。這是在《搜玄記》中完全沒有的，同、別二教的根本的規定。由此可知，暮年的智儼，在教判的根源裏，清楚地看準了海印三昧的世界。又，在《孔目章》中，關於同、別二教的內容，有說明如下：

　　夫圓通之法，以具德為宗。緣起理實，用二門取會。其二門者，所謂同別二教也。

　　別教者，別於三乘故。《法華經》云：三界外別索大牛之車故也。同教者，經云：會三歸一故。知同也。又言同者，眾多別義，一言通目故言同。又會義不同，多種法門，隨別取一，義餘無別相，故言同耳。所言同者，三乘同一乘故。又言同者，小乘同一乘故。又言同者，小乘同三乘故❸❻。

　　簡而言之，有超越三乘的真實之教（別教），和本來即包含所有

❸❹《五教章通路記》二（大正七二，p. 203 上）參照。二種般若說，見《大智度論》三四（大正二五，p. 301 下）。

❸❺《孔目章》四（大正四五，p. 586 中）。

❸❻同，四（同，pp. 585 下〜586 上）。

教說的同教，由此二教可理解到究竟的真理。在此可看到同、別二教論，簡單明瞭地被說明。但其中，同教的「同」之概念，特別地詳細地被分析，這或許有其特別意義。為什麼呢？因為那反映了暮年的智儼，再一次地分析同教的意義，將宣揚同教的《法華經》，給予與別教的《華嚴經》相同的評價❸。不管怎麼說，二教教判論的展開，和智儼的深入一乘思想的過程，有很微妙的關聯，這是不會錯的！

(3)緣起思想的展開

自古以來，「法界緣起」思想，即被視為華嚴教學的中心。但是，無論是「法界緣起」的概念，或是其理論體系的發芽，其實在淨影寺慧遠的地論學派系譜之中，已可發現❸。因此，若將法界緣起說視為華嚴宗的獨創教義，則是不正確的。

那麼，在華嚴宗中「法界緣起」思想，是在怎樣的情況，以何方法，而被完成的呢？

關於此點，首先應注目的是智儼的《搜玄記》，在其《六十華嚴・十地品》的第六地的注釋中，明白地提到法界緣起說。亦即：

法界緣起，乃有眾多。今以要門，略攝為二。一約凡夫染法，

---

❸吉津宜英〈華嚴同別一乘の成立と展開〉（《佛教學》二七，1989 年）參照。
❸詳細請參照拙著《初期中國華嚴思想の研究》，pp. 300～309。

以辨緣起。二約菩提淨分，以明緣起 ❸ 。

　　並將菩提淨分又分為㈠本有、㈡本有修生、㈢修生、㈣修生本有的四門，而展開論述。那恐怕是由四方面來捕捉，將根本的真理轉化為開悟的實踐之緣起形態 ❹ 。

　　其次，在凡夫染法的法界緣起裏，又立了㈠緣起一心門、㈡依持一心門的二門。緣起一心門又被細分為⑴真妄緣集門、⑵攝本從末門、⑶攝末從本門 ❹ 。這個構成方法是由來於慧遠的緣起說。首先，㈠緣起一心門的⑴真妄緣集門，是著眼於真妄未分離、真妄和合的生之事態上的緣起說。亦即，在全體上由一根本識的功用來設定十二因緣，而由知覺和睡眠的融和而起的夢中之事來作譬喻。第⑵攝本從末門，將十二因緣，亦即一切迷妄的現象，由「但妄心作」來說明 ❹ 。在「攝本從末」之名稱裏，將真實當作「本」的智儼的想法，被明確地反映出來。第⑶攝末從本門，如波由水所成，夢由

---

❸《搜玄記》三下（大正三五，pp. 62 下～63 下）。

❹《五十要問答》上（大正四五，p. 521 中）論云：上之四門是主張「四位常然」，其理由是：「滅惡、不滅，究竟常然故」。

❹《搜玄記》三下（大正三五，p. 63 上～下）。法藏將此合立為①緣集一心門、②攝本從末門、③攝末從本門、④本末依持門（《探玄記》一三，大正三五，p. 344 中）。但無說明其內容。

❹《搜玄記》三下（大正三五，p. 63 中）。

報心所作出的一樣，十二因緣也是由本性之真心作出的❸。要而言之，是由本質的觀點而說明緣起。

相對於「緣起一心門」，㈡「依持一心門」的緣起的樣相，根據智儼的說明：第六識、第七識等諸識，是依阿梨耶識而成立的。因此，《論》云：「十二因緣依阿梨耶識」。此亦即阿梨耶識是成為迷之存在的普遍❹原因。上所引用之《論》，可能是《大乘起信論》❺，也可能是《十地經論》❻，但被引用的句子並不正確。可是，「依持一心門」是明確表明，以根本意識的存在為根據的「梨耶緣起」的思想立場，則是不會錯的。

在「法界緣起」的解說之後，附有二個問答❼。首先，第一個問答是，緣起一心門和依持一心門的區別。關於此問題，智儼如下回答：

緣起一心門是將迷與悟，染污和清淨的現狀當作本體，而不區別引起現狀之主體，及被引起現狀之客體。但是，在依持一心門中，引出現狀的主體，及被引出之現狀的客體，則是不同的。

---

❸同（同，p. 63 中）。

❹同（同，p. 63 下）。

❺《大乘起信論》（大正三二，p. 577 中）。

❻《十地經論》八（大正二六，p. 169 上）。同，八（同，p. 170 下）參照。

❼《搜玄記》三下（大正三五，p. 63 下）。

因此分為二門。

由此可知，智儼在基本上，是由「主體和客體」的觀點，來分類緣
起論。

第二個問答的主題是，上之法界緣起的諸相，成「一證境界」。
亦即全體上有相同的悟之世界。關於此問題，智儼如此回答：

以上所說明的，都是約「緣」別顯，皆是證境（悟）方便道緣。
眾生之所欲（願望）不同，故所依觀門亦非一。若問證境，則
如上「十平等」的教說所言、等等。「十平等」的教說，是在
《六十華嚴》的〈十地品〉❹之中。亦即第五地的菩薩，觀察
「無性」等十種平等法，而入第六地。

---

❹《六十華嚴》二五（大正九，p. 558 中）。又，梵文本 (Daśabhūmika-sūtra, ed. by Kondo, p. 96) 中，「十平等法」的順序有些不同。而且敘述更明確「彼由十種平等法 (dharmasamatā) 入〔第六菩薩地〕。何等為十？不持一切法特性平等性 (animittasamatā)、一切法不起平等性 (anutpādasamatā)、一切法無相平等性 (alakṣaṇasmatā)、一切法不生平等性 (ajātasamata)、使一切法遠離平等性 (viviktasamatā)、一切法本來清淨平等性 (ādiviśuddhismatā)、離一切法戲論平等性 (niḥprapañcasamatā)、一切法不取不捨平等性 (ayūhāniryūhasamatā)、一切法化作幻、夢、光、響聲、水月、鏡像平等性 (māyā-svapnapratibhāsa-pratiśrutka-udakacaṃdra-prativimva-nirmāṇa-samatā)、一切法存在非存在不二平等性 (bhāvābhāvādvayasamatā)，由此十種法平等性入」。

　　由此可知，智儼極重視實踐性的教法。

　　那麼，在這經文裏所表示的「證境」，亦即悟境，智儼是怎樣理解的呢？為解明之事，可看《搜玄記》❹中「十平等法」的解釋。其處，以二義來說明「證境」。二義，即「解境」及「行境」。此二概念，如次項所考察的，與他的佛身觀的確立，有很深的關係。而在《搜玄記》中的說明是：

> 「解境」者，此「十平等法」是應遵照之法門；「行境」者，此「十平等法」是由「觀解」，亦即實踐而證得的。

　　由此可推測，智儼的「證境」，應屬此處所述的「行境」。

　　如上所述，在《搜玄記》中，法界緣起的部分，最後被提出的，則是關於其實踐意義的問題。筆者認為：

> 智儼重視實踐的態度，在最理論性、體系性思想的法界緣起說中，亦貫徹始終之事，是值得注目的。

　　由上可知，在《搜玄記》中，智儼將「法界緣起」之語，當作是「真理所成的緣起之萬象」的意義來使用。但是，在據傳為智儼承杜順之說而著的《一乘十玄門》之中，卻表現了與此性格迥異的「法界

---

❹《搜玄記》三下（大正三五，pp. 60 下～61 下）。

緣起」思想。即如下所述：

> 明一乘緣起自體法界義者，不同大乘二乘緣起，但能離執常斷
> 諸過等。此宗不爾，一即一切，無過不離，無法不同也。
> 今且就此華嚴一部經宗，通明法界緣起，不過自體因之與果。
> 所言因者，謂方便緣修，體窮位滿，即普賢是也。所言果者，
> 謂自體究竟、寂滅圓果。謂十佛世界海及離世間品，明十佛義
> 是也❺。

　　此處之「法界緣起」，是直接由普賢菩薩實踐之「因」，及十佛
境界之「果」來表達，而顯示了根植於真理的緣起之萬象。

　　如前所述，《一乘十玄門》有偽撰之疑，有說為比法藏的《華嚴
五教章》更晚的作品❺，但是，也不能就且斷言，它非智儼之作品。

　　其最大的理由是，與《一乘十玄門》的「十玄門」相同的「十
門」，亦出現於《搜玄記》中。即於《搜玄記》❺中，智儼在總論
《華嚴經》之後，而要進入「隨文解釋」之前，為了表示《華嚴經》
所明的教理，而立㈠同時具足相應門、㈡因陀羅網境界門、㈢秘密
隱顯俱成門、㈣微細相容安立門、㈤十世隔法異成門、㈥諸藏純雜

---

❺《一乘十玄門》（大正四五，p. 514 上～中）。

❺石井教道《華嚴教學成立史》（1964 年，遺稿刊行會），p. 397。

❺《搜玄記》一上（大正三五，p. 15 上～中）。

具德門、㈦一多相容不同門、㈧諸法相即自在門、㈨唯心迴轉善成門、㈩託事顯法生解門的十門。十門之中並各具⑴教義、⑵理事、⑶解行、⑷因果、⑸人法、⑹分齊境位、⑺師弟法智、⑻主伴依正、⑼逆順體用自在、⑽隨生根欲示現的十義。其實此十門，包括其所立的觀點，與《一乘十玄門》的「約法會理」的十門，幾乎是相同的❸。

　　但遺憾的是，《搜玄記》的十門，並無詳細的說明。謹於文末以教判的立場略述：

　　　與此相應者，即是「一乘圓教及頓教法門」，一部分相應的，即是三乘漸教所攝，而已。

因此，若只由上述，是不能就此認為《一乘十玄門》是智儼所撰的。但由此事亦可知，智儼年輕時，即以十玄門來表達自己對《華嚴經》的看法，並當作支持此看法的理論支柱之一。因此，即使現在的《一

---

❸只是，第六門《搜玄記》述為「義只隨世異」；而《一乘十玄門》（大正四五，p. 515 中）的注記則記為「此約行行」。想來，《搜玄記》解說中的「世」，可能是「行」之誤；《一乘十玄門》的「此約行行」，可能是「此約行說」之誤吧。因為《搜玄記》第六門曰「隨世」，與內容不合，而且，變成與第五門相同。又《一乘十玄門》的注記，其他皆是「約……說」，故此也應「約行說」才較為自然。

乘十玄門》內有後人加筆的部分，但其基本想法應是可歸於智儼的。在《一乘十玄門》中用來說明緣起的「數之譬喻」，在智儼的高足，義湘的《一乘法界圖》❺❹中亦同時被細論。由此可知，智儼亦曾某程度使用了此「數之譬喻」。但是，要在其中明確區別出，何者是智儼思想，何者是後人思想，除了偽經《法句經》的引用部分外，事實上幾乎是不可能的。

那麼，在《一乘十玄門》中所被表達的「法界緣起」，又是怎樣的思想呢？以下，即概觀《一乘十玄門》的「法界緣起」中的十玄門的部分❺❺。這恐怕是智儼在著眼於《搜玄記》所示的法界緣起說的根底裏所具有的真理之後，嘗試提出新的究極的緣起觀，以此想法為種子而成立的吧。

第一「同時具足相應門」，其基本意義是：

今釋第一同時具足相應門者，即具明教義理事等十門同時也。何以得如此耶，良由緣起實德法性海印三昧力用故得然。非是方便緣修所成，故得同時。

本門是明示由「緣起之實德」的法性三昧力，上述之十義同時成立之事。其下文，則以十義之中的「因果」同時性，主要是以到

---

❺❹《一乘法界圖》（大正四五，pp. 714 中～715 上）。

❺❺《一乘十玄門》（大正四五，pp. 515 中～518 下）。

達目的地的步驟為譬喻而論證之 ❺❻。而其論證過程，又取意引用了《大品般若經》的菩提思想，《涅槃經》的佛性論，和《十地經論》的因果論 ❺❼ 等。此事已直率地表示，法界緣起的思想並非單只是依於《華嚴經》而成的。

第二「因陀羅網境界門」，以因陀羅網 (indràjala)，即帝釋天的宮殿之網為譬喻，而說明一塵中現全世界之理。但關於網的形狀卻無詳細說明，只述如多鏡相照時，重重無盡地互映其影。

第三「秘密隱顯俱成門」，謂於究竟之境地時，一切的真實之理，及成道的過程，同時隱顯自在地成立。例如於「一即十」中，一是「顯」，由二到十則為「隱」。再者，並舉《六十華嚴‧賢首品》的「眼根入正受，色法中三昧起」 ❺❽ 為例，說明前句為「顯」，後句為「隱」。但隱顯的本體則無前後，故稱「秘密」。

第四「微細相容安立門」，以緣起實德，無礙自在，故大小相容，卻又各自安立。只是，要注意的是，在其中被當作經證而引用的，《六十華嚴‧普賢行品》的一偈：

　一切諸世界，入於一微塵中。世界不積聚，亦復不離散 ❺❾。

---

❺❻本書第五章第三節參照。

❺❼《大品般若經》一七（大正八，p. 346 中）、《南本涅槃經》三二（大正一二，p. 819 中）、《十地經論》八（大正二六，p. 169 下）參照。

❺❽《六十華嚴》七（大正九，p. 438 下）。

為什麼要注意呢？此偈原本為普賢菩薩所說，原句是「一切諸世界，令入一剎中❻」。智儼的引用，很明白地在意思上已有了轉換。而與《華嚴經》思想產生了出入，也是由這些現象開始的。

第五「十世隔法異成門」，說明了法界緣起的時間觀。即本門以《六十華嚴・離世間品》的「十種說三世」思想，「十種入劫」的思想❻，〈初發心菩薩功德品〉的時間相即的思想❻等為依據。而於過去說過去、過去說未來、過去說現在、現在說現在、現在說未來、現在說過去、未來說未來、未來說過去、未來說現在的九世之上，再加上由「三世即一念」之觀點而總合的一世，即成十世。此十世相入、相即，而不失其先後、長短之相。以上即本門之說明，全體幾皆為《六十華嚴》的引用，而不太有智儼自己的思想。但是，新加一世，而成十世之事，及以緣起力故，十世雖同時而不失十世之說明，則明白表示了，由《華嚴經》邁向華嚴教學的展開。

第六「諸藏純雜具德門」，由六波羅蜜的實踐，來說明法界緣起的世界。例如布施，一切萬法皆悉名施，所以名「純」；而此諸門即具諸度等行，故名為「雜」；如是純之與雜，不相妨害，故名「具德」。其文後，並舉《大品般若經・一念品》的「從始至終，不出一

---

❺《一乘十玄門》（大正四五，p. 516 下）。

❻《六十華嚴》三三（大正九，p. 609 中）。

❻同，三七（同，p. 634 上〜中）。

❻同，九（同，p. 451 上）。

念，即名為純。而此一念之中，具於萬行，即名為雜**❻❸**」為例證說明，但意有批判。由此可知，華嚴教學有攝入《般若經》的世界，並將之超越的意圖。

第七「一多相容不同門」，一入於多，多入於一，名曰「相容」；但卻體無先後，而不失一多之相，名曰「不同」，此皆由緣起實德而來。經證上，引用了《六十華嚴》〈盧舍那佛品〉一文**❻❹**，〈普賢行品〉二文**❻❺**。但是，引用並不太正確。由此可知，此種經證引用是潛伏在杜順－智儼的獨自性理解裏。

第八「諸法相即自在門」，是十玄門中最被詳論的重要部分。內容上，置焦點於三種世間（智正覺、器、眾生）的圓融、無礙，並述諸法邊保持其因果性，邊相即、相入之事。其中，應注意的是，智儼的說明重在「初發心時便成正覺」、「一心成佛」**❻❻**等問題的解明上。本門的解釋，與其名稱上的哲學考察之印象不同，毋寧是意圖由正面來解明實踐世界的真相。

---

❻❸《大品般若經》三（大正八，p. 386 下以下）。原文云：「菩薩實踐般若波羅蜜時，於一念中具六般羅蜜，八十隨形好」。

❻❹《六十華嚴》四（大正九，p. 414 中）。

❻❺同，三三（同，pp. 607 下、609 中）。

❻❻「一念成佛」的問題，因和「無念」有關聯，成為晚年的智儼最關心的事情之一。詳細請參照拙著《初期中國華嚴思想の研究》，pp. 572～593、吉津宜英《華嚴禪の思想史的研究》（1985 年，大東出版社），pp. 67～78。

第九「唯心迴轉善成門」，是遵循佛教乃唯心論之說，而由形而上學來說明法界緣起的世界。其大綱由文頭所敘可知：

> 唯心迴轉者，前諸義教門等，並是如來藏性清淨真心之所建立。若善若惡，隨心所轉，故云迴轉善成。心外無別境，故言唯心。若順轉即名涅槃，故《華嚴經》云：心造諸如來。若逆轉，即是生死，故《華嚴經》云：三界虛妄，唯一心作。生死涅槃，皆不出心。是故不得定說，性是淨及與不淨。故《涅槃經》云：佛性非淨，亦非不淨，淨與不淨，皆唯心。故離心更無別法。故《楞伽經》云：心外無境界，無塵虛妄見。

法界緣起的世界，總而言之，是如來藏＝真心的世界。而此看法，基本上是受了地論學派思想的影響。又及，其中的二處經證，各是《六十華嚴》〈夜摩天宮菩薩說偈品〉❻❼及〈十地品〉❻❽。而與其同被引用的《涅槃經》和《楞伽經》的文，則是順於論旨，而被取意，要約地引用的❻❾。

---

❻❼《六十華嚴》一〇（大正九，p. 466 上）。

❻❽同，二五（同，p. 558 下）。只是此文梵文本 (Daśabhūmika-sūtra, ed. by Kondo, p. 98) 中為「三界唯心」("cittamātram idaṃ yad idaṃ traidhātukam")，無含有漢譯之「作」字。

❻❾《南本涅槃經》二三（大正一二，p. 670 下）、《四卷楞伽經》三（大正一六，

第十「託事顯法生解門」，即以《華嚴經》中所言的金色世界❼
和彌勒菩薩的樓觀❼為實例，來說明法界緣起的形態。若從其解釋，
則《華嚴經》中的敘事性描寫，全成了具有很深的實踐意義和真理。
總之，本門重點在言：解明「敘事」之意義，則正確之智慧亦被開
顯之義。

以上，概觀了《一乘十玄門》中所言的法界緣起說。由上可知，
其思想尚未十分成熟。但是有件事是不會錯的，即是：以上所言之
法界緣起說，是選擇、攝取了大乘諸經論的思想，和地論學等中國
佛教的諸成果，而形成的優秀、條理分明的論理。

將華嚴教學的基本思想明確化的智儼，很重視二本著作。即是
曇遷 (542～607) 的《亡是非論》，和慧命 (531～568) 的《詳玄賦》。
其中，《亡是非論》前已論及❼。而《詳玄賦》為一短篇，內容是在
確信儒教和佛教，道家思想和佛教的一致之上，勸人應由了悟真理，
來脫離現實世界的差別、混亂、迷惑和痛苦。其中可明白看出的，
有攝取了《般若經》、《維摩經》、《法華經》和《華嚴經》的思想，
並用了「窅冥」「恬淡」等概念。智儼將《詳玄賦》開頭之語，亦
即：

<hr>

　p. 505 中）參照。

❼《六十華嚴》四、五（大正九，pp. 418 上、422 下以下）。

❼同，五八（同，pp. 769 下～783 中）。

❼本書第二章第二節。

　　惟一實之淵曠，嗟萬相之繁雜。真俗異而體同，凡聖分而道合❼❸。

當作「前德」之言，引用於《孔目章》，並論言：此引用之文即示，前人已通一乘之趣旨❼❹。晚年的智儼，給予慧命這麼高的評價，這和重視上述的《亡是非論》是同一軌道。由此可知，此時的智儼已不執限於佛教，也證明了他的華嚴教學，是根植於中國固有的精神風土之上的。

⑷二種十佛說的提倡

　　全體而言，《華嚴經》有強調法身佛的普遍性、自在性、對機性的傾向❼❺。而且恐怕是與此有關，常有十佛、十身的列記。而其種類繁多，名稱也常不一致。而佛身的排列，也並非皆為十，有時是十三身，有時則是十一身。今順其《六十華嚴》及《八十華嚴》之譯名，將其列成一表如下所示（括弧內是與《六十華嚴》的譯名不

❼❸《詳玄賦》（大正五二，p. 340 上）。

❼❹《孔目章》四（大正四五，p. 586 下）。又，作這樣評價的，不單是引用部分，那是因為承認《詳玄賦》全體與法界緣起思想相通的緣故。石井公成前揭論文參照。

❼❺例如首先介紹《攝大乘論》於中國的真諦，即云：「華嚴以法身為本體」（《金光明玄義》下，大正三九，p. 10 上）。筆者認為這是極為自然的想法。

同的，《八十華嚴》的譯名）。

ⓐ〈十行品〉❼	ⓑ〈十廻向品〉❼	ⓒ〈十地品〉❼	ⓓ〈十地品〉❼	ⓔ〈十忍品〉❽	ⓕ〈性起品〉❽（如來出現品）	ⓖ〈離世間品〉❽	ⓗ〈離世間品〉❽	ⓘ〈入法界品〉❽

---

❼《六十華嚴》一一（大正九，p. 471 中）。《八十華嚴》二〇（大正一〇，p. 107 下）。

❼《六十華嚴》二二（大正九，p. 537 上）。《八十華嚴》三二（大正一〇，p. 174 上）。

❼《六十華嚴》二六（大正九，p. 565 中）。《八十華嚴》三八（大正一〇，p. 200 上）。

❼此十身被表示為如來身中的十身。《六十華嚴》二六（大正九，p. 565 下）。《八十華嚴》三八（大正一〇，p. 200 中）。只是，《六十華嚴》的「菩薩身」，異本是「菩提身」。內容上，後者較適當吧！

❽《六十華嚴》二八（大正九，pp. 582 下～583 上）。《八十華嚴》四四（大正一〇，p. 334 中～下）。只是，《八十華嚴》在這後，更加十身而成二十身。

❽《六十華嚴》三五（大正九，p. 626 下）。《八十華嚴》五二（大正一〇，p. 275 上）。

❽《六十華嚴》三七（大正九，p. 634 下）。《八十華嚴》五三（大正一〇，p. 282 上）。

❽《六十華嚴》四二（大正九，p. 663 中）。《八十華嚴》五八（大正一〇，p. 308 上）。

❽《六十華嚴》五三（大正九，p. 738 上）。《八十華嚴》七一（大正一〇，p. 388 上）。

無量無邊法界身（入無邊法界非趣身）	明淨身（光明身）	眾生身	菩薩身（菩提身）	無來身	一切眾生等身（一切眾生量等身）	正覺佛（成正覺佛）	無著佛（安住世間成正覺佛）	隨方面身（ナシ）
未來身（入無邊法界諸趣身）	離濁身	國土身	願身	不生身（無生身）	一切法等身（一切法量等身）	願佛	願佛	一切眾生色身（一切眾生色相身）
不生身	究竟淨身（無染身）	業報身	化身	不聚身（無動身）	一切刹等身（一切刹量等身）	業報佛	業報佛	普現一切眾生前身（普對一切眾生身）
不滅身	清淨身	聲聞身	住持身（力持身）	不實身	一切三世等身（一切三世等身）	住持佛	持佛（住持佛）	一切眾生無所著身（不染一切世間身）
不實身	離塵身（極清淨身）	辟支佛身（獨覺身）	相好莊嚴身	一相身	一切如來等身（一切佛量等身）	化佛（涅槃佛）	涅槃佛	一切眾生身（一切眾生數身）
離癡妄身（不妄身）	離種種塵身（離塵身）	菩薩身	勢力身（威勢身）	無量身	一切諸佛等身（一切語言量等身）	法界佛	法界佛	一切眾生無上身（超過一切世間身）
無來去身（不遷身）	離垢身（極離塵身）	如來身	如意身（意生身）	平等身	一切語言等身（真如量等身）	心佛	心佛	隨順教化一切眾生身（成熟一切眾生身）
不壞身	光明身（離垢身）	智身	福德身	不壞身（無差別身）	一切法界等身（法界量等身）	三昧佛	三昧佛	遊十方身（速往一切十方身）
一相身	可愛樂身	法身	智身（法身）	至一切處身	虛空界等身（虛空界量等身）	性佛（本性佛）	性佛（本性佛）	至一切十方身（遍攝一切十方身）
無相身	無礙身（無障礙身）	虛空身	法身（智身）	離欲際身	無礙法界身（無礙界量等身）	如意佛（隨樂佛）	如意佛（隨樂佛）	究竟佛身（究竟如來體性身）
					出生無量界等身（一切願量等身）			究竟教化一切眾生身（究竟調伏眾生身）
					一切行界等身（一切行量等身）			

				寂滅涅槃界 等身 （寂滅涅槃界 量等身）			

　　那麼，這些諸佛、諸身全是表示佛身嗎？答案是否定的。其中很明顯的，ⓑ的十身是由菩薩的迴向而眾生所得的身。又，ⓘ的十一身乃至十身，是妙德守護諸城夜天（守護一切城增長威力主夜神 Sarvanagararakṣā saṃ bhavateja ḥśrīr nāma rātridevatā）所示現的身。而剩下的，明記為佛所得之身的，只有ⓕ的十三身。此外，實質上可視為佛身，但在表現上，卻被說為菩薩所知、所見、所成之身。

　　由上可知，《華嚴經》的多佛、多身說，數、名稱及其身之主體，未統一者甚多。但是十佛、十身卻被當作《華嚴經》的特徵之一，而逐漸被注意。至少，由南北朝至隋代，此見解似已一般化。為什麼呢？因為慧遠、吉藏將它當作為《華嚴經》所說，而具體舉出十佛之名❽；而智度論師的慧影亦明言，《華嚴經》明白地提出十佛❾。包括主張《華嚴經》取十義故立十佛的慧影在內，他們皆未認為只有十身、十佛說才是究竟的佛身說。他們只是將其當作一種佛身說，來了解《華嚴經》的十身、十佛，並只注目其中的一項，或是幾項而已。但是，筆者認為：《華嚴經》是明十身、十佛的經典

❽《大乘義章》一九（大正四四，p. 842 上〜中）、同，一八（同，p. 820 下）、《法華義疏》一〇（大正三四，p. 603 下）。
❾《大智度論疏》六（續藏一一八七一三，p. 214 右上）。

之看法，在隋代幾已定形。特別是對其中的「無著佛」等的ⓗ的十佛的關心之事，對杜順—智儼的十佛說形成準備階段期，具有重要的意義。

如此，最晚至隋代，認為《華嚴經》的佛身是十佛的想法，幾已定著。另外，在此雖無法細論，但是在中國佛教，將佛視為道德實現者、完成者的傳來期的佛身觀，由廬山的慧遠 (334～416) 和僧肇大興此說以來，佛身的真實性在各種場合被提出❽。而承繼此二流派的研究者，亦即隋至初唐，在以《華嚴經》為根據的人們之中，又產生了什麼呢？想來，至少有一事，即將十身、十佛當作究竟的佛身來了解，而嘗試著確定由十佛所成的佛身之真實性。筆者認為：向這個嘗試挑戰的是杜順和智儼。特別是智儼，聽說他所看到的《華嚴經》梵文本裏，有〈說如來十身相海品〉第三十七❽。此「如來的十身」是什麼，則不可得知。與本品相同的，相存之《六十華嚴‧如來相海品》，《八十華嚴‧如來十身相海品》之中，亦無「十身」的記載。或許，那梵文本中亦無具體的名稱之記載也說不定。但是，即使是那樣，筆者認為：

　　〈說如來十身相海〉之品名，對只知道《六十華嚴》的〈如來相海品〉的智儼而言，也是極具啟發的。

---

❽詳細請參照拙著《初期中國華嚴思想の研究》，pp. 460～471。

❽《孔目章》四（大正四五，p. 588 下）。

由此推測，那梵文品名使他更確信了，只有十身、十佛的佛身論才
是究竟的❽。

那麼，智儼是怎樣確立華嚴教學的十佛說的呢？

在他二十七歲的作品《搜玄記》之中，如下地討論了《華嚴經》
的佛。即一方面，接受了〈菩薩明難品〉的「一切佛身，唯一法
身」❾之說，並言：

> 「我佛因果體用，皆同一法，謂法性一法❾」。注目於法性之表
> 達的諸佛的一體性。

而另一方面，將《華嚴經》的佛解釋為「全體具三身」。其三身是依
從三乘的見解而立，而主張只有十佛才是一乘的佛身❾。只是，「若
於一乘，則下之十佛為通有」的「下之十佛」是指什麼，則不清楚。
大膽推測，若從《華嚴經》的十身、十佛的大多數，有將佛從各種

❽智儼何時看到梵本《華嚴》，並不清楚。但是，由〈梵本同異義〉在《孔目
章》中被論及來看，其時期應是他晚年移住長安雲華寺以後的可能性較強。
不管怎麼說，推測智儼的十佛說是在看了梵本以後才形成的，是不合道理
的。但是，在他形成十佛說的過程中，看到了梵本所記，而增加其自信，應
是可確定的吧！

❾《六十華嚴》五（大正九，p. 429 中）。

❾《搜玄記》一下（大正三五，p. 29 下）。

❾同，一上（同，p. 16 上～中）。

角度來看的傾向而言，或許此處的「下之十佛」，並未有某種特定的
意義吧。即使是檢討了《搜玄記》中十佛、十身的注釋部分，亦無
可認為是智儼對佛身說特別注目之部分。

　　其次，在《一乘十玄門》中，如前所述，關於佛果，被說明為
「十佛境界」。而其內容則以「十佛世界海」和「離世間品中所明十
佛義」來說明。

　　〈離世間品〉的十佛，後代的華嚴教學的繼承者們解釋為「行
境的十佛」，即前表所舉的ⓗ，無著佛、願佛、業報佛、持佛、涅槃
佛、法界佛、心佛、三昧佛、性佛、如意佛。但是這是兩種十佛說，
在華嚴教學的佛身觀定著之後，被討論於二種十佛的主體論之中，
故不可就此相信。確實ⓗ的十佛，若從《搜玄記》而言，是以象徵
的方式，表達了「大用無方」的佛的世界的樣相❾❸。但是，由另一
方面而言，若說在《搜玄記》中，智儼對佛身論的關心❾❹，是在於
〈離世間品〉的另一種十佛ⓖ上的話，則不能如此速斷。又，此二
種十佛，內容、觀點幾乎一致，故智儼並不特指一方，而只是一般
地，指〈離世間品〉的十佛的可能性，也是有的。不管如何，在《一
乘十玄門》中，被當作表達佛世界的真實之〈離世間品〉的十佛，
是被重視的。

　　智儼的佛身觀明晰成熟，是在他五十八歲以後的著作 《五十要

❾❸《搜玄記》四下（大正三五，p. 86 中）。

❾❹《搜玄記》四下（大正三五，p. 83 中～下）參照。

問答》。為什麼呢？在此書中，他明確地主張，一乘教的佛是無著佛等的十佛ⓗ，並說明如下：

> 若依一乘，但有十佛。依行分說，不分修生及本有義。若體解大道，體即一切總體，相即一切種相，用即一切種用。諸方現佛，若名若義，皆依釋迦海印定現，無別佛也❾❺。

　　問題是，海印三昧和十佛的關係。上之文脈，此點並未明言。但線索有二，即明言海印三昧的主體為「釋迦」；及無著佛等的十佛ⓗ，可當作是將釋迦的行實，由本質論來確立之說。由此事，十佛的三昧被推定為海印三昧。並且，可推測：智儼在此處，為了明確根本佛的十佛之義，而加進了「諸方現佛」以下的各語句，也不是不可能的。

　　經過了如上的過程，智儼於「無著佛」等的十佛ⓗ之外，又著眼於〈十地品〉的「眾生身」等的十身ⓒ。而且援用「解境」、「行境」的觀念❾❻，將二者各命名為「行境十佛」、「解境十佛」，使之並立。明示此事的是，暮年的作品《孔目章》。即在此書中，智儼云：

❾❺《五十要問答》上（大正四五，p. 520 上）。

❾❻「解境」「行境」的觀念，已表現於《搜玄記》。即於同書第三卷下（大正三五，p. 60 下），云現前地的十平等法有二義，而舉出「所軌之法」的「解境」，和「觀解」的「行境」。

若一乘義，所有功德，皆不離二種十佛。㈠行境十佛、謂無著
佛等，如〈離世間品〉說。㈡解境十佛、謂第八地三世間中、
佛身眾生身等，具如彼（〈十地品〉）說❼。

又云：「此經無三身，只有二種十身❽」。而於《孔目章》中第
一次，且突然地將解境的十佛和行境的十佛並立。著此書時的智儼，
強烈地意識到解境十佛。此事可以由在本書的〈三世間章〉中，於
「智正覺自在行」的解明時，引用本文❾可知。

但是，到底這樣的十佛說的變化，乃至發展，進而對《華嚴經》
佛的三身說，從承認到否定的轉變，是怎樣發生的呢？又具有怎樣
的意義呢？

被認為是「行境十佛」的〈離世間品〉的十佛，是由高境地菩
薩觀察的十種佛❿，將釋尊的佛之形態，由其本質面來把握。智儼

❼《孔目章》二（大正四五，p. 560 上）。

❽同，四（同，p. 580 中）。

❾同，三（同，pp. 568 下～569 上）。

❿《六十華嚴》四二（大正九，p. 663 中）。又，此處之十佛，在藏譯的次序
是：

mṅon-par rdsogs-par byaṅ-chub-paḥi saṅs-rgyas（正覺佛）

smon-lam-gyi saṅs-rgyas（持願佛）

las-rnam-par smin-paḥi saṅs-rgyas（業果佛）

byin-gyi rlabs-kyi saṅs-rgyas（威神力佛）

恐怕很早即將此 「行境十佛」，當作根本的佛，亦即開悟的佛來
看❿。另一方面，「解境十佛」，為第八地菩薩所知，為順應眾生之
願而成之佛⓲。智儼於《搜玄記》⓳中說明「解境十佛」，為第八地
菩薩以世諦智順應眾生，而自由地以身現其形，稱為解境十佛。筆
者認為：那應是象徵因應於現實，教化度眾的佛之自在性。

mya-ṅam-las ḥdaḥ-bar saṅs-rgyas （入涅槃佛）

chos-kyi dbyiṅs-kyi saṅs-rgyas （法界佛）

sems-kyi saṅsrgyas （心佛）

tiṅ-ṅe-ḥdsin-gyi saṅs-rgyas （三昧佛）

raṅ-bshin-ḥod-gsal-baḥi saṅs-rgyas （本性光明佛）

bsam-pa-ji-bshin-gyi saṅs-rgyas （如想佛）

❿《搜玄記》四下 （大正三五，p. 86 中）、《五十要問答》上 （大正四五，p.
519 中）參照。

⓲《六十華嚴》二六 （大正九，p. 565 中）。又，此十身梵文本 (op. cit., p. 141)
是：sattvakāya （眾生身）；kṣetrakāya （國土身）、karmavipākakāya （業果
身）、śrāvakakāya （聲聞身）、pratyekabudd-hakāya （緣覺身）、
bodhisattvakāya （菩薩身）、tathāgatakāka （如來身）、Jñānakāya （智身）、
dharmakāya （法身）、ākāśakāya （虛空身）。又藏譯 （北京版二五，p. 273-2）
是：sems-can-gyi lus （眾生身）、shiṅ-kyi lus （國土身）、〔las-〕rnam-par
smin-paḥi lus（業果身）、ñan-thos-kyi lus （聲聞身）、raṅ-saṅs-rgyas-kyi lus （緣
覺身）、byaṅ-chub-sems-dpaḥi lus （菩薩身）、debshin-gśegs-paḥi sku （如來
身）、ye-śes-kyi lus （智身）、chos-kyi lus （法身）、nam-mkhaḥi lus （虛空身）。

⓳《搜玄記》四上 （大正三五，p. 71 中）。

　　由此可知，行境十佛和解境十佛，不管是經典的說法，或是智儼的解釋，很明白地二種佛的性格是不同的。智儼恐怕是承繼杜順的看法，首先注目於行境十佛ⓗ，或者是與此類似的「正覺佛」以下的〈離世間品〉的十佛ⓖ。其後，在其三十年後的著作《五十要問答》中，他很明白地將行境十佛看作一乘的佛，而明確地界定了十佛的世界。由《一乘十玄門》到《五十要問答》的過程，似描述了智儼重視實踐的立場，和本身對實踐的深入。但是，行境十佛，即日本的普寂所云的「絕解修證之境界」的十佛❿，是遠超於現實相對的立場的。另一方面，所謂的「解境十佛」，則一邊與行境十佛的絕對性、根本性相對應；一邊則於現實相對的立場，發揮其德用。於此意義，華嚴教學的佛身論，可說因解境十佛的登場，而開始有了思想上的整備與完成。從《五十要問答》到《孔目章》，由行境十佛說到二種十佛說的展開，可看出智儼的哲學性思索的發展，和其自身意識的還歸於現實世界。

　　如此地，華嚴教學的二種十佛說，由暮年的智儼定立了。但是，應悲傷呢？還是應頷首呢？智儼的優秀弟子們，即不管是義湘，或是法藏，皆未直接地完整地繼承了它們。毋寧，他們立於自己的立場，首先，將智儼的這種看法置於一邊。而於更寬宏的意義上，於智儼的佛身觀的影響之下，重新追求、確定自己所依的十佛說。亦即，對於智儼在最後所提出的二種十佛的思想，他們並未將它當作

---

❿《五教章衍秘鈔》一（大正七三，p. 635 上）。

自己的佛身觀的出發點，反而從其形成過程中被提出的行境十佛中出發。其後，義湘徹研此行境十佛，而往主體上的把握之方向前進。另一方面，法藏著眼於法身與現實的相應性，並加以深入，而於解境的十佛上，發展出究竟佛身的最適當的真實性的表現[105]。

　　不管怎樣，只立於思想史的立場，而認為華嚴教學的二種十佛說是不變之思想，而於其範圍內來思考佛身觀的問題，是不可以的。二種十佛說，真的被當作活的思想的，只存在於智儼的暮年，它隨著智儼的死而同時消失。

⑸三階教之應對

　　如前所述，大致上智儼可說是，完成了華嚴教學主要體系基礎的人。但並非他的華嚴教學就那樣地、被完整地繼承、完成。如前項所討論的佛身觀的問題，那也是屬於華嚴教學的範圍，卻有被棄捨，或被重新檢討的部分，即是很明顯的一例。因此，如果更廣地來探討智儼的思想全部，或更深地挖掘他的思想本質的話，或許必須說他是「如犀牛角之一支獨秀[106]」，是一獨步而行的孤獨佛教者。總之，在他的思想和精神本質裏，與他同時代的佛教者和弟子們之間，有著很大的不同。最後，想討論其典型之例證，亦即智儼對三

[105]詳細請參照拙論〈十佛說の展開──智儼と義湘、法藏の間──〉（《印度學佛教學研究》三三─一，1984 年）。

[106]*Sutta-nipāta*, 一一三，khaggavisāṇa sutta。

階教的應對方法。

　　三階教❿由信行 (540～594) 而興，甚受隋唐代人們的信仰。但是，信行歿後，於西元 600 年，隋文帝禁止其流行後，隋唐代的大多數佛教者，即視三階教為異端、邪教。至少，當時代的人曾附和那樣的見解，是可確定的。為什麼呢？因為在文帝禁教之後，進而在武周朝的西元 695 年時，將三階教典籍二十二部二十九卷，公式認定為「偽經」。進而在西元 725 年，唐玄宗全面禁止了三階教的獨立活動。雖有這些事件，但是其他宗派、學派的抗議，和擁護三階教的發言，卻幾乎沒有。但是智儼例外，他給予三階教一定的評價，受容其思想，並暗中辯護。以下即探討此問題。

　　首先，智儼在《五十要問答》❿中設問：

　　人集教（＝三階教）中設八種佛法，差別云何？

而答曰：

　　為滅闡提病，成普敬認惡法，有其二段。

❿總合研究之參考書，有矢吹慶輝之《三階教之研究》（1927 年，岩波書店）。但是應更深入考察的課題，則尚留下很多。拙論〈信行の時機觀とその意義〉（《日本佛教學會年報》四九，1984 年）參照。
❿《五十要問答》下（大正四五，pp. 532 中～534 上）。

將信行的《對根起行法》的一節，幾乎是忠實地全文引用。最後言：

今上二義，為救闡提，迴向一乘，兼順三乘，於理有順，故錄附之。

而結束此段落。這個問答，由表題（〈普敬認惡義〉）來看，是受了《六十華嚴・十迴向品》的第九迴向（＝無縛無著解脫心迴向），最初之語句「於一切善根，不生輕心❿」的影響。若如此，智儼即是坦率承認：以八種佛法來表示的三階教的「普敬」精神，和經典所說的「不輕」精神，是相互連接的。不管怎麼說，上之一文，可看作是明白地表達了，智儼對三階教的根本教理「普敬」、「認惡」思想的共鳴。

那麼普敬、認惡，和智儼認為是此教說的對象而舉的一闡提救濟，又有何關聯呢？

信行於《對根起行法・普敬認惡義》中，直接提到一闡提的，只有二個地方。即在「認惡」的第五「七種別惡顛倒」之中，云：「為一闡提說世間義❶」；而於第七「十一部經說邪盡顛倒」中，當作《涅槃經》的教說，而舉出了「末法之世，一闡提及五逆罪，如大地土⓫」，如此而已。因此只能以此來推案，信行可能認為自己所

❿《六十華嚴》二〇（大正九，p. 528 中）。

❶《三階教之研究・資料篇》，p. 134。

處的時代是一闡提很多之世，而於其中探索了真之佛教。在此，重要的是，在「普敬」的一節最後所述之事。

> 於此八段內更有二義，㈠生盲、生聾、生啞眾生佛法。㈡死人佛法❷。

在內容上，完全無解釋。但這很明顯地是沿襲，將一闡提比喻為「生盲」、「聾人」、「必死之人」的《涅槃經・菩薩品》 ❸ （「北本」是〈如來性品〉）的教理而來的。由此時點，與「認惡」同為表裏，而當作「普敬」展開的八種佛法❹，被認為是為了一闡提的佛法而聞名。

　　智儼於《孔目章》的〈九十六種外道章〉中，亦提到三階教的

---

❶同，p. 135。

❷同，p. 133。（大正四五，p. 533 上）參照。

❸ 《南本涅槃經》 九 （大正一二，pp. 660 下～661 下）、《北本涅槃經》 九 （同，pp. 419 中～420 下）。

❹八種佛法是將成為普敬實踐之根據的真實佛教，由八方面來捕捉，亦即①如來藏、佛性、當來佛、佛想佛佛法、②普真普正佛法、③無名相佛法、④拔斷一切諸見根本佛法、⑤悉斷一切諸語言道佛法、⑥一人一行佛法、⑦無人無行佛法、⑧五種不懺佛法的八種 （〈對根起行法〉，《三階教之研究・資料篇》，pp. 131～133）。此八種佛法，根本皆是「如來藏、佛性之所作」（敦煌本《三階佛法》三，同，p. 57）。

思想。此章是受了《六十華嚴・十迴向品》的「第六隨順一切堅固
善根迴向」的一節：

　　令一切眾生常樂如來正教之法，除滅一切九十六種外道邪見❶。

之影響而成立的。其中智儼所述的：

　　若一乘義，為見聞中有普真普正，諸神鬼等，亦不得便❶。

即是受其影響之處。文中的「普真普正」，可認為是意味著八種佛法
之第二的「普真普正佛法」。其理由，不僅是用語一致，「普真普正
佛法」的內容，亦和如下思想有密切關聯。

　　如來藏佛性體，唯是普法，唯是真法。於中無有邪魔，得入其
　　中。是故不問邪人，正人，俱得真正❶。

智儼恐怕是，於其自身所依的一乘立場，坦率承認有此真實宗教，
並將此分配於初階段之實踐境位的見聞位。

❶《六十華嚴》一六（大正九，p. 504 上）。

❶《孔目章》二（大正四五，p. 557 中）。

❶〈對根起行法〉（《三階教之研究・資料篇》，p. 132）。

　　智儼並於《孔目章》的「明法品內通依五乘定其解行損益分齊義」之中，於「夫如來教興，意在為物」之下，論其教理內容如次：

　　佛出世時及末代時，定其解行，善惡兩相，此亦不定。若說佛
　　世善多，末代惡多，此亦可然。

進而明善中有惡，惡中有善❶⃝⑧。如眾所知，信行大分時代為二，即佛在世至佛滅後千五百年是「正見之人」之世；其後為「邪見之人」之世。再者，關於善惡的問題，如前所述的「認惡」思想，只是由某一角度來總括此問題。在其中，信行認為：眾生幾乎是逆認善惡，或誤解善惡，或不斷善內之惡，或不修惡內之善。雖然由現存的資料，只能了解到這些信行的思想。但由此亦可看出，對剛才智儼所表達的三階教思想，是有很大的影響。
　　由以上可知，智儼似是反抗加強對三階教批判、彈壓的時代趨勢，而幾乎正確地認識信行所大成的三階教思想，給予相當高的評價，且於教判上判其為一乘同教，而積極地受容。恐怕是智儼對因應時機而認真追求大乘佛教的信行之思想，深深感受到了其普願宣揚之悲願吧！

---

❶⃝⑧《孔目章》二（大正四五，pp. 552 中～553 上）。

第五章

華嚴教學之大成

如前章所述，智儼門下有義湘和法藏二位優秀弟子。在諸傳記中，另並舉出智儼弟子有，慧曉、薄塵、懷齊、道成、惠招、樊玄智六人。但是其中，樊玄智可能是杜順的弟子，亦即智儼的師兄弟。被當作智儼門下，應是《華嚴經感應傳》❶等的誤傳。又，其他五人的存在，雖是確實，但無詳細傳記，亦無給予後世顯著影響的痕跡。當然此事並非意味著他們是劣等佛教徒❷。但是在思想史上，必須說在智儼的弟子中，義湘和法藏的影響是占大部分的。

此二人之中，因義湘是新羅人，故先暫置一邊。在此先解明華嚴教學的大成者——法藏的人和思想概要。

一、法藏的傳記和著作

法藏 (643～712)，俗姓康❸。祖先代代為康居丞相，祖父之時

---

❶《華嚴經感應傳》（大正五一，p. 174 中）。

❷例如惠招因專心於讀誦《六十華嚴・性起品》，而得見由大地湧出的十餘人菩薩（《華嚴經感應傳》，大正五一，p. 177 中～下）。大概曾是特別有感應力的佛教者吧。

歸化中國。父名謐，由唐朝贈左衛中郎將。法藏出生於盛唐前的貞觀十七年 (643) 十一月。十六歲時，於阿育王舍利塔前燒一指供養。翌年的顯慶四年 (659)，志銳擇師，遍謁都邑緇英未果，遂辭親求法於太白山，餌朮數年，敷閱方等。後聞親疾出谷入京，時智儼法師於雲華寺講《華嚴經》，遂投其門。閻朝隱評二人之相遇為「瀉水置瓶之受納，以乳投水之因緣❹」。

　　總章元年 (668)，儼將遷化，法藏以家庭事由，尚猶居俗。法藏出家於咸亨元年 (670) 亦即其年，則天武后之母榮國夫人歿，為了其供養而建西太原寺。法藏於此寺落髮並客居。

　　文明元年 (684)，法藏幸遇五年前來朝的中印度僧地婆訶羅（日照）於西太原寺，並尋問其那爛陀寺的戒賢和智光的教判思想❺。翌垂拱元年 (685)、以地婆訶羅為中心，補譯了《六十華嚴・入法界品》欠落的部分，據說法藏亦參加此工作，並擔任了校勘❻。其後，

---

❸以下主要是依閻朝隱撰〈康藏法師之碑〉（大正五〇，p. 280 中～下）、崔致遠結《法藏和尚傳》（大正五〇，pp. 280 下～286 下）。詳細請參照鍵主良敬、木村清孝著《法藏》（1991 年，大藏出版），pp. 48～99。

❹〈康藏法師之碑〉（大正五〇，p. 280 中）。

❺《探玄記》一（大正三五，p. 111 下），《起信論義記》上（大正四四，p. 242 上～中）。

❻法藏自身稱此補譯完成於永隆元年 (680)（《探玄記》一，大正三五，p. 122 下，及《探玄記》二，同，p. 484 下）。但據《大周錄》二（大正五五，p. 381 上）等，其譯出則完成於垂拱元年 (685)。

他亦參加了各種譯經的工作，例如：永昌元年 (689) 以後，由提雲般若 (Devaprajñā) 譯出《華嚴經不思議境界分》一卷、《華嚴經修慈分》一卷、《法界無差別論》一卷等；證聖元年 (695) 到聖曆二年 (699)，實叉難陀的譯出《八十華嚴》；久視元年 (700) 到長安三年 (703) 的義淨譯出諸經論等，法藏皆參加了筆受或證義等的工作。又，於長安二年 (702)，與復禮共同勘譯了彌陀山再譯的《大乘入楞伽經》❼。如此，由另一方面而言，法藏也是優秀的翻譯家。因此，《法藏和尚傳》中，稱他為「翻經大德」，也未必是不自然的。

法藏一生，曾講了《華嚴經》三十多次。諸傳記皆有記載，他於垂拱三年 (687) 在大慈恩寺的講義；延載元年 (694) 前後，在雲華寺的講經；聖曆二年 (699) 在佛授記寺講《八十華嚴》等，皆有奇瑞傳世。

法藏並為了明佛教宗旨，宣揚華嚴宗，而著了很多書物。法藏的著作在諸資料中，計約可舉出三十部左右。其中，《華嚴旨歸》一卷、《華嚴綱目》一卷、《華嚴五教章》（〈華嚴教分記〉、〈一乘教分記〉、〈華嚴一乘教義分齊章〉）三卷（四卷）、《探玄記》二十卷、《起信論義記》二卷（五卷）、《十二門論疏》一卷、《法界無差別論疏》一卷、《般若心經略疏》一卷、《入楞伽心玄義》一卷、《密嚴經疏》四卷、《梵網菩薩戒本疏》六卷、《華嚴經傳記》五卷等十幾部，應

❼關於法藏的事跡，請參照小林實玄〈華嚴法藏の事傳について〉（《南都佛教》三六，pp. 25～29）。

是他的真作❽。但其中撰述年代明確的，只有長安二年 (702) 的《般若心經略疏》一卷而已。其他的著作，皆有由本人或別人的後代加以添筆的可能性，只有由經論的譯出年代、寺號、相互的引用及所提到的內容關係、記述中的譯經者的活動年代、思想內容的關聯性等，來大體的推敲，其他則無辦法❾。

　　據《法藏和尚傳》等的記載，法藏有時也行密教式祈禱。例如，垂拱三年 (687) 的祈雨，及天冊萬歲年 (695) 的正愆陽（暖冬異變）。又，景龍二年 (708) 亦祈雨有靈驗，以此為契機，法藏成為中宗、睿宗的菩薩戒師。而且於長安、洛陽及吳、越、清涼山的五處建立了華嚴寺，廣弘華嚴學。由此可知，法藏一方面也是祈禱僧，而由祈禱所培植的朝野對法藏的歸信，對於華嚴宗的興隆也應有不少貢獻吧。永昌元年 (689) 正月，由敕命而辦了盛大的華嚴齋會❿，或者與此有關也說不定。

---

❽判斷的根據是，法藏的自著《華嚴經傳記》五（大正五一，p. 172 中）、法藏寄給義湘的書簡〈寄海東書〉的附錄（《圓宗文類》二二所收）、閻朝隱的〈康藏法師之碑〉，其中之一，或者是彼此重複，皆有提到這些書物的緣故。關於《般若心經略疏》是依其後序（大正三三，p. 555 上），關於《華嚴經傳記》，則依《探玄記》一（大正三五，p. 123 上）、《文義綱目》（大正三五，p. 493 中）所言。

❾關於此問題，近年的成果有吉津宜英的〈法藏の著作の撰述年代について〉（《駒澤大學佛教學部論集》一〇，1979 年）。

❿《華嚴經傳記》三（大正五一，p. 164 上～中）。

　　法藏於先天元年 (712) 十一月，圓寂於西京大薦福寺。辭世之詩
是：

　　西方淨域離俗塵，千葉蓮華如車輪，不知何時成佛身❶。

葬儀時，由繼睿宗之玄宗贈以鴻臚卿位及絹一千二百疋，遺骸葬於
長安華嚴寺南的神和原（現在的神禾塬）。法藏門下如雲，而優秀的
有釋宏觀、釋文超、華嚴寺智光、荷恩寺宗一、靜法寺慧苑、經行
寺慧英。

二、教判論

　　法藏如何發展了智儼的華嚴教學呢？
　　第一應舉出的是教判的確立。法藏從智儼所提倡的諸教判中，
繼承、整備了以五教為中心的教判，並進而編入新興的法相宗的「八
宗」教判❷，而完成了「五教、十宗」的教判。此思想已呈現於三

---

❶〈康藏法師之碑〉（大正五〇，p. 280 下）。

❷是出於窺基《法華玄贊》一本（大正三四，p. 657 上～中）的教判，但在他
　的教學體系中並未占重要位置。原文如次：「所謂八宗，㈠我法俱有、犢子
　部等。㈡有法無我、薩婆多等。㈢法無去來、大眾部等。㈣現通假實、說假
　部等。㈤俗妄真實，說出世部等。㈥諸法但名、說一部（一說部）等。㈦勝
　義皆空、般若等經、龍樹等說之中、百論等。㈧應理圓實，此乃法華等，無

十年代的《華嚴五教章》❸，而在四十年代後半到五十年代所撰述的主著《探玄記》❹則承繼其思想。今先介紹可看作是完整形態的《探玄記》的五教十宗。所謂五教，即是⑴小乘教、⑵大乘始教（以《解深密經》第二時、第三時教，屬定性二乘、俱不成佛故）、⑶大乘終教（說定性二乘及一闡提亦皆成佛）、⑷頓教（「一念不生」即名為佛）、⑸圓教（明一位即一切位、一切位即一位，是故十信滿心即攝五位成正覺）。其中之⑵大乘始教，由其解說方法可知，很明顯地是意識到法相宗的三時教判而立的。而⑵⑶合稱為漸教。又，十宗是①法我俱有宗（犢子部等、說法和自我的實在）、②法有我無宗（說一切有部等、言法的實在和無我）、③法無去來宗（大眾部等，主張唯現在之法是實在）、④現通假實宗（說假部等。於現在法中，區別五蘊的實在和十二處十八界的非實在）、⑤俗妄真實宗（說出世部等。論世俗法的虛妄性和出世間法的真實性）、⑥諸法但名宗（一

著等所說中道之教。」

❸關於執筆年代，請參照鎌田茂雄《華嚴五教章》（《佛典講座》二八，1979年，大藏出版）pp. 19～24。又關於本書的題號、列門、內容的總合研究，有吉津宜英的〈華嚴五教章の研究〉（《駒澤大學佛教學部研究紀要》三六，1978年）。

❹本書是法藏在魏國西寺時 (687～690) 開始執筆，而於長壽二年正月（693年11月，法藏五十一歲），則已大部分完成。但其後又有添筆，故正式完成應是在證聖元年（695年，法藏五十三歲），至聖曆二年（699年，法藏五十七歲）之間。

說部等、說所有存在皆非實體性）、⑦一切皆空宗（大乘初教。說一切法空、不可得）、⑧真德不空宗（終教。一切法攝於根本真理之德用）、⑨相思俱絕宗（頓教。呈現離言之真理）、⑩圓明具德宗（別教一乘。究極的無礙自在法門）❺。此中①到⑥，與法相宗窺基所立的八宗之前六宗一致。因此，法藏的十宗可說是，窺基的八宗的增訂版。

　　由前可知，五教十宗的教判確立，受法相教學的影響很大。確實，此教判本身是為了表達華嚴教學是最高、究竟的佛教思想。但是同時，很明顯地此教判也表明了，對當時的法藏而言，最重要的是：如何對法相教學來明確表達華嚴教學的優越性。

　　但是，法藏所立的教判，另外尚有四宗教判，此是出於《起信論義記》、《法界無差別論疏》、《入楞伽心玄義》的三著，但其中前二著的撰述年代不明。但是，這些著作可認為是法藏五十一歲以前

---

❺《探玄記》一（大正三五，pp. 115 下～116 中）。文中，將⑦一切皆空宗配於「大乘初教」，但在理論體系上，或在文脈上，皆與「大乘始教」同義。只是，上的五教之⑵大乘始教的一節，只有引了唯識、法相系的《解深密經》的說明而已，與說「空」的立場區別，故稱為「大乘初教」的可能性並非沒有。又，在《華嚴五教章》中，其語成為「大乘始教」（卷一，大正四五，p. 482 上）。又，在五教中的「始終二教」的解說裏，將基於《解深密經》等的第二時教（照法輪）配於始教；第三時教（持法輪）配於終教，進而依據《法鼓經》，而將空門配於始；不空門配於終（同，p. 481 中）。與《探玄記》不同。

的撰述。因為在被推定為法藏五十一歲，即長壽二年正月 （693 年 11 月，依周正曆法）所寫的，給義湘的信❶（〈寄海東書〉）之添付目錄中，已被當作完成本而列的緣故。特別是《法界無差別論》是譯出於天授二年 (691) 十月❶，故《法界無差別論疏》應是在其後約一年內所著。又，《入楞伽經》於久視元年 (700) 五月譯出，但如上述，於長安二年 (702)，又由彌陀山三藏再譯，復禮和法藏勘譯。故《入楞伽心玄義》的撰述，應該是在長安二年以後❶。

由上可知，四宗教判並非一時所立。而五教教判確立之後尚被用，且比前更重要之事亦可知。

那麼，四宗教判是怎樣的教判呢？

首先，在被認為是最早使用此教判的《起信論義記》中，於「顯教分齊」的第二「隨教弁宗」之下，有如下的敘述：

現今東流一切經論，通大小乘。宗途有四。㈠隨相法執宗，即小乘諸部是也。㈡真空無相宗，即《般若》等經、《中觀》等論所說是也。㈢唯識法相宗，即《解深密經》等經、《瑜伽》等論

---

❶神田喜一郎〈唐賢首大師真跡「寄新羅義湘法師書」考〉（《南都佛教》二五，1970 年）參照。又，關於本狀目錄中的〈新翻法界無差別論疏〉，氏認為「疏」是「新翻」，這很明顯是錯誤的。

❶《開元錄》九（大正五五，p. 565 中）。

❶同，九（同，p. 565 下）。

所說是也。㈣如來藏緣起宗,即《楞伽密嚴》等經、《起信》、《寶性》等論是也。

此四之中,初則隨事執相說;二則會事顯理說;三則依理起事差別說;四則理事融通無礙說。以此宗中許如來藏隨緣成阿賴耶識。此則理徹於事也。亦許依他緣起無性同如,此則事徹於理也。……然此四宗,亦無前後時限差別,於諸經論亦有交參之處。宜可准知,今此論宗意當第四門也❶。

由最後之文可知,此教判之目的是為了證明,《起信論》是最優秀的如來藏緣起宗的論書。又,此種教判的立法,也擔當了收拾並統一戒賢和智光的教判論爭的任務。但是,此教判更具有其立教判法以上的意義。為什麼呢?因為此教判本身不僅具有統括佛教全體的完整體系,以後更數次被用,且其定立的論點更被人所確認的緣故❷。那麼,此四宗教判和五教、十宗教判的關係,我們應如何來定位呢❸?

---

❶《起信論義記》上(大正四四,p. 243 中~下)。

❷在《法界無差別論疏》中,將四宗和小乘、三乘、一乘教判的對應列為第一,將第四宗當作一乘(大正四四,p. 61 下);在《入楞伽心玄義》中,追加「就法數」之根據,明確了教理之背景(大正三九,p. 426 下),以上二事是重要的。

❸討論此問題的論文,有吉津宜英的〈法藏の四宗判の形成と展開〉(《宗教研

　　由結論而言，對於這樣的問題，並沒有留下任何可清楚回答的直接資料。但是，線索有二。

　　第一，比較以「宗」為問題的十宗和四宗時，在十宗中被曖昧處理的法相宗系唯識思想，在四宗判中被當作第三宗，而明確地被確立之事❷。此點可看出，四宗教判一邊補充十宗教判的缺點，一邊對法相宗以明瞭的姿態，提出自宗優位的看法。

　　第二，在《入楞伽心玄義》中，四宗的稱呼是有相宗、無相宗、法相宗、實相宗，集中重點於「相」，並加以簡略化。想來，此事是告訴我們，晚年的法藏對於「相」（現於現象的存在之姿）的關心，是基於更深層的把握方法，來統合整理佛教全體。恐怕，此四宗教判的立定和其稱呼的簡化之方向，響應了後述的緣起思想所展開的方向。由此點可知，由四宗教判和五教、十宗教判的比較，可反映出法藏自身的主體性關心。

　　但是想一想，如果於最後成立的四宗教判中，將第四宗名為實相宗的話，將其「實相」徹底研究，則究竟的緣起，例如《華嚴經旨歸》所言的「率網無礙」的現象也應可包含於此才對。但是法藏到最後還是將此由「性相交徹」（本質和現象的交流、一體化）、「理事俱融」（真理和事象的交互融解）的層次來說明❸。亦即他同視於

究》二四〇，1979 年）。以下的論述，亦參照其論文而成。

❷參照❶。

❸《入楞伽心玄義》（大正四四，p. 426 下）。本章第五節參照。

其他三宗，即使是對於實相宗，也貫徹了他於真理（本質）中應如何看待事象（現象）的觀點。只是，此事是四宗教判的基本特徵，因此究明究竟緣起事態的《華嚴經》，則不能配列於四宗教判。在此點上，四宗教判必須說是將究竟的真理，亦即由華嚴宗立場所界定的《華嚴經》擺在一邊，而來加以判定、解釋的教判。亦即所謂的在方便上，導入本質和現象、真理和事象的二分法，而來對佛教作判斷、分類。

三、因和果

　　法藏是如何來理解，在五教、十宗的教判中，被判為第五教、第十宗的《法華經》的教法的呢？而可明瞭其基本構造的，則需由被稱為華嚴學綱要書的《華嚴五教章》的第一〈建立一乘章〉。

　　即法藏繼承智儼的思想，在本書開頭即明示，華嚴一乘教義是基於如來的海印三昧而成的。其次，立〈建立一乘〉一章，而如次所述：

> 然此一乘教義分齊，開為二門。㈠別教、㈡同教。初中二，①性海果分，是不可說義。何以故？不與教相應故，則十佛自境界也。故《地論》云：因分可說，果分不可說者是也。②緣起因分，則普賢境界也。此二無二、全體遍收，其猶波水，思之可見❷。

在此首先應注意的是，於此究竟一乘（別教）的立場，果被規定為佛果；因則為實現佛果的普賢實踐之世界。而前者為不可說，後者為可說。此思想由法藏自身的說明亦可推測，是來自於《十地經論》的因果二分思想❷。由此可知，法藏的華嚴教學，本來即是想由實踐觀點，來究明「因」之緣起世界。

但是實際上，法藏也並非沒有論及佛果之「果」。第一，在前所引用文中，「果」與「因」相對照，被說明為如波與水之關係，「果」與「因」是無二的。因此「果」是相對性的絕對「果」，而非不可說的絕對性的絕對「果」。又，同樣的《華嚴五教章》第十（和本是第九），〈義理分齊〉第三的「十玄緣起無礙法門義」中，說明「果」之「十佛自身境界」的意義如下：

圓融自在、一即一切、一切即一、不可說其狀相耳。如《華嚴經》中，究竟果分、國土海及十佛自體融義等者，即其事也❷。

亦即法藏雖說，究竟之果的具體樣相無法描述，但卻於此為我們指出了，《華嚴經》中所描述的 「果」 之象徵性表現，並指點出「果」之性格為「一即一切」。

---

❷《華嚴五教章》一（大正四五，p. 477 上）。

❷《十地經論》二（大正二六，p. 134 上）。

❷《華嚴五教章》四（大正四五，p. 503 上）。

　　但是，法藏於以上之「果」外，又另立一種「果」。即於上之說明之後，對於《六十華嚴・佛不思議法品》等所說之「果」，說明如下：

　　此果義，是約緣，形對為成因，故說此果。非彼究竟自在果❷。

　　由此可知，法藏於上述的究竟之「果」外，又提出了可說的相對之「果」。亦即為緣起之因所吸引，與因相對應，而使因成立之「果」。

　　此種《華嚴五教章》的因果二分思想，不用說與《探玄記》中，法藏對《華嚴經》的解釋，有很深的關聯。下面，為了更究明法藏的「因果」之義，而想探討《六十華嚴》〈盧舍那佛品〉及〈十地品〉的解釋❷。

　　首先，於〈盧舍那佛品〉中，普賢菩薩於如來前，坐蓮華藏師子座，入「一切如來淨藏三昧」，受諸佛之加持，觀五海，說十智。於此一節中，有如下之文：

　　爾時普賢菩薩，承佛神力，觀察一切諸世界海、一切眾生海、

❷同上。

❷檢討這些問題而完成的論文有，目幸默僊的〈法藏教學における因果二分思想〉（宮本正尊教授還曆記念《印度學佛教學論集》，1954 年）。請參照。

法界業海、一切眾生欲樂諸根海、一切三世諸佛海已。普告菩薩大眾海言：「佛子、諸佛一切世界海成敗清淨智、不可思議一切眾生界起智、觀察法界智、一切如來自在智、清淨願轉法輪智、力無所畏不共法智、光明讚歎音聲智、三種教化眾生智、無量三昧法門不壞智、如來種種自在智、如是等一切皆不可思議，我當承佛神力具足演說，欲令一切眾生、入佛智海❷❾。

　　以上之文是日本的芳英，用來表示因果二分的經證❸⓿，在華嚴教學上極被重視。而若依法藏的解釋，五海是被觀察的對象，如來的境界，開悟之根本。十智則是觀察智，是教說之根本。因此五海只能開悟，而不能說明。說明時，即成十智。例如，人在寺見塔，塔之印象存在於心。返家之後敘述所見之塔時，其實所描述的是存有塔之印象的「心」，而非「塔」❸❶。亦即法藏所主張的是：欲說明悟界之五海時，變成不得不說十智。被說明的悟界，其實並非悟界本身，而是所悟之十智。此處明確貫徹了前述《華嚴五教章》所言的，佛果世界不能言說之主張。但是我們同時也不能忽略下列之事：即「果」並非在「因」之外別有，而是由智之展開來進入因之世界。筆者認為：在此即展現了「因果不二」的真相。

---

❷❾《六十華嚴》三（大正九，p. 409 上）。

❸⓿《南紀錄》一一一（新日藏二，pp. 157～158）。

❸❶《探玄記》三（大正三五，pp. 156 中～157 上）。

　　其次想將問題移到《華嚴經・十地品》的解釋。〈十地品〉是金剛藏菩薩承佛威神力，入「菩薩大智慧光明三昧」，而由三昧起，說十地法。而在具體說明十地位相之前，金剛藏菩薩為激發眾生的信敬心，而說了十三偈半的頌。亦即：

諸佛聖主道　　微妙甚難解
非思量所得　　唯智者行處
其性從本來　　寂然無生滅
從本已來空　　滅除諸苦惱
遠離於諸趣　　等同涅槃相
無中亦無後　　非言辭所說
出過於三世　　其相如虛空
諸佛所行處　　清淨深寂滅
言說所難及　　地行亦如是
說之猶尚難　　何況以示人
諸佛之智慧　　離諸心數道
不可得思議　　非有陰界入
但以智可知　　非識之所及
如空跡難說　　何可示其相
十地義如是　　非心意所行
是事雖為難　　發願行慈悲

漸次具諸地　　智者所能及

如是諸地行　　微妙甚難見

不可以心知　　當承佛力說

汝等當恭敬　　咸共一心聽

智慧所隨順　　諸地相入行

於無量億劫　　說之不可盡

今如實略說　　其義無有餘

一心恭敬待　　今承佛力說

大音唱因喻　　義名不相違

佛神力無量　　今皆在我身

我之所說者　　如大海一滴❸

在此，與佛「果」之不可說性同時地，至其世界的「因」之十地的實踐之不可說性與可說性，同時被敘述。法藏視此一節為十地之要，而非常重視。並承繼《十地經論》❸的解釋，將前半部的七偈半名為義大，後半的六偈名為說大，而由可說、不可說的觀點詳加論述❸。而且在結論上主張，不管是義大或是說大，皆有可說和不可說之義。而因為真理是遍在，故不可說亦為可說，而實踐修行

❸《六十華嚴》二三（大正九，p. 544 中～下）。

❸《十地經論》二（大正二六，pp. 132 中～134 下）。

❸《探玄記》一○（大正三五，p. 295 中以下）。

是無性，故可說也不異於不可說。此種想法，不用說是相通於前之
「因果無二」思想的。

　　其次，法藏為了補足上之可說、不可說的論述，而於明「說大」
之部，在解釋「是事雖為難」之句時，直接由「因果」的觀點，來
檢討十地之實踐問題。即，先述：

　　謂此地法有其二分，果分雖不可說，然因分可說❸

之後即批評從來的諸說，最後說明自己是立於因果二分的觀點，
來進行二重十地的解釋。若以表標示，即如下：

<pre>
      ⎧①就實十地—唯佛所知—果分（佛智所行）—玄絕—不可說
ⓐ十地⎨
      ⎩②隨相十地—菩薩所知—因分（菩薩所行）—約機—可說
      ⎧①約妙智—離相離言—果分—不可說
ⓑ十地⎨
      ⎩②約方便寄法—顯地差別—因分—可說
</pre>

　　其中ⓐ之①是真實之十地。據法藏言，此是唯佛所知，是佛智
所行之十地，故名為「果」。「果」為玄絕，故不可說。教證之一是
《十地經論》的取意文：「果海如飛鳥所翱翔之天空❸」ⓐ之②是現
實之十地。此為菩薩所知，是菩薩所行之十地，故名為「因」。此
「因」之十地，是立重點於實踐者之能力、性質，故是可說。

<hr>

❸同，一〇（同，p. 298 下）。

❸《十地經論》二（大正二六，p. 133 下）。原文是：「跡處不可說」。

　　ⓑ之①是約妙智所立的十地。正智為正覺所悟，故離相離言，而名為「果分」，是不可說。鳥之行跡與虛空合一，同於不可說不可示。ⓑ之②是約方便以明十地，並進而以各種實踐之分類方法，來明十地，使人們基於其教說來理解十地之意，故名為「因分」。而且，如此之「果分」與「因分」的關係，若以剛才的比喻而言，立重點於「空中飛鳥印跡」，以說明飛跡之相違的是「因分」；而飛跡與虛空化為一體的則是「果分」。一飛跡通此二立場，故稱為因果二分。故可認為ⓐ由內容來解釋十地之境位；ⓑ則由使十地現實化的智慧之觀點來說明。若依法藏，ⓐ之二義通《華嚴經》全體大意；ⓑ之二義則只限於〈十地品〉 ❸❼ 。總之，果分不可說、因分可說之觀點，及二者的不可分性之觀點，是貫通了圍繞著十地之根本義的重層解釋。由此可知，其為法藏之《華嚴經》理解的重點。

　　由以上可知，法藏認為：佛「果」不可說，唯菩薩實踐之「因」可說。因此他的華嚴教學，重點即置於後者——亦即在基本上，為明菩薩實踐之「因」。

　　但是，仔細想一想，因之為因，是因為有果才能成其因。而果之為果，也因為有因才能成其果。若海若湖，無離水之波，亦無離波之水。同其理，離因則無果，離果亦無因。因和果，並非實體的，也非固定的。果是因之完成，而因則為完成果之過程、階段。此事在《遊心法界記》中，被用白米和米餅的關係來說明。法藏云：

---

❸❼以上，依《探玄記》一○（大正三五，p. 299 上）。

　　其猶世繫麤、麤無別麤、即聚繫為麤；繫無別繫，即散麤為繫 ❸ 。

　　如此地，法藏教學的因果論，因為是「因果無二」，故徹底於因果是一的「因果相即」的思想。

　　至此我們考察了法藏的「因」、「果」義，及兩者之間的關係。而且知道，佛所悟的世界之「果」，和普賢所代表的菩薩實踐的世界之「因」，其關係是一體的。那麼，這樣的因果和我們所生活的世界是無緣的嗎？答案是否定的。由結論而言，不如說那是將我們所處的世界之真相，及我們所應有的實態，以象徵的方法來明白表示而已。

　　法藏在「教起所由」中提出十義，來說明《華嚴經》教法興起的理由 ❹ 。即①「法爾故」、②「願力故」、③「機感故」、④「為本故」、⑤「顯德故」、⑥「顯位故」、⑦「開發故」、⑧「見聞故」、⑨「成行故」、⑩「得果故」的十義。

　　其中應注目的是①「法爾故」。法藏說明此為「一切諸佛法爾，皆於無盡世界，常轉如此無盡法輪」。亦即諸佛自然而然，於無盡世界，常說此《華嚴經》之真實教法。由此可知，我們現在所住之世界，是佛出現之場所，也是真實之教法代代被說之地。而其教法是佛的②「願力故」，配合聞法眾生之能力、性質，而使顯現。說法之

---

❸ 《遊心法界記》（大正四五，p. 649 上）。

❹ 《探玄記》一（大正三五，pp. 107 下～108 下）。

佛是③「機感故」，對應於眾生、現身說法。其最終目的，毋寧是⑩「得果故」，亦即使得佛「果」。我們現在也一直由現身之佛來聽聞真實之教法，並必至佛果——這是法藏給我們的保證。

但是，華嚴教學中所說的，不可說的「果」及可說的「因」，並非存在於我們所生活的現實之外。當我們相信佛法而將之實踐時，此現實世界即為「因」之世界。而同時地，那也是佛所活動的「果」之世界。所謂因和果的無二、相即、遍收，即是在說明此種世界真相。

但是，不可誤解的是，此事並非意味著肯定眾生界的迷惑。只有經由菩薩道的實踐，來突破自己所作出的迷惑，而體認實現「因果相即」的真實，才是法藏因果論的本來意義吧！故我們不可輕易認為，那是現實肯定的思想。

四、三性說的演變

如前節所論，法藏的華嚴教學，基本上是以開示「因」之緣起世界為目標。那麼，在此種意圖下被完成的固有思想體系，有那一些呢？依《華嚴五教章》的〈義理分齊章〉，則有四種，即ⓐ三性同異義、ⓑ緣起因門六義法、ⓒ十玄緣起無礙法、ⓓ六相圓融義。

其中ⓑ和ⓓ之原型，可見於智儼《搜玄記》❹中的「六義」和「六相」思想❹。又，ⓒ則是承繼於前述的《一乘十玄門》的十門。

❹《搜玄記》三下（大正三五，p. 66 上～中）。

總之，關於ⓑⓒⓓ的法藏之功績，只不過是將智儼的思想更精密化、組織化而已。又，關於ⓒ有一事不可忘，即《華嚴五教章》的十玄門與《一乘十玄門》的十門相同；但是《探玄記》的十玄門則與其不同。即在《探玄記》中，十門之中有一部分名稱被改變，而順序則大幅更動，並採取以一枚蓮葉為例，來加以說明的方式❷。今順其序，只舉出名稱，即①同時具足相應門、②廣狹自在無礙門、③一多相容不同門、④諸法相即自在門、⑤隱密顯了俱成門、⑥微細相容安立門、⑦因陀羅網法界門、⑧託事顯法生解門、⑨十世隔法異成門、⑩主伴圓明具德門。特別是在此十門中，《一乘十玄門》和《華嚴五教章》的第九〈唯心迴轉善成門〉，在此被削除之事，是值得注意的。為什麼呢？因為此事即表示了，至少法藏在立此十門時，有想完全地離開如來藏緣起說的意圖。

　　如此地，ⓒ中含有不可忽視的問題。但是，此思想之骨架在智儼之時，即已完成。因此上述四種體系中，可看作法藏獨創的，只有ⓐ的三性同異義。因此下文，想提出這至少在他的壯年期教學中，占有重大比例的思想，而想探討其獨特之點。

　　所謂三性，即印度唯識派所提出的遍計所執性（分別性、迷界之樣相）❸、依他起性（依他性、緣起之形）、圓成實性（真實性、

---

❶關於此點，在前章第四節中說明。

❷《探玄記》一（大正三五，pp. 123 上～124 上）。

❸次節參照。

悟界之樣相）。由此三性，而展開佛教真理觀的想法，在中國，已於南北朝時代時，由真諦譯《攝大乘論》等介紹了。但是，在初唐代時，鼓吹此思想的則是新興的法相宗。如前所述的教判立場相同的，法藏基於對法相宗的對抗意識，而攝取、改革三性說，而將之整理成華嚴教學的中心思想之一❹。

　　即三性中各有二義。真實性中有不變和隨緣；依他性中有似有和無性；遍計所執性中有情有和理無。其中，由真實性之不變、依他性之無性、遍計所執性之理無的意義，而成三性同一範圍，無有相違。此是「不壞現象，而常為真實本質」。《維摩經》云：「眾生如實入涅槃，更無入涅槃」，即是此事。又，由於真實性之隨緣和依他性之似有和遍計所執性之情有的意義，故三性中亦同樣地無有相違。此是「不動本質，而常現現象」。《不增不減經》云：「法身流轉於五道者，稱為眾生」，即是此事。如此地，不管由那一方面而言，三性皆無不同。但是，因為前之三義不同於後之三義，故於此點上，具有二面的三性也不是同一。如此地，真實該包迷心之末，迷心徹於真實之源，本質和現象相通融合，無有妨礙——法藏如此主張❺。

---

❹關於法藏的三性說與印度瑜伽行派的三性說有何不同之問題，請參照長尾雅人〈法藏の三性說に對する若干の疑問〉（《京都大學文學部五十周年記念論集》，1956 年）。又，被當作到達「事事無礙」思想的階梯，而追求三性說的，有田中順照〈事實無礙への一階梯としての三性說〉（《宗教研究》一三一，1952 年）。

　　由此可知，法藏主要是基於《起信論》的真如思想，將三性說改造為證明一元論緣起世界的無礙之理論。三性同異義是明確了與智儼不同的，法藏的華嚴教學思想史上的地位之思想之一。

五、唯心和緣起

　　有「唯心緣起法門」之語，不知是何時被名為華嚴教學，而常被用來和天台教學的「諸法實相法門」相對照。此處的華嚴教學，可能是指集大成後的華嚴教學，亦即法藏的華嚴教學。但是，實際上「唯心緣起法門」的稱呼，及將天台教學和華嚴教學相對照之事，都是有問題的。因為前者給人「唯心緣起」是華嚴教學的中心思想之印象；而後者則易使人有二思想在何種意義上，可能是對立、矛盾之錯覺。

　　其中，關於後者，在日本近代佛教學的確立上，留下很大功績的宇井博士，即曾給予很中肯的批評。亦即：

> 諸法實相法門被稱為色心等分之說，色心二法並列，唯有心法而無自性；又唯以色法而無自性。若深究此色心二法，皆悉究明實相真如性德之法門。唯心緣起法門是以如來藏心為體，而

---

❹⑤《華嚴五教章》四（大正四五，p. 499 上）。被引用的二經之經證，各是《維摩經》上〈菩薩品〉（大正一四，p. 542 中）、《不增不減經》（大正一六，p. 467 中）。不管那一個，皆是取意之文。

說一切法為緣起之法門。如屢次言之，實相與緣起非對立之語，既非由宇宙空間之考察來論其實體；亦非由宇宙諸法之時間研究來明其生起，亦非其他。佛教全體皆為緣起，亦云因緣生之所立，無少分例外。因此，不過是對緣起的看法、說法不同，而有佛教各部門的分類。由此可知，唯心緣起法門是看緣起的中心統一，將其視為真心、堅實心，而由此來說明一切之法門。而諸法實相法門並非一定由緣起的統一中心來確立，乃是由相資相依來說明一切之法門**❹**。

因為專門用語很多，且文章又長，故可能不易明白。但是博士的基本主張即是：佛教思想全是確立於緣起，亦即因緣生的想法上，關於此點天台教學和華嚴教學並無不同，只不過是對緣起的看法、說法不同，而有分別而已。此種看法至少可當作一種看法成立，而且此種看法在把握佛教思想的本質上，是極為重要之事，應無異議吧！確實，不管是天台教學，或是華嚴教學，從某一方面而言，皆是在表明緣起世界的樣相。於此意義上，我們在不經考慮地將兩教學加以對照時，應嚴加謹慎。

那麼，在華嚴教學上，如何來解釋「唯心緣起法門」呢？關於此點，如前所述，宇井博士並未深入討論，只是由重新規定為「緣起的中心統一，將其視為真心、堅實心，而由此來說明一切之法

---

❹《佛教汎論》（合本，1962 年，岩波書店），p. 658。

門」，可看出毋寧是積極肯定的。但是在這樣意義下的「唯心緣起」，
真的是可以正確地統括華嚴教學，特別是法藏教學嗎？

　　首先，想要探討法藏的「唯心」之義，及其在教學上之位置。

　　如前所述，在智儼的《一乘十玄門》中，第九是「唯心迴轉善
成門」。而且法藏繼承之，並在三十歲左右所著的《華嚴五教章》
中，列於第九門「十玄緣起無礙法」。但是，若深入其內容，則可看
出兩者之間有不可忽視的不同點。

　　即在《一乘十玄門》中，本門被規定為「約心說」，而被解釋如
下：

> 唯心迴轉者、前諸義教門等，並是如來藏性清淨真心之所建立。
> 若善、若惡，隨心所轉，故云迴轉善成。心外無別境，故言唯
> 心。若順轉即名涅槃，故《華嚴經》云：「心造諸如來。若逆
> 轉，即是生死。」故《華嚴經》云：「三界虛妄，唯一心作。生
> 死涅槃，皆不出心。是故不得定說，性是淨、及與不淨。」故
> 《涅槃經》云：「佛性非淨、亦非不淨，淨與不淨，皆唯心。故
> 離心更無別法。」故《楞伽經》云：「心外無境界，無塵虛妄
> 見。」❹

　　在此，智儼將「唯心」解釋為絕對性的實踐主體，而其所作出

---

❹《一乘十玄門》（大正四五，p. 518 中）。

的是世界的善與惡，淨與不淨之二種樣相。

　　對於此，法藏在《華嚴五教章》中，解釋「唯心迴轉善成門」
如下：

　　以上教、義、理、事諸義，唯是一如來藏自性清淨心轉也。但
　　性起具德故，異三乘之真如隨緣耳。然一心亦具足十種德，如
　　《華嚴經‧性起品》中說十心義等者，即其事也。所以說十者，
　　欲顯無盡故。如是自在具足無窮種種德耳。此上諸義門，悉是
　　此心自在作用，更無餘物名唯心轉等❽。

　　文中的〈性起品〉之十心，即十種知見如來應供等正覺心。亦
即是指平等無依、性無增減、益生無念、用興體密、滅惑成德、依
持無礙、種姓深廣、知無不盡、巧便留惑、性通平等之十種特徵❾。
亦即，法藏一邊將「唯心」之心，規定為與智儼相同的如來藏，一
邊徹底地將其由真實的立場、佛的立場來解釋。可以說，在《一乘
十玄門》中，根本上，是指實存之實踐主體的「唯心」；而在《華嚴
五教章》中，則現成為究竟者的佛之心，變成為真理本身的「唯心」。

　　那麼，法藏此種對心的定位，又展開怎樣的推演呢？

❽《華嚴五教章》四（大正四五，p. 507 上）。
❾《六十華嚴》三五（大正九，p. 622 中）以下所示的十種「勝行知見如來應
　　供等正覺心」。說明是依《探玄記》一六（大正三五，pp. 410 中～411 下）。

　　《華嚴經旨歸》，被認為是法藏四十八歲以後，西崇福寺時代的著作。而在其「釋經意」一節中立有十種因緣，在第二的「唯心所現故」之下，有如次之敘述：

　　二、明一切法皆唯心現，無別自體。是故大小隨心迴轉，即入無礙。又釋，謂彼心所現毛端之處、此心於彼現大世界。大小同處，互不相礙。下文云：彼心不常住、無量難思議、顯現一切法、各各不相知等❺⓪。

　　文中的「經文」是指，《六十華嚴・夜摩天宮菩薩說偈品》❺①的，「心如工畫師」之名譬喻的一節。法藏所引用的「一切法」，在原文中是「一切色」。但是在此處，文意則幾乎沒有不同。總之，法藏在此一邊引用上節經文為經證，而一邊由大小相對的觀點，來究明現出一切事象的唯心之超絕性和自在性。此處之「唯心」，可認為與《華嚴五教章》之唯心，幾乎沒有不同。

　　但是，在《華嚴經旨歸》之後寫的《探玄記》，此「唯心」的處理即有微妙的變化。如後所述，法藏在《探玄記》中，第一，關於諸法的圓融、無礙上，與《華嚴經旨歸》相同，舉了十種因緣，而將《旨歸》中第九的〈緣起相由故〉置於第一，並加以詳述，而將

❺⓪《華嚴經旨歸》（大正四五，p. 595 上）。

❺①《六十華嚴》一〇（大正九，p. 465 下）。

其他九種的理由則讓於《旨歸》。又，第二，與《華嚴五教章》同舉出十玄門，用來表示《華嚴經》的意義、內容，但其名稱和順序則有若干變化，與現在的問題直接有關的「唯心迴轉善成門」，即在此被刪掉。而對十玄門的解說，也變成以一枚蓮葉作比喻，改變很大。

《探玄記》被推定為至少完成於證聖元年 (695)，即法藏五十三歲以後。但以上的事實似告訴了我們，此時候的法藏，似否定了將或多或少含有發生論意味的「唯心」，當作究竟的真理來成立之事。

但是，在《六十華嚴·十地品》❷中，有宣揚「唯心」思想的重要語句。即「三界虛妄，但是心作。十二緣分，是皆依心」。

《探玄記》❸中，將前句歸於「集起門」；後句配於「依持門」。其中，成為問題的是前句的理解方法。對於此，法藏將其當作是正面表達佛教唯心論的精華，而展開了十重唯識的解釋。

十重唯識，即由十階段來說明「唯意識實在」的世界觀，原文如下：

①相見俱存，故說唯識。
②攝相歸見，故說唯識。
③攝數歸王，故說唯識。
④以末歸本，故說唯識。

---

❷同，二五（同，p. 558 下）。

❸《探玄記》一三（大正三五，p. 346 下以下）。

⑤攝相歸性，故說唯識。

⑥轉真成事，故說唯識。

⑦理事俱融，故說唯識。

⑧融事相入，故說唯識。

⑨全事相即，故說唯識。

⑩帝網無礙，故說唯識。

　　其中，①為《攝大乘論》等之說，②為《解深密經》、《唯識二十論》等之說，③為《莊嚴論》之說，④為《楞伽經》之說，⑤亦同為《楞伽經》等之說，⑥為《楞伽經》、《密嚴經》、《勝鬘經》、《起信論》等之說，⑧⑨⑩皆為《華嚴經》之說。並將①～③配於大乘初教，④～⑦配於大乘終教及頓教，⑧～⑩則配於圓教一乘之別教。總之，十重唯識思想是將諸經論的唯心論思想，大分為法相唯識思想，如來藏思想，和華嚴思想的三段落，進而各由其重點的置法來加以區別，而分成十類。

　　在此應注意的是，第一、在此思想中，原本「唯識」之語所具之義，即在現象世界的根柢所有的，或作出現象世界的「識」（＝意識）之意，不過只出現到⑥的唯識說為止之事。第二、

　　如來藏舉體隨緣，成辦諸事。而其自性，本不生滅❺❹。

❺❹同，一三（同，p. 347 上）。

由以上之說明可知，⑦的唯識說與前之《華嚴五教章》的唯心思想，幾乎相對應之事。因此，第三、被當作是究竟的華嚴思想獨自的在唯識說⑧以下之中，關於現象存在的樣相，「唯識」之語被說。由此可看出，由《探玄記》十玄門中，「唯心迴轉善成門」被除去的理由了吧。

法藏在明《華嚴經》教法的本質（能詮教體）之處 ❺❺，由淺至深立了十門，其第四即是「緣起唯心門」。由其所置之位置，及具體的解說方法可知，他在某程度上給予「一切唯心現」之教法評價，但並未肯定那即是究竟的教法。

由以上可知，法藏最後的，最重要的著眼點是在於緣起的德用。而此緣起的德用是對如來藏，亦即唯心（真實本身）、乃至唯識的絕對自由性，加以證明，使其成立的。他的這種認識方法，在一些著作中可清楚看出，其中應注目的是，在《探玄記》中所示的緣起論。

先前亦提過，法藏在《探玄記》❺❻中，將《華嚴經》所說的真理，由與《華嚴五教章》所不同的十玄門來表達。即是：

一、同時具足相應門

二、廣狹自在無礙門

三、一多相容不同門

---

❺❺同，一（同，pp. 117 下～120 上）。

❺❻同，一（同，pp. 123 上～124 上）。

　　四、諸法相即自在門

　　五、隱密顯了俱成門

　　六、微細相容安立門

　　七、因陀羅網法界門

　　八、託事顯法生解門

　　九、十世隔法異成門

　　十、主伴圓明具德門

　　此十門是同一緣起樣相的各個側面，各具有①教義、②理事、③境智、④行位、⑤因果、⑥依正、⑦體用、⑧人法、⑨逆順、⑩感應的五對十義。法藏以一枚蓮葉作譬喻，而細說其道理。簡而言之，即此十玄門是表明：事物、事象，及抽象的概念等的一切的現象存在，其本身是完全的、自由的，與其他的各各存在，及世界全體，是無限地同一的。又，在此被置於第七的「因陀羅網法界門」，是將其緣起世界的真相，以帝釋天網來加以譬喻說明。亦即：帝釋天宮殿之網，在一一網目上所結之珠，互相照射出彼此的影子，其影又照射出其他之影，而至無限。

　　關於上面的十玄門，比其教義本身更重要的是，在那裏面所被提出的，使諸法無礙的，法藏之見解。他在《探玄記》 ❺❼ 中，修正《華嚴經旨歸》的思想，提出十種「無礙」的理由為：①緣起相由

---

❺❼同，一（同，pp. 124 上～125 上）。

故、②法性融通故、③各唯心現故、④如幻不實故、⑤大小無定故、⑥無限因生故、⑦果德圓極故、⑧勝通自在故、⑨三昧大用故、⑩難思解脫故。但是實際上被詳論的，只有第一的「緣起相由故」，其他的說明則讓與《華嚴經旨歸》。由此事可知，至少在《探玄記》執筆時代的法藏，已看出了「緣起相由」是《華嚴經》思想的中心之意義。

那麼，所謂「緣起相由」，又是何意義呢？

法藏認為：諸緣起法，必具十義。因具十義，而緣起之義成立。十義即是：①諸緣各異義、②互遍相資義、③俱存無礙義、④異門相入義、⑤異體相即義、⑥體用雙融義、⑦同體相入義、⑧同體相即義、⑨俱融無礙義、⑩同異圓備義。而此十義之關係是：①～③是表緣起之本法；④～⑥在明①異體門的內容意義；⑦～⑨是展開②同體門的意義內容（義理）；最後的⑩是表示，以上之九門總合為一大緣起，並使之同時成立。若以圖表示，則如下：

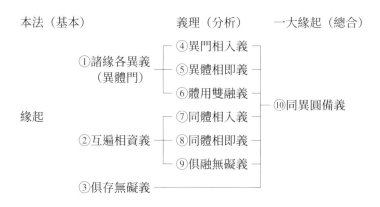

由此可知，法藏是由此綱領，來多層地、體系地把握緣起思想。
而法藏則將其各義，說明如下：

㈠諸緣各異義，謂大緣起中，諸緣相望，要須體用各別、不相
和雜，方成緣起。若不爾者，諸緣雜亂，失本緣法，緣起不成，
此即諸緣各各守自一也。㈡互遍相資義，謂此諸緣，要互相遍
應，方成緣起。且如一緣遍應多緣，各與彼多全為一故。此一
即具多個一也。若此一緣不具多一，即資應不遍，不成緣起，
此即一一各具一切一也。㈢俱存無礙義，謂凡是一緣，要具前
二，方成緣起，以要住自一，方能遍應，遍應多緣，方是一故。
是故唯一、多一，自在無礙，由此鎔融有六句：或舉體全住是
唯一也；或舉體遍應是多一；或俱存；或雙泯；或總合；或全
離，皆思之可見。此上三門，總明緣起本法竟❺❽。

如其引文的最後一句所示，以上三義是法藏的緣起觀的基礎。
若介紹其要點，則如下所示。即續此之三義（④～⑥）是立於諸緣
的現象區別性而明示：彼此的德用之相入性和本性的相即性，及其
德用與本體之融合性。進而其後之三義（⑦～⑨）是立於諸緣的本
質之同一性，而明示同樣之相入性和相即性，及其德用和本體的無
礙性。而最後的⑩「同異圓備義」是表示：上述諸義是整體的，大

❺❽同，一（同，p. 124 上～中）。

緣起之現象沒有一點之缺陷、不足，而使成立了十玄門之完整形態。由此可知，法藏的緣起相由的論理是由，使緣起事象成立的，銳利而多方面的分析及其總合，所孕育出的精密思想。那可說是由來於智儼的教學，而到法藏的理智而論理性的天分，才使其誕生的。

　　由法藏所大成的華嚴教學，是經過很長的思想史的過程而完成的，是表達中國佛教思想的重要部分之優秀成果。尤其是其思想是由佛教觀點，來深探究竟之存在世界的樣相，而加以明確開示，此事是留給人類的最大遺產，而值得特筆一嘆的。但是，在另一方面，此優秀成果在佛教思想上，也變成了帶有很大的弱點。亦即，法藏的思想，簡而言之，是緣起之真實徹底地被明示。但也因為如此，另一方面，其真實與現實人間的關係，就不那麼被重視了。結果，由迷轉悟之佛道的本來之姿，反而變得不清楚了。於此意義，法藏是將原本孕育於流轉於迷界的眾生之實踐主體的「唯心思想」，由開悟之佛側來觀察，而變成了真實之物是「緣起」思想，而「唯心」之語也被剔除了。

　　又，關於此問題，尚有一事需注意的。即如此之「緣起」樣相，又以「事事無礙」來表達。「事事無礙」即現象與現象，或事物與事物之間，彼此互不妨礙，而互相交流、融和之義。確實，在究竟的緣起之姿上，此關係是成立的。但是，在被認為是法藏真撰的《華嚴五教章》、《華嚴經旨歸》、《探玄記》等書物中，有「理事無礙」之語，但卻無「事事無礙」之詞❺❾。至少，此「事事無礙」之詞，

並未成為他之緣起論的關鍵語。法藏之緣起論大多是由「緣起相由」
諸語，或「重重無盡❻」、「一多無礙❻」、「帝網無礙❻」、「事融相
攝❻」等諸語來表示的。

　　由此事可知，法藏一直意識到，由「事事無礙」之語所不能直
接表達的「緣起」的全體性，及在其背後支持的真理、真實，並沿
其線索，而想解明究竟之緣起的形態。在於法藏，恐怕並沒有想到
以各個的事物、事象彼此的相互關係為前提的「事事無礙」之語吧。
此語之被用，應該是在法藏之後。故我們在將法藏的真理觀，由「事
事無礙」之語來總括時，是必需要慎重的。

❺現在可留意到的是，偽撰之疑甚濃的《妄盡還源觀》的「三遍」之段中（大
　正四五，p. 638 上），可見此語。

❻《華嚴五教章》四（大正四五，pp. 505 上～506 上）等。

❻《華嚴經旨歸》（大正四五，p. 594 上～中）。

❻同（同，p. 594 上～下）。

❻《探玄記》一（大正三五，p. 119 上）。

第六章

李通玄的華嚴思想

一、傳記

　　李通玄的傳記資料並不少，但是在各資料之間，內容互相出入，並含有可信賴度的問題點。若強加列以次序，則由其成立年代來看，〈決疑論序〉❶的可信度最高，其次是〈李長者事跡〉❷、《宋高僧傳》❸、〈決疑論後記〉❹等諸傳❺。以下，以〈決疑論序〉所描述

❶被附錄於李通玄著作之一的《略釋新華嚴經修行次第決疑論》（略稱《決疑論》，大正三六所收），稱為「東方山逝多林寺比丘照明撰」。照明似為李通玄的弟子中，唯一名字明確可知的。大曆五年 (770) 成立。

❷被附於《華嚴經合論》（續藏一─五─四─一─七─二所收）之初，全文是〈釋大方廣佛新華嚴經論主李長者事跡〉。因文末有「雲居散人馬支纂錄」，故應是號為雲居散人的馬支所編集的。可能是成立於元和年間 (807～821) 吧！

❸《宋高僧傳》二二，〈李通玄傳〉（附載於〈法圓傳〉。大正五〇，pp. 853 下～854 上）。端拱元年 (988) 完成。

❹附載於《決疑論》。張商英於元祐戊申 (1088)，在方山昭化院所記。知訥撰《華嚴論節要》（《金澤文庫資料全書・佛典第二卷・華嚴篇》所收）幾乎全

的李通玄像為中心，來探討李通玄的事跡。

　　關於李通玄的出身，〈決疑論序〉說他為北京人，具有皇族血統，但此並沒有確實證據。另有一說，他為河北省（滄州）人。又，關於生年月日，亦無定說，大概有以下三說：①《宋高僧傳》❻的貞觀九年 (635)～開元十八年 (730)。②《隆興通論》❼的貞觀二十年 (646)～開元二十八年 (740)。③〈李長者事跡〉❽的顯慶四年 (659)～天寶十三年 (754)。但是，〈決疑論序〉載李通玄歿於開元十八年 (730) 三月二十八日，且〈決疑論後記〉並承繼此說等，與此相對照，筆者認為《宋高僧傳》之說，較為有力。如後所述，從時代及背景而言，也是此說較為得當❾。

　　依〈決疑論序〉，李通玄年輕的時候，對《易》學特別深感興趣❿。但過了四十歲以後，則停閱中國諸聖典（外書），而於則天武后之世，專傾心於《華嚴經》。但是深嘆從來的諸注釋⓫，皆是將經

　　文轉載。

❺詳細請參照稻岡智賢〈李通玄の傳記について〉（《佛教學セミナー》三四，1981 年）。

❻《宋高僧傳》二二（大正五〇，p. 854 上）。

❼《隆興通論》一六，pp. 9～10 丁。

❽《華嚴經合論》一（續藏一一五一四，pp. 327 左上～328 右下）。

❾《釋瓦疑年錄》(1964 年，中華書局)，採用《隆興通論》之說，但無明示其典據。

❿〈決疑論序〉（大正三六，p. 1011 下）。

文作知識上的檢討、理解，而忽視了修行，因此自己深究《八十華嚴》，而致完成了其注釋書《新華嚴經論》。

　　而實際上，他是於何時開始執筆《新華嚴經論》的呢？絕大部分的資料，皆一致認為是開元七年 (719)，這應是沒錯的。另有開元二十七年 (739) 之說，及開元十七年 (729) 之說。但是從武后失權 (705)、玄宗登場 (712)、法藏死去 (712)、善無畏來朝（716、又 717）等，唐朝的再興和由華嚴宗轉換成密教等各種背景的置換來看，是有些不合理的。之所以如此，因為在前述活動中，既未看到李通玄受到善無畏及其後來朝的不空之密教的影響，也未看到他批判他們（如後所述，在他的諸著作中，與密教直接有關的，幾乎沒有）。即使說他對從來的諸研究有多麼不滿，而完全埋頭於在當時的中國已非常熟爛的《華嚴經》之研究，也是相當不自然的。因此李通玄的執筆《新華嚴經論》，開始於開元七年應該是沒有錯的。

　　即使是如此，從他傾心《華嚴經》到執筆《新華嚴經論》之間，若據《宋高僧傳》等有四十餘年；若據《隆興通論》等則有三十餘年。此時期的李通玄，前者是八十五歲；後者則為七十四歲。而到底至此歲時，李通玄是住於何處？又作了什麼呢？這是深具意義的問題，但各資料卻完全沒有提到。只是，從《新華嚴經論》及其他著作來看，可推測的是他屬上流知識階層，而經濟上似乎也並非拮

---

❶其中亦含有法藏之《探玄記》，應不會錯。《新華嚴經論》三（大正三六，pp. 734 中～735 下）參照。

据，如此而已。

　　由此可知，李通玄是在有相當年紀的開元七年 (719) 左右，才開始正式地研究《華嚴經》的。據〈李長者事跡〉，他於三月望日，曳策荷笈，至太原府（山西省）的同穎鄉（大賢村），安居於高山奴家。每日唯食棗十顆，柏葉餅如飯匙大者一枚，掩室獨處，含毫臨紙，曾無虛時，如是三年。一朝捨山奴家，南去五、六里，至馬氏古佛堂，自築土室，端居靜坐，如是十年。後復囊挈經書，循道而去二十里，留宿於冠蓋村的韓氏別莊，忽逢一虎，受其帶路，而移住於福原山下三十餘里的土龕❷。居山之後，忽有二女子，約十五歲，容華絕世，俱衣大布之衣，悉以白巾幪首，姓氏居處，一無所言，常為長者汲水、焚香、供給紙筆，並備淨饌甘饍之朝食，齋罷撤器，莫知所止。歷時五年，曾不闕時，及其著《新華嚴經論》將終時，遂爾絕跡。

　　以上之記述，不用說，是在將李通玄神格化之後所混入的傳說，因此沒有必要完全相信。但由此記事亦可推知，李通玄是經由禪定而具有神通的人物，他花了十年以上的歲月，而完成了《新華嚴經論》。

　　《新華嚴經論》完成之後，李通玄並著了於後所舉的《決疑論》等。而他的生存年代，恐怕也是至其後一、二年。據〈李長者事

---

❷以下之部分，描述有土龕之形狀，及後被稱為「長者泉」之泉自然湧出之事，及每到傍晚李通玄即由口中吐出白光，來代替燈燭等事。

跡〉，他既知死期，遂出山訪舊址之里，而告以村人：「吾將欲歸」，村人懇留，李通玄遂諭以：「縱在百年，會當歸去」。在〈李長者事跡〉中，描述李通玄的風采為：

> 身長七尺二寸、廣眉朗目，丹唇紫肥，長髯美茂、修臂圓直。髮彩紺色，毛端右旋，質狀無倫，風姿特異，殊妙之相，靡不具足。首冠樺皮之冠，身披麻衣，長裙博袖，散腰而行。亦無韋帶，居常跣足，不務將迎，放曠人天，無所拘制。

此種風貌到底是寫幾歲的李通玄，不可得知，但從文脈上來推敲，應是晚年。由此可知，由普通人來看，李通玄是具有超越年齡的偉丈夫之風貌的。

最後一提的是，李通玄的著作。他的著作出現於諸資料❸中的，合計有十四種。但其中有誤傳及被重複的，故確實且現存的，有四種。即①《新華嚴經論》四十卷、②《決疑論》（《略釋新華嚴經修行次第決疑論》）四卷、③《華嚴經大意》（《大方廣佛華嚴經中卷卷大意略敘》）一卷、④《十明論》（《解迷顯智成悲十明論》）一卷。其中，特別是《新華嚴經論》，以其耳目一新的型態，悠遠長久地被

---

❸上所言及的〈決疑論序〉等的傳記資料之外，尚有《智證錄》、《圓超錄》、《義天錄》、《永超錄》、《凝然錄》等經錄類。其等經錄的詳細檢討，留待後日。

東亞細亞的人們所愛讀，並給與高麗知訥，日本鎌倉時代的高弁，
和中國明朝的李贄等，於思想上很大的影響❶。

二、《華嚴經》解釋的方法

李通玄與從來的諸見解完全不同，而由十處十會四十品❶來捕
捉《華嚴經》的構造，並將重點置於「實際使凡夫開悟❶」的〈入
法界品〉，而進行解釋。此為眾所皆知之事，故不需再重複論述。但
是實際上，與此《華嚴經》的看法相並的，或者甚而其上的，是甚
為重要的解釋上之特徵。亦即李通玄史無前例地，大膽地將中國故
有的思想、包攝、統合，並帶進他的注釋之中。以下，想先檢討此
點。

首先，是李通玄如何來看待中國的聖人，及他們的思想之問題。
例如在《華嚴經・入法界品》中，有遍行外道 (Sarvagāmī nāma
parivrājakaḥ) 之善知識出場❶，他實踐「至一切處菩薩行」，並完成

---

❶詳細請參照拙稿〈李通玄思想の流布について〉（《印度學佛教學研究》二
　九一一，1980 年）。

❶《新華嚴經論》七（大正三六，p. 761 中～下）。

❶同，七（同，pp. 765 下、766 下）。與此點有關的，〈入法界品〉是「總通前
　後四十品經」之文，亦可稱為「一切諸佛及一切眾生之果」（同，p. 766 下）。

❶《八十華嚴》六七（大正一〇，p. 360 上～下）。Cf. *The Gaṇḍavyūha Sñtra*,
　ed. by D. T. Suzuki & H. Idzumi, Kyoto, part 1.2, pp. 179～182. 又，若與此梵文

了「普觀世間三昧」(Samantamukhavyavacāraṇāloka-Samādhi)。智儼和法藏並將此外道列於十行位之第十真實行位。而李通玄則論此善知識為：

言外道名遍行者，菩薩化邪不化正，名為外道❽。

並言「孔丘莊老之流，亦是其類」。即對李通玄而言，中國的聖人們，也並非異類之存在。乃被視為佛教聖者的同類，而被包容。但李通玄亦承認，他們所說的中國思想和佛教是有不同的。例如，關於四諦，

一切十方世界諸佛，皆說四諦法輪，但隨類音不同爾。如世間孔老、一切治眾生法、總是四諦法，但隨器所受，深淺不同❾。

即言其深淺有不同，但也只有言到此深淺不同的區別而已。不管孔老之言是深是淺，但將其歸於四諦法的論旨，可以看出他非常積極地、將其歸入包容於佛教的企圖。另外，如於釋天童子❿「利

本相比較，將 parivrājakaḥ 譯為外道，是有些問題。

❽《新華嚴經論》三六（大正三六，p. 975 上）。

❾同，六（同，p. 755 中）。

❿《六十華嚴》四八（大正九，p. 704 中～下），譯為釋天主童子；《八十華嚴》

人之巧術」中，加入陰陽五行❷；而將「仁義禮智信」當作善慧地
菩薩的所行❷等，皆是相同的出發點吧。

　　但是李通玄，在中國思想家之中，似乎對孔子特別重視。此點，
由他對遍友善知識的論述❷亦可發覺。

　　遍友 (Viśvāmitra)，是善財童子所參訪的善知識之一。依〈入法
界品〉　❷的記述是，善財從天主光天女之勸而參訪的童子師
(dārakācārya)，住於迦毘羅城，被問及菩薩道卻什麼都不回答，只言
此處有善知眾藝 (śilpābhijña) 童子，請參訪他去云云。李通玄於此，
將此遍友和孔子，由「師範」之觀點加以重合，而對孔子加以解釋。

　　若將問題限於李通玄的孔子觀，需注意的是，他先論及孔子的
容貌。孔子的反宇，亦即頭蓋骨之下凹陷之事，李通玄早已於《牟
子理惑論》❷中，當作聖人異相之一列提出了，並解釋其為「處俗

　　六五（大正一〇，pp. 350 中～351 中），譯為自在主童子。在梵文本中，是
　　"Indriyeśvaro nāma dārakaḥ"，亦即李通玄採用了《六十華嚴》的譯語。又，
　　此譯語恐怕如法藏所說（《探玄記》一九，大正三五，p. 465 上），是由於近
　　於 Indra 和 indriya 的梵文發音的緣故。

❷《新華嚴經論》一一（大正三六，p. 788 下）。

❷同，二八（同，p. 912 中）。

❷同，四〇（同，p. 1003 下）。

❷《八十華嚴》七六（大正一〇，pp. 417 下～418 上）。Cf. *The Gaṇḍavyūha Sūtra*, part 4, pp. 447～448.

❷《理惑論》（《弘明集》一，大正五二，p. 2 下）。

行謙之道」的表示，且其形似尼丘山。但卻反對孔子是因其母祈於此山而生的「俗說」。

其次則基於「究德之明」，來分析孔子的姓名。關於孔子之名「丘」，則一邊導入《易經》思想，一邊由各種說法來證明，其是適合於聖人的名字。最後，孔子的出生地依中國傳承的二十八星宿之說，而加以正當化。

總之，對於李通玄而言，孔子不管從任何角度來看，都是聖人，是「師範」。因此，遍友善知識與孔子相重疊，並將遍友和善知眾藝童子的關係，由「德不孤，必有鄰」❷❻的名句來解釋。由此反而令人覺得，他是將菩薩及菩薩道硬塞進孔子的人格及其思想的範圍中。

由上可知，在李通玄的思想中，孔子等的中國聖人和佛教的善知識，及中國思想和《華嚴經》之間，是沒有絕對的區別的。而其導入中國思想，也是極其自然而無造作的。

那麼《華嚴經》和中國思想的結合，具體上是以何形式進行的呢？

關於中國佛教者偏好訓詁，早已由中村元博士提出❷❼。而於華嚴教學關係來言，即有經名解釋的問題。智儼及法藏皆為了明析《大方廣佛華嚴經》的意義，而將原本一義的「方廣」(vaipulya) 分為二字，而由二種不同的觀念來詳加注釋❷❽。其二人皆懂梵語，至少也

<hr>

❷❻《論語・里仁篇》。

❷❼《東洋人の思惟方法》二（決定版，《中村元選集》二，pp. 135〜142）。

❷❽《搜玄記》一上（大正三五，p. 14 下），《探玄記》一（同，p. 107 中）。

知道「方廣」原本是一個詞，一個概念，但卻仍然一字一字分開，而加以訓詁解釋。

但是，對於經名的訓詁，尚是可理解的。為什麼呢？因為，特別是大乘佛教徒，由對自己所信奉的經典之所說的「法」之絕對順從，而將其所追求的本體之把握，歸結於經名解釋上，這也並非是不自然的。

但是李通玄，從原義而言，只能說是不合理的語義解釋，他也實行於經典的重要語句上。其明顯之一例，例如對於「三昧」之解釋。

「三昧」是巴利語及梵語的三摩地 (samādhi) 之音譯。此語的原意是「一起置放」、「連結」，由此而引申出「精神統一」及「瞑想」等宗教上的意義。漢譯佛典則意譯為「定」、「正受」、「等持」等。

但是，關於「三昧」，李通玄認為「三」是「正」意，「昧」是「定」意❷。將「三昧」意譯為「正定」，尚可接受，但一字一字的字訓，則易使人迷惑。但，這還算好的。在那之後為了加強「三」、「昧」之意，即無視於三昧是音譯的事實，而離開原語意，進行其中國式的解釋。

亦即，「三」，在禮儀作法上重複三次是正式禮儀，故「三」為「正」。進而定義「情識所現為昧；正智現前為三」，並將其所以由《易經》和五行說來解明。

❷以下，《新華嚴經論》二六（大正三六，pp. 898 下～899 上）。

　　例如若依據表示一年陰陽消長的消息卦，則乾（☰）卦表陽氣最盛的四月；相反地，坤（☷）卦即表示陰氣最盛的十月，其間則由陰陽之數的增加來決定。亦即十一月是一陽生於下的復（☳）卦；十二月則又增一陽的臨　（☱）　卦；正月則更增一陽而成三陽的泰（☲）卦。李通玄取其意而重複主張「三」與「正」有關聯。他並基於《說文解字》，由「正」字是「止於一」的寫法來連結「一心」和「道正」，而論止之一處，即定之主體自在性。

　　如此地，李通玄以其中國方式，大膽地進行了「三昧」的解釋。當然，不混合中國思想的三昧論也同時進行❸⓿。而此種解釋並非是偶然的、或是衝動的，此由與「禪定解脫三昧三摩鉢底」　❸❶之解明方法相同等❸❷，即可了解。不管怎樣，「三昧」對李通玄而言，至少並非是純粹的音譯。即使是含蓄表現，也是十分照顧到中國思想，而成為半意譯的音譯語了。由其音譯語，而成為與中國傳統緊密結合的概念。此時李通玄的腦中，可能已經沒有了印度和中國的區別，佛教思想和中國思想的不同了吧！總之，此種「三昧」解釋之成為可能，是因為支持《華嚴經》之把握的「三昧」，是他的主體性之原點，在他的體驗性思惟中，只有唯一的佛教＝《華嚴經》世界的無限擴展而已。

---

❸⓿本章第三節第⑵項參照。

❸❶《八十華嚴》三四（大正一〇，p. 178 下）。

❸❷《新華嚴經論》二九（大正三六，p. 920 上）。

　　李通玄在描述出現於《華嚴經》之佛、菩薩的性格時，也大膽地導入中國固有的諸思想。例如文殊，在經典❸中，文殊的住處是東北方的清涼山，李通玄即解釋此是仿於「艮」卦❹。又再度出場的文殊，與「佛家之長子」的普賢同在東方卯位，此為象徵長男的「震」卦。是準照日出東方，春陽發而孕育萬物，光照四方，故表示「理智雙徹，體一無二」。

　　又，觀音菩薩住於「補怛洛迦山」（《六十華嚴》是光明山Potalaka）之西，也決非偶然。關於此，李通玄，第一，既不依《八十華嚴》、亦不依《六十華嚴》，而採用「白花山」的譯名。並說明為「白者金像也，西方白表金位也，主將位也」，且將觀音及其由東方而來之理由相關聯，而解釋如下：

　　　東方者、木位、主青像，主相位也。相主生，將主殺。如來以
　　　約世間法則，安立法門，今世間易解故。以此殺害之處，置大
　　　慈悲之門，以為救苦。以東方春生之位，置大智之門，以表智
　　　生眾善，令易達其事故。如老子云：上將軍居右，偏將軍居左。
　　　明上者而具慈，恐妄殺也。而實大像混然，何有方形而可得也。
　　　但約法立名，設其則也❺。

❸《八十華嚴》四五（大正一○，p. 241 中）。

❹《新華嚴經論》四（大正三六，p. 745 中）。

❺《新華嚴經論》三七（大正三六，p. 982 下）。被引用的是《老子》第三一

　　在此，他一邊基於陰陽、五行和《老子》之說，論證二位菩薩的住所和德用的正當性，一邊主張這些皆是由佛之方便而立的。對李通玄而言，佛是既通曉《易經》，亦了解陰陽、五行之萬能存在的❸❻。

　　由以上考察可知，李通玄由何處找出《華嚴經》和中國思想的接點，並以何形式來使其相連結了。簡而言之，其接點，首當其要的是方位、是自然（山和風）、是顏色、是數目。以此為直接入手處，李通玄大膽地，且無造作地連接兩者，並使其重合。超越了民族和風土的不同，東還是東，三還是三。因為此種客觀性、普遍性，故方位和數目才能成為兩者的接點。但是，在選擇使用那些方法的同時，即已含有了主觀性的理由。亦即李通玄已具有通曉諸聖典的涵養，也知道如何選擇最適當的，而也正因為東必需是東、三必非三以外之數，故能以自己的理論來徹底追求方位和數目的意義。

　　但是，更重要的是，在李通玄思想的根源裏，萬物是一元的，一體的，究竟的，思惟不過是方便的手段而已。他在《華嚴經》和中國思想之間製造通路，並使兩者重疊之事，亦即他確信兩者本來即是相通的，他只不過是在如來方便之名下，使其相連接上而已。

章。原文述軍隊為與戰爭有關之凶事，故依葬儀之法，以大將為右，副將為左。

❸❻此外，例如風神之解釋亦很有趣。詳細請參照拙稿〈李通玄の風神理解〉（《印度學佛教學研究》二二－二）。

　　確實，如果由科學，由實證的立場來看，李通玄的導入中國思想是有些勉強，有些獨斷獨行的。但是，對他本身而言，所有的思想皆是紮根於真實的世界，並向其世界邁進的。故重要的是深入體驗（修行）和思惟（禪定），明瞭人生和世界的真相，及善盡自己的本分。筆者認為，就因為有這些特徵，故才產生了上述的《華嚴經》解釋方法和形態吧！

三、根本思想的綱領

⑴十二因緣的見解

　　如第一節所述，李通玄很明顯地清楚法藏的華嚴教學，並以批評、綜合其思想為手段，來形成自己的思想❸。亦即，他接受了至他為止的華嚴教學的成果，加以活用，但並不陷入其窠臼。在消化了那些成果之後，他獨立地進行《華嚴經》研究，而於晚年一氣呵成，構築了現在我們所看到的，他獨自的佛教思想形態。

　　那麼，他最後所完成的佛教思想的綱領，又是什麼呢？此問題並不容易回答，但是，在一窺其綱領上有一極明顯的標示，即離開所謂「《華嚴經》解釋」之立場的，他唯一的著作《解迷顯智成悲十明論》❸，略稱《十明論》。

---

❸關於具體事項，在次節想探討，他對於可稱為是華嚴教學支柱的「六相」和「十玄」的看法。

　　宋代的禪者覺範 (1071～1128)，對本書表示了強烈的共感，並加以題辭。其書如其名，為了「解迷、顯智、成悲」，而由十個問題的解明來構成其書。而此迷轉的現實界，如其〈釋十二緣生〉之內題所表現的，是由十二因緣所形成的。參照《新華嚴經論》等諸著書即可知道，由此來找出李通玄的基本問題意識，並非是不可能的。

　　所謂十個問題❸，即是①一切眾生十二緣生惡覺生死，從何所生？②十二緣生為是本有？為是本無？③諸佛解脫智慧，為是本有？為是修生？等，由極為實踐的觀點，來討論迷與悟，眾生與佛的關係。現在，雖沒有辦法來詳論其內容，但幸運的是，在本書開頭，有類似總論的一文，由此可看出李通玄解答全體問題的梗概。以下，即介紹將焦點集中於十二緣生之解析的本文。

　　夫十二緣生者，是一切眾生逐妄迷真，隨生死流轉波浪不息之大苦海。其海廣大、甚深無際。亦是一切諸佛眾聖賢、寶莊嚴大城。亦是文殊、普賢常遊止之華林園苑。常有諸佛出現於中，普賢菩薩恆對現色身，在一切眾生前教化，無有休息。文殊師利告善財云：不厭生死苦，乃能具足普賢行。一切諸佛功德海參映，重重充滿其中，無有盡極。與一切眾生，猶如光影、而

---

❸大正四五，pp. 768 中～773 下所收。

❸是依照只整理主題，而加以提示的部分（大正四五，pp. 768 下～769 上）。各節開頭的提示，雖有一些字句不同，但內容並無多大不同。

無障疑。以迷十二有支，名一切眾生；悟十二有支，即是佛。故眾生及以有支，皆無自性。若隨煩惱、無明、行、識、名色、六根相對，生觸、受、愛、取、有，成五蘊身，即有生老死，常流轉故。若以戒、定、慧觀照方便力、照自身心境，體相皆自性空，無內外有，即眾生心全佛智海。⋯⋯

若修行者求大菩提心者，無勞遠求，但自淨一心。心無即境滅，識散即智明。智自同空，諸緣何立。以空智慧光明、普見法門，入十住初心。⋯⋯

若厭十二緣生，別求解脫智海者，如捨冰而求水，逐陽焰以求漿。若以止觀力照之、心境總忘，智日自然明白，如貧女宅中寶藏，不作而自明，如窮子衣中珠，無功而自現❹。

　　由此可看出李通玄思想的根本主張：十二因緣之苦海，亦即解脫之智慧海，迷此的是眾生，悟此的即是佛，而其關鍵即是在於瞑想的力量（禪定）。李通玄，確確實實地一直在宣揚，此眾生生存之所，即具一切真理。

---

❹《十明論》（大正四五，p. 768 中～下）。省略之部分，有由下列各經文所來的引用、引申。亦即：《八十華嚴・五一・如來出現品》（大正一〇，p. 273 上）、《六十華嚴・四〇・離世間品》（大正九，p. 654 上～中）、《八十華嚴・六二・入法界品》（大正一〇，pp. 334 上～336 中。只是亦參照《六十華嚴》的對照處）。同，三七，〈十地品〉（同，pp. 193 中～195 下）。

⑵瞑想和智慧

　　如前所述，對李通玄而言，若離開現實的苦惱世界，則安樂而佛之智慧的世界亦不存在。前者即是後者，而轉前者成為後者的，即是瞑想的力量。那麼，對他而言，瞑想又是什麼呢？以下，即以此瞑想問題為中心，想來探究他的實踐性思惟的梗概。

　　遍覽李通玄之諸著作，來探究其禪定論時，第一應注意的是，他關於禪定的用語，實有多樣。亦即李通玄，依場合不同，而使用三昧、正定、定、禪、禪定、止觀、止、觀等諸語，來展開「禪定」的思想。故首先想先檢討這些用語的意義。

　　首先「三昧」，即梵語「三摩地」之音譯，一般是意味著心集中統一而安定的狀態。李通玄將此「三昧」，主要由二方面來加以特徵性解釋。第一、基於獨自的華嚴思想而展開的本質論解釋。例如「三昧者，法界本體大寂之門」❹，或是「稱理而一多身境相合，名為三昧」❷。此處之「三昧」，似意味著真實靜止於其處，而《華嚴經》世界全體亦現成於其處之根本禪定，與其他用語不能代換。

　　第二解釋，可稱為是風土性解釋，關於此問題，前已述及❸。

---

❹《新華嚴經論》七（大正三六，p. 764 下）。又，關於此事，在華嚴教學中被視為根本定的「海印三昧」，如此地被說明：「以大智海印，性自圓明清淨無垢印，三世諸境界、咸現其中」（同，二八，同，p. 915 中）。

❷《新華嚴經論》三二（大正三六，p. 946 中）。

簡而言之，即李通玄以身為中國人，提出中國人的三昧論。將三昧的「三」譯為「正」，「昧」譯為「定」。並進而依據《易經》和五行、《說文》等，來主張「正定」所生之智慧，於定所生之身心之深靜。在此立場，「三昧」成為與中國思想密接的概念，而明確地被意譯為「正定」。由此可知，至少在某一方面，「三昧」和「正定」被當作同義語來使用。

但是另一方面，「正定」也被規定為「心」既不昏沈，亦不動搖，遠離對象性，超越煩惱之對治性，既不欣喜，亦不厭離，是本性，亦是真理之境位。而於此處，智自輝耀❹。李通玄的三昧＝正定者，其本體是遠離人為性，造作性的❺。

那麼，單稱為「定」的，則與「正定」不同嗎？不，應是同義的。為什麼呢？第一，李通玄亦云：三昧是離昏沈、掉舉的「定」之異名❻。離昏沈、掉舉，如前所述，是「正定」的基本性格，而此處單名為「定」。第二，所謂「於一切法、無思無為、即煩惱海枯竭。塵勞山便成一切智山，煩惱海便成性海」，成為至實踐之歸趨的

---

❹本章第二節參照。

❹《新華嚴經論》一七（同，p. 834 中）。

❺《新華嚴經論》一七（大正三六，p. 730 上），可見「無作三昧」之語，又，同，一七（同，pp. 834 下～835 上），亦言及方便三昧的五力，其中用到「無作定體」、「無作定」之語。

❻《新華嚴經論》一九（大正三六，p. 845 下）。

方便之「定」❹。此處的「定」，不用說在內容上，是必需為使真的「無思無為」成為可能的「正定」不可。由此二點可知，基本上，「定」也是和「三昧」、「正定」二者，無有區別的。

　　其次，是關於「禪定」和「禪」之語。筆者發覺，此二用語與其他同類的用語，相關聯而出現的地方很少。只有在《八十華嚴‧十行品》所說的「菩薩善思惟三昧」❹的注釋❹中，將其三昧的內容，當作《大乘入楞伽經》❺裏所示的，四種禪之中的觀察義禪 (arthapravicayaṃ dhyānam) 來說明。於此「禪定」和「禪」幾乎被當作同義語，並成為關於三昧的具體樣相之概念。

　　又，李通玄有時亦將「禪」當作「定」的同義語來使用。例如，被稱為「若一念與天真自性無修無作禪相應，一切心境，色塵性，自無垢便成」❺的禪，即是如此。此處之「禪」，如次節所述，與「無作定」❺幾乎是同義。

---

❹同，二三（同，p. 974 下）。

❹《八十華嚴》一九（大正一〇，p. 102 中）。

❹《新華嚴經論》一九（大正三六，p. 845 下）。

❺《大乘入楞伽經》三（大正一六，p. 602 上）。所謂四種禪是：愚夫所行禪 (balocarikaṃ dhyānam)、觀察義禪 (arthapravicayaṃ dhyānam)、攀緣真如禪 (tathatālambanaṃ dhyānam)、諸如來禪 (tathāgataṃ śubhaṃ dhyānam)。

❺《決疑論》三上（大正三六，p. 1033 下）。

❺同，二上（同，p. 1025 下）。

　　李通玄亦用「止觀」之語，如前述《十明論》之「止觀力」，即
是一例。同書中，亦將華嚴教學中的重要術語 「修生本有」，由此
「止觀」 之語來說明。總之，本有的真實是不可由思考而得的。是
由「止觀」之力成熟而始證知的，此稱為「修生本有」❸。

　　在以上例句中，「止觀」被當作一個句子來使用。但是，此語原
本是「止」和「觀」的合成語。「止」(śamatha) 是將心靜止一處；
「觀」(vipaśyanā) 是於止處觀察真實。李通玄也知道其為合成語，
例如，他舉出實踐「止觀兩門」❹，來消滅由十二因緣所成的迷轉
世界，並述「止觀二門」可照出迷轉的本質❺，即是明顯證據。那
麼他又是由何處來看出「止」與「觀」的特徵的呢？

　　首先，關於「止」，亦即奢摩他 (śamatha)，他明確規定「奢摩他
者，此曰定」❻，「止」亦即「定」。而他又於「止」，展開如下的解
釋。有五種初發生，即十住、十行、十迴向、十地、十一地初發心，
如是五位初發心，皆不異如來根本智而起。其中如十住初發心，即
以其止心不亂，開發如來根本智慧。而《華嚴經・入法界品》中登
場的，妙峰山德雲比丘的「止」即是如此。「止」之心的特質即是不
亂，由此而可得知佛智慧❼。此心應是相通於華嚴一乘法門所特有

❸《十明論》（大正四五，p. 770 上）。

❹《新華嚴經論》一九（大正三六，p. 848 上）。

❺同，三〇（同，p. 927 下）。

❻同，二九（同，p. 923 中）。

的「無依止心」❺❼吧。

本來，依於「止」而可得到的正確觀察即是「觀」。因此「觀」被當作智慧的同義語來使用，也不是不可思議的。李通玄恐怕也是因為如此理解，故很少將「觀」特意分開。但，也並非經常是如此。例如在言及「止」的本體之後，將其換言為「定」，而述「定能發慧，觀能起智」❺❾。此亦可以解釋為，單是「止觀」可發智慧之技巧表現。但是，還是由「定」＝「止」和「慧」，「觀」和「智」的相對應來看，較為自然。但此處的「慧」和「智」，是否即是指他平常使用的根本無分別智和後得智（差別智）呢？則不清楚。但不管怎麼說，無論是「止」，或者是「觀」，李通玄皆非常強調，其是和智慧有密切關聯的❻⓿。特別是「觀」，常常被李通玄當作與智慧是表裏一體的❻❶。

由以上的考察，關於李通玄所使用的瞑想關係的用語之意義，大概已可明白了吧。簡而言之，「三昧」、「正定」、「定」、「禪定」、

---

❺❼同，二八（同，p. 914 下）。

❺❽同，一七（同，p. 834 下）。

❺❾同，三〇（同，p. 927 下）。

❻⓿關於十迴向位的菩薩之止觀，可說將法性當作「止」的本體，自性無性智當作「觀」的本體（《新華嚴經論》一一，大正三六，p. 791 中），也是一貫之把握吧。

❻❶《決疑論》二上（大正三六，p. 1023 中）參照。

「禪」、「止觀」、「止」的各語，除了「三昧」在某一方面具有重要意義外，其他各語幾乎皆具同義，即被用來表示超越做作性、對象性的精神統一之境地，且必與真實智慧之發生有關聯。而偶而被分開來用的「觀」，也正是指此「智」之被發現之處。

由上可知，禪定❷和智慧有很深的關聯，而李通玄更明確地存有前者是使後者實現的視點。但是，此智慧是何物呢？又，兩者是以什麼方法來相關聯的呢？以下，想更深入探究此問題。

佛教，若從實踐的觀點而言，是很優秀的「智」之宗教。佛教者所留下的諸文獻中，或多或少都會談到「智」的思想，這是很理所當然的事。但是，如何來提出「智」？並如何來規定其性格，則並非一致，且其強調的程度亦不同。而李通玄是展開了什麼樣的「智」之思想呢？

若從結論而言，李通玄的「智」之思想的顯著特徵，是由實踐的觀點來發揚智的一元性❸。他宣說與文殊、毘盧遮那、普賢三聖相對應的無相法身、根本智、後得智。並表明根本普光明智、不動智等。但在他而言，那些皆是同一物，而一切也基於此智而成立。不管是迷是悟皆由此智而來，而我們也都擁有此智，我們所存在的

---

❷關於以下的論述，只要是沒有問題，希望能將 「生出智慧之精神統一的境地」，以此已經是被一般化的語句來代表。

❸詳細請參照拙稿〈李通玄における智の性格〉(《武藏野女子大學紀要》七，1972 年)。

世界亦不過是智的集合。能自覺、體驗此道的是由修行，而修行的階梯，當然也是成立於此超越時間的智之上的。因此修行的階位，不管是那一位，皆即是佛位。重要的是，十信以後的實踐，皆不離所謂根本智、不動智的真實之智。將一乘菩薩之象徵的善財童子之所行，論述為「所行諸行，皆唯智起」❻，也是此原因吧。李通玄認為，一切的實踐，有「智」在根底裏支持，因此全部的實踐境位也是相即相入的。

那麼，此「智」是由何而發現的呢？如前所述，李通玄直言，那是由三昧、禪定而得的。但是，這裏所表示的禪定，並非是只降伏無明，而不知無明本身即是本來真實的智之空觀等的三乘禪定，也不是二乘的禪定❻，而是一乘固有的「無作」之禪定。正是以此無作禪定的力用來印證十二有支，八萬四千煩惱當下成為法流智海❻。換言之，迷之一念，與眾生所本來具有的「無修無作之禪」相應時，一切存在顯現其本性，而無垢之世界現成❻。

---

❻《新華嚴經論》二（大正三六，p. 730 中）。

❻李通玄總論三乘、二乘的禪定性格為：「三乘之定皆有沈掉、為垢淨未亡、見道不真，有欣厭故。二乘之定，雖無三界現行之惑，皆是厭患對治，伏滅無為，無能起惑，我生不起，悲智而亡」（《新華嚴經論》一八，大正三六，pp. 840 下～841 上）。

❻《新華嚴經論》二四（大正三六，p. 884 上）。

❻《決疑論》三上（大正三六，pp. 1033 下～1034 上）。

　　如此地，李通玄認為去掉正確的禪定，則智慧不可得。他總括具體之實踐為「定慧照之」 ❻，或是「以定慧力如是修行」 ❻。有時也將 「定慧」 當作一個觀念來處理，那是因為著眼於 「定慧相印」 ❼之緣故。

　　基於以上理由，李通玄非常強調佛教者必需實行禪定之修行。但也並非只有實行禪修，與定慧之觀行同時地，也要「讀經，看菩薩所修之廣大行願」，如此才不會走錯路。若能如此，即使修行無法如願而成，但「信」的種子也必會發芽開花，而修行也自然地完成了❼。而這件事也並非意味著，否定他的實踐論的中心是宣揚禪定的。

　　而發現真實智慧的禪定之境位，初心者是要怎樣才能獲得呢？徹底地將 《華嚴經》 全體，由實踐的觀點來把捉的李通玄，將解答此問題的線索置於〈光明覺品〉的記述中。

　　亦即，李通玄敏銳地著眼於 《華嚴經》 之 「光」，在為了表明《華嚴經》 教義的特質而設的十門之中，於第二門立了 「光明表法現相之別」。並論述：《華嚴經》之光明，除了一部分之外，皆是直接表示實踐之道理的光明，總共有十種。那是與 《華嚴經》 和 《大

---

❻《新華嚴經論》一八（大正三六，p. 838 中）。

❻同，三二（同，p. 641 下）。

❼《決疑論》一下（大正三六，p. 1016 下）。

❼同，一下（同，p. 1019 下）。

品般若經》中的化佛之放光不同，是因果一體而又不否定實踐之梯段的 ❼。此種看法，恐怕是因為《華嚴經》的教主是「毘盧遮那」 ❼ (Vairocana)，亦即光之佛，並且亦有解脫 ❼ 之「佛光觀」的開拓者存在過，故才成為可能的吧。由此觀點，他認為《華嚴經‧光明覺品》的光明，是象徵十信位的實踐之本質。其教說，於實踐上是屬「信」位，並使我們知道自己的心境之廣大。無盡、無礙，若能如此，則能明白自己即是究竟的本體，是以被光明所照之「開悟的信心」來修行的眾生 ❼。對李通玄而言，〈光明覺品〉一方面是由「光」來說明實踐之本質；同時地，另一方面，並具有其現實之意義，亦即以「光」為手段，來引導入信的眾生，向更高的階位前進。

　　而其具體的實踐方法，又是什麼呢？關於此點，《決疑論》 ❼ 中以完整的形式說明。據其說明，入信眾生，首先觀想此光，亦即觀此光在初會，由佛之眉間放出，而入於足下輪，是名為「一切菩薩

---

❼《新華嚴經論》三（大正三六，p. 738 上）。

❼李通玄解釋「毘盧遮那」名號如下：「毘者此云種種，盧遮那此云光明遍照。又毘之云遍，以大智種種光明、照諸眾生根機、此即以法身悲智為名」（《新華嚴經論》三，大正三六，p. 737 下）。

❼《續高僧傳》二六（大正五〇，p. 603 中～下）。《華嚴經傳記》四（大正五一，p. 169 中上～下）參照。

❼《新華嚴經論》三（大正三六，p. 738 上～中）。同，一五（同，p. 818 中）。

❼《決疑論》一上（大正三六，pp. 1014 下～1015 上）。

智焰明照耀十方藏」的，美而光輝如寶雲之光。如此觀想時，即能現「白淨之寶光明」之想。此觀想完成了，其次再如經典所述，依次觀想此光所照射出的世界。並觀想全部的世界皆充滿了此光。此時的入信眾生，已與光明，同遍遊十方世界。其次，則觀察觀想此光明之心，即知此心亦是空的。此即云法身。於此法身之本性海，唯智無限照射輝耀。此名根本智，亦名智身。由此可知，光明的觀察，亦即所謂的佛光觀，是明確地把捉了正確智慧之發現，亦即將「空慧之現前」❼化為可能的觀想。又，由此所得的階位，若依菩薩之階位而言，是屬於初發心，其法門則相對於〈入法界品〉的德雲比丘之「憶念一切諸佛智慧法門」。

　　如此佛光觀的中心意義是「入智境界」❼，並「超越度過」生死之源的十二有支❼。但是，並非只有如此，李通玄認為，此智必同時具有慈悲。因此，他舉出佛光觀的第二意義為「隨智行慈悲」❽，將與智同生的無限慈悲之活動，以〈光明覺品〉中所示的東方十億世界的文殊之頌❽來強調。

　　只是，此處有一問題，即他當作經證，所引的偈頌：

❼《十明論》（大正四五，p. 772 上）。

❼《決疑論》一上（大正三六，p. 1015 上）。

❼《十明論》（大正四五，p. 771 下）。

❽同❼。

❽《八十華嚴》一三（大正一〇，p. 65 下）。

　　見諸眾生在險道，老病死苦常逼迫。修諸方便無限量，誓當悉
　　度是其行。聞法信解無疑惑，了性空寂不驚怖。隨形六道遍十
　　方，普教群迷是其行❷。

　　由經典文脈可知，此處是在說明佛之功德❸。亦即李通玄無視
於經典自體之文脈，將此頌直接視為是在敘述，修佛光觀之人的慈
悲之活動。於他而言，慈悲之實踐，並非是登上佛位之後才行的，
而是佛相應於根源真實之一念而實現的❹。因此，由佛光觀而發生
智慧，同時地，慈悲也必然同時發生。於某一意義，李通玄的瞑想
論，被認為是盡於「佛光觀」的開示，其理由應該是在此吧。
　　如上所述，李通玄與華嚴教學的大成者法藏，幾乎是生於同時
代，並同是盡力於《華嚴經》的解明和宣揚的人。很明顯地，他知
道法藏的教學，甚而評價法藏的五教教判為「深有道理」❺。但是，

<hr>

❷同❶。

❸法藏也將含有此句頌的《六十華嚴》之頌，解釋為「歎佛利他行」（《探玄
　記》四，大正三五，p. 174 下）。

❹《新華嚴經論》二（大正三六，p. 730 上）。關於佛身觀，詳細請參照拙稿
　〈李通玄における佛〉（玉城康四郎博士還曆記念論集《佛の研究》，1977
　年，春秋社）。

❺《新華嚴經論》三（大正三六，pp. 734 中～735 下）。在此評論之前，李通
　玄已依法藏的《探玄記》一（大正三五，pp. 110 下～112 上），介紹了中國
　學者們的教判論。

他的思想幾乎完全從法藏的教學獨立，其特質之一，如上所述，是表示於禪定的把握，和對佛光觀的重視。李通玄最懇切所願的，直接了當言之，是所有的人能經由佛光觀的實踐，而進入智之世界，於其世界中，得到無限的智慧和慈悲之功德力用。

四、六相和十玄

所謂六相，即是①總相、②別相、③同相、④異相、⑤成相、⑥壞相。此觀念之由來可追溯到《十地經》，但是其古譯本《漸備經》和《十住經》，或是梵文本的《十地經》(Daśabhūmika-sūtra)，皆無明白表示六相。可是，以上諸經典與《六十華嚴》的相對處，後者則譯為「總相別相、有相無相、有成有壞」❽❻。而《八十華嚴》❽❼和尸羅達摩譯的《十地經》❽❽，則很清楚地被譯為六相。又，此六相被相並列舉的複合語，本來是出於初地菩薩所完成的十願之中的第四願，若依梵文本，即是「一切菩薩的實踐地之道(bhūmipatha)」❽❾，關於此點，上面的三本漢譯，似亦為同義。

但是，世親則將其解釋為：「一切所說的十句中，皆有六種差別相」❾⓪。若依此解釋，則變成六相並非只解釋初地。但是，世親認

---

❽❻《六十華嚴》二三（大正九，p. 545 中）。

❽❼《八十華嚴》三四（大正一〇，p. 181 下）。

❽❽《十地經》一（大正一〇，p. 538 下）。

❽❾*Daśabhūmika-sūtra*, ed. by R. Kondo, p. 20.

為五陰等的具體之存在，並不適用此範疇❾。

　　將此問題更進一步發展的是，淨影寺慧遠。亦即他認為，若還原於本質，則一一之事象皆具有無量之六相門❾。以此想法為跳板，智儼首先於六相設「順理」和「順事」二義，一邊說明「若順事則意義較微」，一邊則承認事象亦適用於六相❾。

　　法藏將此智儼的六相圓融思想，於教學上明確化。亦即，他在《華嚴五教章》中的〈義理分齊〉第四，立了「六相圓融義」，首先列出六相之名，然後簡潔地說明如下：

　　總相者，一含多德故。別相者，多德非一故。別依止總，滿彼
　　總故。同相者，多義不相違，同成一總故。異相者，多異相望，
　　各各異故。成相者，由此諸緣起成故。壞相者，諸義各住自法
　　不移動故❾。

　　並述此教義被說之理由是：「為顯一乘圓教法界緣起無盡圓融、

---

❾《十地經論》一（大正二六，p. 124 下）。

❾同，一（同，pp. 124 下～125 上）。

❾《大乘義章》三（大正四四，p. 524 上）。

❾《搜玄記》三下（大正三五，p. 66 中）。如前所述，智儼是由六相的觀察而悟解了一乘的真義。

❾《華嚴五教章》四（大正四五，p. 507 下）。

自在相即、無礙鎔融、乃至因陀羅、無窮理事等」**❾❺**。總之，是為了明示究竟、真實的存在之樣相。而具體上，則以舍為例，而展開了詳細的說明。

現在，只介紹其重點，總相比喻舍全體；別相則為椽等個個的材料；同相為椽等諸緣和同作舍；異相為椽等諸緣隨自形類相望差別故；成相為由此諸緣舍義成故；壞相為椽等諸緣各住自法本不作故。由此可知，華嚴教學的六相思想，基本上是分析提示全體和個別之間的不一不異之關係。

而李通玄是如何來受容此六相義，並加以展開的呢？

關於此問題，首先應注意的是，李通玄常將「六相」與「十玄」當作一對來說明。而在此場合，通常六相是占有中心的位置，十玄是用來補充說明六相的。此事可說是表明了，對於法藏的華嚴教學，李通玄的接受容納的方法。

若依李通玄，則首先六相必需是六相，十玄必需是十玄。他敘述：「此六門義，一門中具六，互為純雜，不可廢一也。十重玄義亦然」**❾❻**。並立於此基本認識，而於《決疑論》中，說明其本來意義如下：

如此初地中，總、別、同、異、成、壞六相義。是初地中，總

---

❾❺同上。

❾❻《新華嚴經論》五（大正三六，p. 749 下）。

攝十地中義、及如來義。總須解其同別，乃至以一國土、一切
國土，入一國土中，如帝網門、自在無礙。

此六相義，總攝諸法，皆有此六義。今且舉天帝釋寶網一門，
餘萬事准知。

如天帝釋宮殿中，莊嚴寶網，以天中淨寶所成。其寶網光淨，
互相參映徹，一一寶中，影現重重，無有盡極。……以用此像，
以表心智境量同虛空，無有中邊內外等相。一切境界，皆如幻
化，本來參映，重重不礙。……以十地修行，智用一一殊勝，
名之為別。不離根本智，及古今無時，元來一際，名之為總。
心行修行，一切境界，自體無作，名之為同。一一位次，能淨
業障，智慧神用增明，名之為成。一一地中修行，不見修，不
見行，不見成，不見菩提、涅槃等事，名之為壞。且於人身，
眼耳舌身手足肢節，共成一身，名為總相。是一心隨用不同，
名為別相。皆四大火風所成，名為同相。六根各用不同，名之
異相。依業成身，名為成相。一切法緣緣，無主無作者，皆如
虛空，名為壞相。此六相門，通一切法，皆具六事法故，總持
門以智觀察可知。

如十玄門，義亦如是：㈠同時具足相應門、㈡一多相容不同門、
㈢諸法相即自在門、㈣天帝網影像重重互參無礙門、㈤微細相
容安立門、㈥秘密隱顯具德門、㈦諸蓮華藏純雜俱含無障門、
㈧三世圓融互參相入門、㈨唯智同別自在門、㈩託事表法生解

門。《華嚴經》有此十事，大體顯無盡法，以智觀之可見**❼**。

今以此論為中心，簡約李通玄的六相、十玄思想如下：

第一、以六相門如帝釋天之網，亦即因陀羅網為例，而明快地論述其相通於實踐及所有的現象。他似乎很喜歡將此比喻與六相的內容相密接，並創造出「無量普遍固無礙總別同異成壞自在因陀羅網門」**❽**的用語。

第二、其解釋濃厚地反映出密著於現實人間的實踐觀點。如上引用文中可見，沿著六相的本來意義，而提出了關於六相的十地修行；提出身體之例也是證明此點；另外由眾生和佛的本來一體性之觀點，而將一切眾生名為總相，也是此例**❾**。

關於李通玄的六相理解，尚有一點不能忘記。亦即，他明言一切「字」中亦有六相，此事由上的引用文之結語中也可推測出。其敘述如下：

> 又明一字中有六相義，互為主體，十玄義亦在此通。㈠同時具足相應門、㈡一多相容不同門、㈢諸法相即自在門、是其義也。此一字中，有六相。一切字，一切法，皆有此六相。若善見者，

---

❼《決疑論》一下（大正三六，p. 1018 中～下）。

❽《新華嚴經論》三一（大正三六，p. 932 中）。

❾同，二四（同，p. 886 上）。

得智無礙總持門，於諸法不滯有無斷常等障。可以離情，照之可見❿。

此事可證明，他確信文字之呪術能力。只是，在《華嚴經‧入法界品》 ❿中，有由唱阿字等字母而入般若波羅蜜門的思想。但李通玄對於此一節，只釋為「自明」，而無積極地解明字義。由此事可知，他由六相上定義了文字的真義，但是對進一步深入文字和語言存在之關係，並使其源頭明白呈現的方向之追求，似乎並無關心。這也是推測，他與不空等的密教無直接交涉的理由之一。

其次，李通玄關於十玄義，與上所引用之文同時地，下列的文詞可當作他的基本思想來舉出。

望一乘法界，理事同參。一微塵內，諸佛國土，人天同處，身

❿同，二四（同，p. 886 上～中）。
❿《八十華嚴》七六（大正一〇，p. 418 上～下）。

塵毛孔，如影相入。修真之者，須當如實而知，莫隨化相應。
須以同時是足相應門、一多相容不同門、諸法相即自在門、因
陀羅網境界門、微細相容安立門、祕密隱顯俱成門、十世隔別
異成門、主伴交參無礙門、託事現法生解門、唯心迴轉善成門。
以此十玄門該之，即理順故❿。

由全文來看，李通玄言及六相之處甚少，反而如前之引用文所
示，是當作六相義的補充，故無法充分論證。李通玄本身到底重視
十玄義到何程度，也是一個疑問。但是，今以此些引文為中心，想
探討一些李通玄的十玄義之特質。

首先，於李通玄，十玄門到底是什麼呢？關於此問題，可提出
二個解答。即由前之資料可知，他是立於真理和事象的一體性（理
事同參），來捕捉其根本精神；而由前之引用文亦可知，其十玄之旨
趣是與六相相同的。其次關於其構成，此資料所示的十玄門之各個
名稱及順序，大體和《華嚴五教章》相近。但是不管是那一資料所
示，皆有部分被改，特別是主伴交參無礙門，筆者認為可能是《探
玄記》第十門「主伴圓明具德門」的改變、導入。不管怎樣，只由
此事亦可知，李通玄未對華嚴教學的傳統持有特殊意識，亦未將其
視為絕對。但是，更重要的是，諸資料之間十玄門的名稱和順序皆
不一致，有時更被立了新名稱。此事無異是對上述所言的──他對

---

❿《新華嚴經論》一二（大正三六，p. 795 下）。

華嚴教學的態度是自由的——作了有力的補充，但是，想來也並非只有如此。他在進行《八十華嚴》的注釋時，或者在咀嚼、解說《八十華嚴》時，所常常出現的由體驗而來的思惟，他不是想將那思惟放進所謂的十玄——優秀的華嚴教學——之範圍裏去嗎！不管怎樣，由此可看出，李通玄的思想決非是教理性，也非是固定性的，而是帶有柔軟性之一面的。

最後，關於李通玄的思想，還有一個不可忽視的問題。那是，剛才在引用文中可看到的「唯智同別自在門」。如前所述，「智」與他的思想根據甚有關係。「唯智同別自在門」可說是表示了他對「智」的重視，而將其吸收進十玄門之中的。在《一乘十玄門》中，「託事顯法生解門」被當作是「約智而說」。若從「約法」的十玄義全體的本來方向來看，筆者認為不如這種「約智」的立法來得適當。但是，若想到他的「智」之性格，則「唯智同別自在門」被編入十玄門之中，也不能說它是不適當的。因為那在無意中反映出了——自主地追究探討「智」，並加以宣揚——曾是李通玄最大的課題、重點。

第七章

華嚴教學的革新

一、法藏門下

　　法藏的傳記類之中，最詳細的是《法藏和尚傳》。此為新羅的崔致遠所著作，但其記事不能全般相信。可是，是了解法藏的全體像的重要書籍。據《法藏和尚傳》❶所述，法藏是「從學之者如雲」，而其中錚錚有名的，則是釋宏觀、釋文超、東都華嚴寺智光、荷恩寺宗一、靜法寺慧苑、經行寺慧英的六人，據云此六人是「並名雷時，跡露後」。總之，此六人是法藏的高徒，共同興盛華嚴宗，並廣弘華嚴教學。

　　法藏入歿的先天元年 (712)，是玄宗登帝位之年。此時代，在宗教方面正是由華嚴走向密教的時代。因此，在其之後，法藏的弟子們的活躍場所次第變窄，華嚴宗的勢力，在全體上，亦走向衰退。很多法藏門下弟子的事跡幾乎不明，正是反映此時代的狀況吧！但是，至少在其中，文超和慧苑敏感地感受到時代的趨勢，而認真地摸索華嚴教學的新生之道。

❶《法藏和尚傳》（大正五〇，p. 285 上）。

　　首先文超，關於其傳記，也僅知道他住過華嚴教學的誕生地——終南山至相寺，而已❷。但是，他曾有過《隨聞要科自防遺忘集》（以下，略稱《遺忘集》。一名《華嚴經義鈔》）十卷的著作，是沒有錯的❸。此外，宗密所引用的《華嚴關鍵》，也很有可能是他的撰述❹。在《義天錄》中，另有〈關脈〉一卷被舉為是文超的著作，但關於此無資料可證明。宗密所引用的《華嚴關鍵》，是集中於性起和緣起的問題，故此書應是不會太大。若如此，則《華嚴關鍵》和〈關脈〉亦有可能是指同一書物。

　　那麼，文超是展開怎樣的思想呢？由現存的《遺忘集》卷一〇

---

❷《華嚴經義鈔》書後語（1314 年成立。《金澤文庫資料全書・佛典第二卷・華嚴篇》所收）中，有如下記述，《圓宗文類》第二十二云：「《花嚴自防遺忘集》一〇卷。唐終南山至相寺沙門釋文超（賢首門人）述」。但是現存的《圓宗文類》二二（續藏一一二一八一五，pp. 413 右上～431 右上）中，並無此記載。此可能是書後語的著者誤記卷數，或者是為續藏所收本底本的「東大寺古藏中」的殘欠本並不完整。

❸推定的根據是：《華嚴經義鈔》書後語中明記其旨（前注參照）；及《義天錄》一（大正五五，p. 1166 下），和《圓超錄》（大正五五，p. 1134 中）中，記載有「《自防遺忘集》十卷・文超述」等。又關於本書全體，請參照高峰了州〈文超法師の華嚴經義鈔について〉（《華嚴論集》，pp. 501～514）。

❹《普賢行願品疏鈔》四（續藏一一七一五，p. 458 左上），宗密云：「超公關鍵之中，云性起與緣起不同」。宗密以前與華嚴思想有關係者，可稱為「超公」的似並沒有。

的殘簡，和《華嚴關鍵》的引用文斷片，想來探討此問題。

　　仔細尋思，文超的思想中較被注目的，依現存資料所示，有如下四點。第一，澄觀所引用的《遺忘集》中所說的十觀思想。這是澄觀將《華嚴經・賢首品》的教說由十種三昧門來解釋的部分，而為了要說明第二種華嚴三昧的內容而引用的。十觀是①攝相歸真觀、②相盡證實觀、③相實無礙觀、④隨相攝生觀、⑤緣起相收觀、⑥微細容攝觀、⑦一多相即觀、⑧帝網重重觀、⑨主伴圓融觀、⑩果海平等觀❺。澄觀將此十觀融四法界❻（四種存在世界），①、②是理法界，③是事理無礙法界，④是事法界（隨事法界）、⑤～⑨則對應於事事無礙法界，第⑩則觀果海絕言，通為前四之極。澄觀這種將十觀和四法界相對應的解釋，在次節詳論。但這是限制於，以四法界為基本來考慮存在範疇的，澄觀個人的立場。因此，澄觀是到何種程度，來正確整理《遺忘集》的意圖和論理，則是值得可疑的。但是，文超曾立了與上之十觀同一形式的十觀，則是不會錯的。若如此，文超即是一邊承受法藏的十重唯識和十玄的思想，一邊當作「觀」之內實，來重複捕捉了緣起的世界。特別是於第十觀中舉出「果海平等觀」，亦即「佛之果海平等之觀察」，可看出他著眼於「悟」之本源，並將法藏沒有說明的「悟」之範疇，由「觀」來加以揭示、表明。不管怎麼樣，由十觀之立定來看，文超的立場是認

---

❺《演義鈔》三五（大正三六，p. 271 上）。

❻詳細請參照，本章第二節第⑶項。

為，法藏所追根究底的緣起世界之真實，應是經由徹底之瞑想，而後才能令人認同的東西。

第二，關於「安心」的問題，文超設「誰之說為正確」的問答，而自答言：「皆為此時代之龍象，當世之英賢，故無法言是非」。並略說：①由空觀、②知心與境之一體性、③立於相即觀，則悟不安即為安心的三種「安心」說。最後並言及，出於《摩訶止觀》中的智顗及其門人們的實踐，及遷禪師，命禪師，可禪師等的實踐方法❼。這裏的遷禪師可能是指曇遷，命禪師則為慧命，可禪師則為慧可。由上一節可知，文超對於「安心」等極為具體性的問題，深具關心，並知他不拘宗派，而謙虛地廣學諸觀門。特別是，他言及曇遷和慧命等傳說中的人物，可知他繼承了智儼的實踐觀點；又舉出慧可，可看出當時代對楞伽宗之祖慧可 (?～593) 的高評價。又，文超相當受到智顗思想的影響，亦表現於《遺忘集》的止觀之解釋❽中。

第三，明確地區別性起和緣起。此想法亦表現於《遺忘集》卷一〇的開頭所記的，項目第八的「明緣性二門親疏有異門」的取名。但是，更明確的證據是，宗密於數個所論及的《華嚴關鍵》的思想，皆是有關於兩者的區別之事，或者是以其為前提之事。關於華嚴教學的根本問題之一的「緣起」和「性起」，文超簡明地定義為：前者

❼《華嚴經義鈔》一〇（《金澤文庫資料全書・佛典第二卷・華嚴篇》，p. 14）。
❽同（同，p. 8）。

是通於善惡，乃至染淨的二世界；而後者則是純粹清淨的世界，其真理則興起一切善之存在、事象❾。

　　第四，華嚴教學的根本定──海印三昧的定義被樸素化，幾乎與《起信論》的「真如」思想相同。亦即文超於《遺忘集》卷一〇，立第十九門為「明海印三昧作用不同門」，其中關於海印解釋如下：「海」是「法界淨心」，類似「真如」；「印」是諸法，同於「緣起」；「定」──其所現的像即是真理，現各種形態而無起滅，故為「真如不變」，故「海印定」即為「真如的隨緣、不變❿」。華嚴教學全體，被收攝於《起信論》思想，可說是契機於前述的法藏之四宗教判。而中國佛教，在此方面的展開，全體上可說是傾於「現象即真理」、「現實即真實」、「自己即佛」的現實肯定思想，而以高速度展開的。但是將全部還原於根源之「心」，或是「真如」的看法，法藏在《探玄記》十玄門等中，即已捨去不用。因此，我們在此必須承認，文超的思想很明顯地已脫離了法藏所立定的教學立場，或者是已經呈現了那種傾向。

　　順便一提的是，被認為是法藏著作的《妄盡還源觀》一卷，亦有人推定是文超的撰述⓫。以「自性清淨圓明體」為根本思想的此

---

❾《行願品疏鈔》（續藏一一七一五，p. 458 左上）。同，一（同，p. 401 左）參照。

❿《華嚴經義鈔》一〇（前揭，p. 13）。

⓫鎌田茂雄《中國佛教思想史研究》（1968 年，春秋社），pp. 357～379。小島

書，從內容來看，應是法藏門下之中誰的著作，是沒有錯的。

其次慧苑 (673～743)，據 《開元錄》 ⑫云是法藏的 「上首門人」，勤於學問，兼通內外聖典，並對《八十華嚴》著有《華嚴經音義》二卷，而為人知。同書之序自述：「年少而親近《華嚴經》，十九年間，為把握其旨趣而從師學」 ⑬。由這些記事，可證明他是一位真摯的《華嚴經》研究者。但是，後來因為受了澄觀的批判，而長久被視為異端者。此種歧視是不妥當的，好不容易直至最近才被證明⑭。亦即他的名譽被回復，是屬於最近的事。

但是，澄觀的批判也並非是沒有根據的。在慧苑的思想中，至少由看法而言可說是邪說的，新見解的存在是確實的。

但是，慧苑的著作，除了上所舉的《華嚴經音義》二卷之外，尚有《華嚴旋復章》一部（卷數不明）、《刊定記》十六卷、《刊定別章》二卷等。但是現存的只有《華嚴經音義》和《刊定記》（部分欠缺）而已。以下，主要是依據《刊定記》，想來略微考察他的思想特徵。但是，在那之前有一問題必須先考慮，亦即《刊定記》之性格。若依本書之序⑮，本書原本為師法藏為著《八十華嚴》的注釋書而

岱山〈「妄盡還源觀」の撰者をめぐる諸問題〉（《南都佛教》四九）參照。

⑫《開元錄》九（大正五五，p. 571 上）。

⑬《華嚴經音義・序》（縮刷，為 pp. 10、109 右）。

⑭其代表成果，有坂本幸男《華嚴教學の研究》（1956 年，平樂寺書店）。以下的考察，受益此書之處甚多。

開始寫的。但是法藏的注釋，是由最初的〈世主妙嚴品〉到〈十行品〉的第六善現行，及〈十定品〉的第九定，其後法藏即圓寂。因此慧苑繼續其工作，補充法藏所撰述的部分，並將法藏未著述的部分，加以注釋完成。因此，法藏的注釋部分可說是以法藏的草稿為底而成的，故此書可說是法藏和慧苑合作而成的。但貫徹全體的基本思想，應該是依於慧苑而沒有錯的。

那麼慧苑的思想特徵，由何處可看出呢？關於此點，最應注目的，是他的教判立場。亦即慧苑，舉出歷來的說法並加以批判之後❶，舉出自說，並以《寶性論》為根據：

> 有四種眾生，不識如來，如生盲人。一者凡夫、二者聲聞、三者辟支佛、四初心菩薩❶。

而立四教如下：①迷真異執教——凡夫、②真一分半教——聲

---

❶《刊定記》一（續藏一一五一一，p. 1 右上）。

❶ 其中，應注目的是，對「古德」（恐怕是暗指智儼、法藏）立頓教為五教之一的批判。慧苑由各種角度來指摘此問題點，並下結論：「頓教」只是余教所說的法性而已，並非是能詮的教說（《刊定記》一，同，p. 12 右上）。

❶《寶性論》四（大正三一，p. 839 中）。此文受「究竟真理之如來藏唯信（Śraddhā）得知」之偈的影響而述的。中村瑞隆《〈梵漢對照〉究竟一乘寶性論研究》（1961 年，山喜房）pp. 143～146 參照。

聞、辟支佛、③真一分滿教──初心菩薩、④真具分滿教──識如
來藏之❶根器。

首先，第一的迷真異執教，若據慧苑所云，即世及出世，情非
情類，莫不皆依真性建立，而諸凡夫，福慧微薄，於正法中，不得
真實，妄立邪見，其中包括西方的九十五種外道之說，及起源於中
國的《易經》、《老子》、《莊子》的諸思想。其中，關於後者，論其
三家是「大意相同」，並對其「無生萬有」思想可對應於佛教的「如
來藏隨緣」之說的看法，嚴加批評。而認為：此種看法不僅不知如
來藏，甚至連「虛無之宗」亦無法辨別。

其次，真一分半教，謂於真如有隨緣、不變二義，而只明其不
變義。而其不變義是由生空（自我存在之空）和法空（構成存在的
諸要素之空）二面來表示，而只說明其生空面。亦即因只說明真如
之「不變」的部分，而其中亦只說明「生空」一面，故名為真一分
半教。此中，包含有說一切有部、多聞部等諸部派的思想。

第三，真一分滿教，謂於真如的隨緣、不變二義中，具說不變
的生、法二空。亦即，明真理是由生、法二空所顯。因此，名為
「滿」。但此教說為凝然不動，而並非隨緣。因此，只停於明示真如
的一部分。若由慧苑的說明方法來看，可認為此部分主要是意識到
法相教學，而加以規定的。

第四，真具分滿教，由其名稱，及其位置來判斷，慧苑認為，

---

❶《刊定記》一（續藏一一五一一，pp. 12 右～15 右）。

此是最高，且是最完全的教理，應是不會錯的。而其意義，可推測為是具由生、法二空所顯的真如、不變二義之教。但是，奇妙的是，慧苑不直接敘述此事，而卻直言此教理有「理事無礙門」和「事事無礙門」二門，並各加以說明。首先，先來看其說明。

據其說明，第一的理事無礙門，是真如隨，緣作一切法，而不失自體。換言之，亦即諸法即真，不礙生滅。此可由三方面來表現，即①依理成事，②會事歸理，③理事互成。此種整理方法，筆者認為：慧苑應是由法藏《探玄記》中所立的十重唯識❶之第五～第七，和《發菩提心章》的理事無礙觀❷等，得到啟發的。當作經證，而被引用、提示的，①之中有《寶性論》、《勝鬘經》、《起信論》、《華嚴經》等；②之中有《法華經》、《維摩經》、《華嚴經》等，③之中有《華嚴經》、《密嚴經》、《大品般若經》等。

其次，第二的事事無礙門，謂此事彼事，或由法性力所致，或由神通等轉變。關於此點，慧苑非常重視，並將其視為是使事物、事象相互間的無礙成立的根據。亦可說，毋寧是由此根據來把握其無礙。

慧苑並由三相，來顯示其內容，三相即是①體事，②德相，③業用。關於三相，說明如下：

---

❶本書，第五章第五節參照。

❷《發菩提心章》（大正四五，pp. 652 下～653 下）。

㈠體事者，謂色，心，時，處，身，方，教，義，行，位等。此通二種，即①純淨無漏，謂佛菩提，從無生智，證淨法界所起依正，此即德相所依體事也。②通染無染，此即業用所依體事也。

㈡德相者，謂相即、相在等。……

㈢業用者，謂佛菩提證得淨法界故。成就通明、三昧、解脫，而能於彼染淨體事，示現自在相作相入等。

　　以上是慧苑的說明，但此論述中，有不明確處，故多少有些難於理解。而此一節中，亦完全沒有舉出經證。

　　但是，至少他是由相即、相在來把握德相；相作、相入來把握業用，應該是不會錯的。此點，是慧苑的事事無礙論的特徵之一。順便一提的是，「相在」，在華嚴教學中並非一般用語。但是，《三寶章》 ❷ 的 〈玄義章〉 中立有 「相在不在門」，可知法藏亦曾使用此語。例如，以「一切同在一中」，來表現存在之樣相等。慧苑恐怕是承繼於此，而轉用於德相之表現吧！

　　慧苑的四教判之概要，如上所示。由此可知：①他由法藏的《起信論》之解釋，來確立真如的隨緣、不變二義，並將其與《寶性論》的四種眾生說相連結，以此為基本，來整理佛教思想全體，並加以區分段落。②在其第四的「真具分滿教」中，亦包含了事事無礙之

❷《三寶章》（大正四五，p. 623 上）。

樣相的開示。慧苑的教判論裏，將法藏以究竟之形態來表現的緣起世界，又一次提出，或者是將其與如來藏＝真如相連結，而重新加以定位。法藏留下了五教判（以圓教為最高），和四教判（以如來藏緣起宗為最高），而慧苑或許是嘗試著將其統合整理也說不定，這可說是慧苑的苦心吧！

　　關於慧苑的思想，尚有一事需提出不可。即關於《華嚴經》受教者的見解。亦即，慧苑修正了法藏的思想，將受教者首先區別為①「正為」（直接的對象），②「兼為」（兼含的對象）。後者並進而區分為ⓐ「引為」（被引導的對象）、ⓑ「轉為」（應被轉向的對象）、ⓒ「遠為」（終於達到受教標準的對象）。進而將①及②的ⓐⓑⓒ各分配於四教判中，各使其成為各教判的受教者（例如①是真具分滿教的受教者，②的ⓑ是真一分半教的受教者）❷。這種分配法，很巧妙地顯示了它的整齊均一，但更引人注目的是，在最後的「遠為」的說明之後，被附加了如下一段：

　　若依法性，非情亦是此經所為。所以者何，情與非情，其性一故。攝相歸性，相亦無二。是故但被有情，則為已被非情也。

　　此是「非情有性說」的表明，可說是法藏的「法性融通」思想的進一步發展。如眾所周知，李通玄明確地主張「非情成佛說」❸，

---

❷《刊定記》一（續藏一一五一一，pp. 15 右上～16 右上）。

故有可能是受其影響也說不定。不管怎麼說，慧苑認為，《華嚴經》的教理，亦包含了非情世界，是可確認的。於此，我們以一介凡夫，亦可管見其宗教感覺之一部分了吧！

二、澄觀及其思想

⑴傳記

後來被尊為華嚴宗第四祖的，是澄觀 (738～839)。但是，他不僅非三祖法藏的門下，亦未曾受教於其弟子們。法藏和澄觀之間，若以兩者活躍的年代為中心來考慮的話，幾乎相差了一百年。

那麼，澄觀是由誰？並以什麼形態？來承繼了華嚴宗系譜的呢？

事實上關於此點，並不太明確。但是，澄觀的傳記資料中，可信度最高的〈妙覺塔記〉❷，有如下的記載：

從東京（洛陽）的大詵和尚聽〔《華嚴經》〕奧旨。一入耳，〔澄觀即將其〕完整地複誦出。詵言：「真理之世界，全為汝物。」

---

❷《新華嚴經論》六（大正三六，p. 755 上）。拙稿〈李通玄における佛〉（玉城康四郎博士還曆記念論集《佛の研究》，pp. 377～389）參照。

❷鎌田茂雄《中國華嚴思想史の研究》（1965 年，東京大學東洋文化研究所）所收，圖版第三（結城令聞氏藏）。

　　其他資料亦皆順於此，故澄觀之師應是名為「詵」的人物，是不會錯的。那麼，「大詵」、或是「詵」，又是何人呢？在高僧傳記類當中尋找與此人物相當的佛教者，有天竺寺法詵 (718～778)，年代亦符合。進而，在《宋高僧傳》的〈法詵傳〉❷⑤當中，明記了澄觀在法詵處得到「幽趣」；而法詵的〈塔銘并序〉❷⑥中，則記有「大德詵法師」。由以上諸事，可推定澄觀的華嚴教學之師，是天竺寺法詵。

　　此法詵之生平，若依《宋高僧傳》的記載，他十五歲出家，受故地的恩貞大師委託了《華嚴經》、《菩薩戒》、《起信論》。並悟「事事無礙」之趣旨，天寶六年 (747) 於蘇州常樂寺繪毘盧遮那像以教化人，大曆二年 (767) 於常州龍興寺講《華嚴經》而現奇瑞。前後共講《華嚴經》十遍，撰述《儀記》十二卷。另傳法詵著有《刊定記纂釋》二十一卷（或十三卷）❷⑦等，上文中所出的「恩貞大師」，恐怕是指慧苑❷⑧吧！亦即，法詵大概是受教於慧苑，並忠實地守住其路線，而專心致意於宣揚華嚴教學的人。只是，遺憾的是，法詵思想的具體情況，幾乎是不明的。

　　如此地，澄觀可能是從慧苑門下法詵學華嚴教學。但是澄觀並

❷⑤《宋高僧傳》五（大正五〇，p. 736 上～中）。

❷⑥《全唐文》九一八（文友書店刊本，卷一九）。

❷⑦《義天錄》一（大正五五，p. 1166 上）。

❷⑧坂本幸男《華嚴教學の研究》pp. 51～57 參照。

非只承繼此系譜。此點可由拓本〈妙覺塔記〉所描述的澄觀傳為中心來檢討。

依〈妙覺塔記〉記載，澄觀字大林，俗姓夏侯氏，是越州會稽（浙江省紹興縣）人。九歲時師事於寶林寺之禪德體真大師，十一歲得度，不久即能講解《般若經》、《圓覺經》、《起信論》等諸經論。並愛讀僧肇的《四絕論》、道生的《十四科義》、杜順的《法界觀門》、智顗的《摩訶止觀》、法藏的《妄盡還源觀》等。二十歲時，澄觀從曇一大師授南山律而講律藏，並從常照禪師受菩薩戒，立了十條求道誓文 ❷❾。進而，參荷澤宗的無名禪師而受了印可，而受到牛頭宗禪之影響的可能性亦有 ❸⓪。不管怎麼說，澄觀吸收了南宗禪之事，由後所述他的思想本身來看，應是不會錯的。

其後澄觀，如前所述，從於法詵繼承了華嚴宗的法系。並於安祿山、史思明之亂 (755～763) 後的混亂之中，登上了當時已成文殊聖地而甚受信仰的五臺山 ❸①，並入大華嚴寺，而在那裏過了十年，受山門僧侶之請而著《華嚴經疏》六十卷。其經疏似是完成於大曆

---

❷❾ 此十誓，若依《華嚴懸談會玄記》1（續藏一一一二一一，p. 4 右下）所引的〈妙覺塔記〉，是①體不損沙門之表、②心不違如來規制、③坐不背法界之經、④性不染情礙之境、⑤足不履尼寺之塵、⑥脇不觸居士之榻、⑦目不視非儀之彩、⑧舌不味過午之餚、⑨手不釋圓明之珠、⑩宿不離衣鉢之則。

❸⓪ 鎌田茂雄，前揭書，pp. 176～181 參照。

❸① 《宋高僧傳》五（大正五〇，p. 737 上），將此年定為大曆十一年 (776)。

十五年 (780)❸❷。但是如其經疏所示，因「大教之理深，疏文之義廣」，而被要求進一步對此經疏作注釋、說明，故與上首的僧睿、智愷等著了《隨疏演義鈔》四十卷、和《隨文手鏡》百卷。此外，並為僧俗著了甚多書物，又為德宗、順宗、憲宗等講解《華嚴經》，進而參加了般若的《四十華嚴》的譯出❸❸。現存著作有《貞元華嚴經疏》十卷、《華嚴經綱要》三卷、《華嚴經略策》一卷、《法界玄鏡》一卷、《心要》一卷、《三聖圓融觀》一卷等。又，上之《隨文手鏡》，既無記載於經錄類，亦無現存。或者，那是如《華嚴經疏》的備忘錄之注釋筆記那樣的東西，也說不定。

　　如此地，澄觀的名聲愈來愈高，貞元十二年 (796) 被賜與紫衣，同十五年被號清涼國師，元和五年 (810) 被授與僧統之印。總之，他的後半生是以「七帝門師」之身分，走完光輝的一生的。出家弟子中，以海岸虛寂為首，有三十八人，而學徒及於千人，但得其奧旨的只有東京僧睿、圭峰宗密二人而已。關於澄觀的容姿，史書描述為「形長九尺有四，手垂過膝，目夜放光，晝而不瞬，言語清雅，動作規矩」，並言「顏面有光，端坐如山」。

---

❸❷《華嚴經疏》四七（大正三五，p. 859 下）、《演義鈔》七六（大正三六，p. 601 上）。

❸❸《四十華嚴》四〇（大正一〇，pp. 848 中～849 上）所收，書後語。若據此，澄觀是擔當「詳定」之役。

⑵「心」的思想

如前所述，《華嚴經》表達了很濃厚的唯心世界觀。澄觀主要是依於《八十華嚴》，其中，例如〈夜摩宮中偈讚品〉云：

心如工畫師，能畫諸世間。
五蘊悉從生，無法而不造❸。

又，〈十地品〉中有如下有名之句：

三界唯一心❸。

澄觀接受了如此的《華嚴經》唯心論的思想，並立於極為實踐性的觀點，加以解釋。表現此典型的，可見於以下之偈頌的注釋：

若人欲了知，三世一切佛，應觀法界性，一切唯心造❸。

以上之頌是出於〈夜摩宮中偈讚品〉的覺林菩薩頌的結尾，澄

---

❸《八十華嚴》一九（大正一○，p. 102 上）。
❸同，三七（同，p. 194 上）。
❸同，一九（同，p. 102 上～中）。

觀將其註釋如下：

> 然有二釋，㈠云，若欲了佛者，應觀法界性。上一切差別，皆
> 唯心作，以見法即見佛故。
>
> ㈡觀法界性是真如門，觀唯心造即生滅門，是雙結也。又一是
> 真如實觀，一是唯心識觀。大乘觀要，不出此二。觀此二門，
> 唯是一心。皆各總攝一切法盡，二諦雙融無礙一味，三世諸佛，
> 證此為體故❸❼。

由此可知，澄觀援用了《起信論》的思想，毋寧以其範圍為基
本，當作觀門的問題，來把握了「心」之真實。

那麼，「心」本身應如何來加以說明呢？澄觀認為，從意義上而
言，可區分為：①二乘人之一心，②異熟賴耶之一心，③如來藏性
清淨一心。而此三種心，由立場而言，又可廣開為十。此是承繼於
法藏的「十重唯識」之說，所謂的「十重一心」之說，其云依於圓
教立場的最後部分的解說方法，也幾乎與法藏相同❸❽。只是，法藏
當作事事無礙的各各成立之根據而舉出的第八門「理性」，澄觀將其
改為「心性」；第九門的「理」，亦被改為「性」或「心性」。此可看
作是，澄觀更明確地宣揚了「心」之根本性的證據。澄觀由此「十

---

❸❼《華嚴經疏》二一（大正三五，p. 659 上）。

❸❽同，四〇（同，pp. 806 中～807 上）。

重一心」之教說，基於根本之真實的心之絕對性、自在性，而主張
說明了一切事物、現象的相即、相入之華嚴思想的究竟性。

　　但是，作為此種存在性的心，同時地，若即主體而言，亦具有
所謂「知」的認識性。例如，《八十華嚴・菩薩問明品》中，有「佛
的境界之知」為何的問答，以偈表示，即：

　　非識所能識，亦非心境界。
　　其性本清淨，開示諸群生❸❾。

澄觀將此注釋為：

　　知即心體，了別即非真知。故非識所識，瞥起亦非真知，故非
　　心境界。心體離念，即非有念可無，故云「性本清淨」。眾生等
　　有，或翳不知。故佛開示，皆令悟入。即體之用，故問之以知。
　　即用之體，故答以性淨。知之一字，眾妙之門。若能虛己而會，
　　便契佛境❹❶。

　　復注的《演義鈔》中，進而注釋了開頭的「知即心體」，直接提
示，此為不同於木石的「具有靈知的真心」，以下並各以南宗、北宗

❸❾《八十華嚴》一三（大正一〇，p. 69 上）。
❹❶《華嚴經疏》一五（大正三五，p. 612 中～下）。

的見解來加以批評、綜合❹。又，在《心要法門》中，舉出作為究竟之道的根本之「心」，並論述，其無住的心之本體是「靈知不昧」（是靈妙之知，明耀光輝）❷的。此種澄觀的「心即知」的思想，從上文中，將「知之一字，眾妙之門」之中心語句歸於水南神會中可看出，很明顯地是攝取了以荷澤禪為中心的禪思想，而形成的東西。

　　但是，澄觀的「心」之思想裏，並不能承認只是受了禪宗的影響。例如，《六十華嚴》（舊譯）〈夜摩天宮菩薩說偈品〉，是相當於《八十華嚴》的〈夜摩宮中偈讚品〉，將心比喻為巧妙的畫師之譬喻中，有如下一句：

　　如心佛亦爾，如佛眾生然。心佛及眾生，是三無差別❸。

　　《八十華嚴》的對應個所，前半偈相同，但是後半偈即成為：

　　應知佛與心，體性皆無盡❹。

---

❹《演義鈔》三四（大正三六，p. 261 中）。

❷《心要法門》（續藏一一二一八一四，p. 303 左）。

❸《六十華嚴》一〇（大正九，p. 465 下）。拙著《華嚴經》（《佛教經典選》五，1986 年，筑摩書房，pp. 97～100）參照。

❹《八十華嚴》一九（大正一〇，p. 102 上）。

總此二文，澄觀論述如下：

若依舊譯，云：「心佛與眾生，是三無差別」，則三皆無盡，無盡即是無別之相。應云：「心佛與眾生，體性皆無盡」。以妄體本真，故亦無盡。是以如來不斷性惡，亦猶闡提不斷性善❹ ❺ 。

此處很明顯地顯示出，包容了由湛然所明確化的天台性具說的思想。澄觀若借用其自身所用之語來表現的話，他所追求的，正是「即凡心而見佛心」，「依本智而求佛智」 ❹ ❻ 。禪的受容，天台教學的攝取，可說皆是與此一點有關的。

⑶四種法界論的成立

四種法界論，是華嚴教學的代表性學說之一。即將存在世界的樣相，區分為下列四種：①事法界（事象的世界）、②理法界（真理的世界）、③理事無礙法界（真理和事象交流融合的世界）、④事事無礙法界（事象和事象交流、融合的世界）。但是，此教說若以現存資料來看，是到澄觀而形成的學說。

當然，法藏本身亦有明確的「法界緣起」思想。關於法界，亦分為理法界和事法界，並提出了無礙處才是真法界❹ ❼ 的看法。澄觀

❹ ❺《華嚴經疏》二一（大正三五，p. 658 下）。
❹ ❻ 同，一（同，p. 503 上）。

應是由此得到啟發，而組織了四種法界論的吧！但是，法藏自身的法界論，毋寧是以《探玄記》❹中所示的二種五法界說為中心的。亦即：㈠有為法界、無為法界、亦有為亦無為法界、非有為非無為法界、無障礙法界；及㈡法法界、人法界、人法俱融法界、人法俱泯法界、無障礙法界。

而澄觀的四種法界論，又是什麼樣的學說呢？

首先來看《法界玄鏡》，其言：

> 言法界者，一經（《華嚴經》）之玄宗，總以緣起法界不思議為宗故。然法界之相，要唯有三。然總具四種。㈠事法界、㈡理法界、㈢理事無礙法界、㈣事事無礙法界❹。

此處明確地提出了四種法界，並明言此為表達《華嚴經》的究竟旨趣的教說。但是，關於「法界」的意義，及各個法界的性格，卻完全沒有提及。此點被明確化的，是到了《大華嚴經略策》以後。亦即：

---

❹《義海百門》（大正四五，p. 627 中）。

❹《探玄記》一八（大正三五，pp. 440 中、441 上）。又，㈡的「法法界」，又進而被區分為事、理、境、行、體、用、順、違、教、義的十法界（同，p. 441 上～中）。

❹《法界玄鏡》上（大正四五，p. 672 下）。

　　（法界之）法者，軌持為義；界者有二義。㈠約事說，界即分
義，隨事分別故。㈡者性義、約理法界、為諸法性不變易故。
此二交絡成㈢理事無礙法界。事攬理成，理由事顯。二互相奪，
即事理兩亡。若互相成，則常事常理。㈣事事無礙法界、謂由
以理融彼事故❺⓿。

　　此處，由與法界的意義之關聯，來說明四法界。

　　此種四法界說的重點，是在於「理」和「事」，那是不用說的。
而此二語的基本意義，各是「真理」和「事象」，亦如從來所示。但
是，若仔細推尋，這些語義中，因使用的人和其文脈的不同，而涵
義也有微妙的不同，且亦必非只有一義❺❶。那麼，澄觀是如何來將
此二語定義的呢？

---

❺⓿《大華嚴經略策》（大正三六，p. 707 下）。

❺❶關於此點，Garma C. C. Chang 論述如下：「『理』於不同文脈，可有原理
(principle)、普遍的真理 (universaltruth)、道理 (reason)、抽象 (the abstract)、
理法 (law)、實體 (noumenon)、判斷力 (judgment)、知識 (knowledge) 等之意。
『事』則有事物 (a thing)、出來事 (an event)、特殊 (the particular)、具體 (the
concrete)、現象 (phenomenon)、事柄 (matter) 等意」(*The Buddhist Teaching of
Totality*, the Pennsylvania State University Press, 1971, p. 142)。是將怎樣的文獻
調查到怎樣的程度，而得到的見解，真相雖不清楚，但這是值得參考的資
料，卻是不會錯的。尚且於一文脈，不管是「理」或是「事」，並非純粹地
只指一義，毋寧多少皆含有多義，此可說是通例。

　　若依據《演義鈔》，澄觀首先定義「理」和「事」的基本意義如下：前者是「無分」，亦即不能區分，或不能分割之義；後者則是「分」，亦即與理反對的，可以區分或可以分割之義。而這些定義裏，又各有其普遍性和個別性。澄觀並進一步分析各個的意義，而加以提示，各義中又各具有四句。亦即：

　　理四句者，㈠無分限，以遍一切故。㈡非無分，以一法中無不具故。㈢具分無分，謂分無分一味，以全體在一法，而一切處恆滿故。如觀一塵中見一切處法界。㈣俱非分無分，以自體絕待故、圓融故。二義一相，非二門故。事四句者，㈠有分，以隨自事相有分齊故。㈡無分，以全體即理故。大品云：「如色前際不可得，後際不可理」，此即無分也。㈢俱以前二義無礙，是故具此二義，方是事故。㈣俱非，以二義融故、平等故、二相絕故❷。

　　上文是主張，不管是理或是事，皆不可只固著於其基本意義而加以理解，而應該深入理解其兩者的相關性和絕對性。若如此，則四法界全體，至究竟的立場，變成只有唯一、真實的法界，亦即「一真法界」❸留下而已，而且由其中的任何一法界，皆可來加以統合、

---

❷《演義鈔》二四（大正三六，p. 181 上～中）。

❸《演義鈔》一（大正三六，pp. 2 中～3 上）參照。

包括。四法界不僅非是四種並列而成的世界，亦非表明依其順序而漸深入的世界觀。

　　但是，實際的論述中，澄觀本身還是較重視，以「事事無礙法界」來表現究竟世界的樣相。在《演義鈔》❺❹中，澄觀解釋了《華嚴經疏》的序，並以其為經之趣旨，即是其明顯例證。只是，澄觀所說的「事事無礙法界」，由上文亦可推知，去掉了「理」，則事象相互間的自由交流、融合，即無法保障。亦即，他一直都意識到，「理」的存在是支持著「事事無礙」的根本的。因此，澄觀言：「基於事理無礙，才有事事無礙的成立」。而認定《華嚴經疏》中的自說，「事得理而融和，各式各樣不同的事相互交融而無妨礙」是「正辨事事無礙」❺❺的。我們必須於此處，來看取澄觀的四種法界論的最重要的特質不可。

⑷三聖圓融觀的問題

　　日本的律藏，將華嚴宗的觀法分為①約教淺深門、②直顯奧旨門、③寄顯染淨門三種，其中②的直顯奧旨門，亦即直接開示華嚴宗教義奧旨的觀門中，加上了澄觀的三聖圓融觀和華嚴心要觀❺❻。亦即，澄觀所提倡的實踐思想中，律藏重視這二種。

❺❹《演義鈔》一（大正三六，p. 9 上）。

❺❺同（同，p. 9 中）。

❺❻《遊心法界記講弁》上（新日藏，華嚴宗章疏，p. 227）。

其中的華嚴心要觀，是指第二節曾提到的《心要法門》之所論，是為順宗明示「心」的本質和迷悟的不同，而提倡應「知我相之空」❺的書物。總之，本書並不像由律藏的分類名所顯地，言很深的實踐思想。頂多只不過是作為實踐論，直接地勸修被非難為小乘之悟的「我空」的觀察，如此而已。

但是，澄觀說示了如此基本的觀法本身，即含有不可等閒視之的重要性。為什麼呢？因為由此可知，澄觀並未持有華嚴宗的觀法必須是獨自而且高等的固定觀念。毋寧，甚至可以窺見，他確信《華嚴經》的世界是可以由「我空」之悟見來切入的。這個推測，由澄觀的著述，提倡人空觀、法空觀等二觀的《五蘊觀》❺，和說十二因緣觀察的《十二因緣觀》❺，另有存在之事，亦被補充強調了。可是，這些書物大概皆帶有禪的色彩，是可當作一個特徵來承認，但是，在這裏要找出澄觀本身明顯的實踐論特質，卻是沒有辦法的。

相對於此，三聖圓融觀是通過「本師毘盧遮那如來」和「普賢、文殊二大菩薩」，三者間關係的省察，以常為此三聖及十方菩薩們所護佑為目標。恐怕，此種觀法是由前章所檢討的李通玄所提出的吧❻！但是，以此為觀法，並首先明確提出的，則是澄觀。我們於

❺《心要法門》（續藏一─二─八─四，p. 304 右上）。

❺續藏一─二─八─四所收。

❺金澤文庫所藏。納富常天《金澤文庫資料の研究》pp. 208～213 參照。

❻《三聖圓融觀門》（大正四五，pp. 671 上～672 上）。濃厚地顯示了李通玄由

此必須承認，為了華嚴宗的再生的實踐論之整備及充實，澄觀所作的貢獻不可沒。

　　但是，此三聖圓融觀，在具體上應如何準備身心？以何為觀法？並應如何與三聖有關而加以修行？等各重點並無明確的說明。總之，此三聖圓融觀傾向於三聖關係的理論性說明，即使可以理解，由三聖而《華嚴經》的世界被象徵性地表示，但實際上卻無提出應如何入手，以實現「三聖及十方菩薩們守護」的體驗。此不得不說是，澄觀亦沒有辦法克服，華嚴宗在實踐立場上的不徹底❻。

三、宗密及其思想

⑴傳記

　　如前節所述，若依拓本〈妙覺塔記〉，則被尊為第四祖的澄觀，

三聖來把握《華嚴經》內容的想法（《新華嚴經論》三，大正三六，pp. 739上～740上等參照）。澄觀的諸著作中，並無具體言及，但是在八世紀後半，李通玄的著書至少已流通於山西省、湖北省方面。即使於此觀法被具體組織化時，由李通玄所受到的思想影響，是十分可能的。

❻此問題和澄觀如何來詮釋，《華嚴經‧入法界品》中的反道行善知識的問題相關聯。拙稿〈華嚴思想家と反道行〉（《印度學佛教學研究》一七一二，1969 年），同〈華嚴思想における人間觀〉（前田專學編《東洋における人間觀》，1987 年，東大出版社）參照。

有弟子千人。但是，其中能達其奧旨的，只有東京僧睿和圭峰宗密二人。此事，與其說是弟子中優秀的人很少，不如說是表示了澄觀作為一位佛教者，其功績的雄大。因此，若憑此來判斷，澄觀的佛教在其死後，全體上即急速衰退，是不可以的。但是，其弟子中事跡明白地被記錄的，只有宗密一人。而宗密也在澄觀歿後不久的會昌元年 (841) 過世了。進而，其四年後的會昌五年 (845)，由武宗開始了強大的佛教彈壓 （會昌毀佛），而至佛教全體受到了很大的打擊。若參考這些事項來考慮的話，澄觀的佛教，如後所述，恐怕是被禪宗各派選擇性地吸收，而得以苟延殘喘於亂世。而宗密，想來大概是將此道路明確地付與方向，並加以推進的人吧！

　　宗密，俗姓何，生於建中元年 (780)，果州西充縣 （四川省）❻❷。生家有可能是儒者世家❻❸。少年時代，具體而言，由七歲到十六、七歲學儒學，十八、九歲至二十一、二歲，則以在俗之身學佛學。但是，二十三歲時又暫離佛教研究，而專心於儒學❻❹。由此事可推察，他恐怕受了周圍眾人的期待，從少年時代到青年時期，即使對儒學多少抱有疑問和不滿，亦努力於儒學以立身。

　　但是，宗密於二十五歲，還是入了禪門，出家了。師父是具有

---

❻❷裴休撰〈圭峰禪師碑銘并序〉（《全唐文》七四三所收）。以下，若無特別注記，即是依據本資料。

❻❸《五祖略記》（續藏一一二乙一七一三，p. 277 右上）中，記為「家世業儒」。

❻❹《圓覺經大疏鈔》一下（續藏一一一四一三，p. 222 右）。

荷澤宗傳承的遂州大雲寺的道圓，據云二人是言下通心❻。出家後
不久的沙彌時代，宗密被招待於齋會，在府史的任灌家，得到了《圓
覺經》，只讀了二、三頁即雀躍不已，甚覺喜悅。以後，他即盡查其
章疏，並勤聽講課，而埋首研究。其後，考查研究了《華嚴經》及
澄觀對《華嚴經》的注釋，而窮究《圓覺經》，並進而閱讀《大藏
經》，將所研讀的全部與《圓覺經》對照，而來解明其旨趣❻。總
之，青年僧宗密的思想，是以《圓覺經》為中心形成的。

　　元和三年 (808)，宗密離開了道圓門下，而見其師荊南惟忠，由
惟忠之勸而出長安，受教於與道圓同門的洛陽神照 (776～838)。而
於元和五年 (810)，在襄漢見到了澄觀門下的恢覺寺靈峰，而由其授
與澄觀的《華嚴經疏》二十卷，《演義鈔》四十卷。此時的宗密喜而
言：

　　　自遇禪於南宗，會教於圓覺，一言開心，一軸明意，今尚得此
　　　大法，何幸之有❻。

　　元和六年 (811)，出東都詣祖塔，駐錫於永穆寺，而再開講《圓
覺經》。其後，送信給澄觀，得其許可，上帝都而成為其弟子。此時

❻〈搖禀清涼國師書〉(《圓覺經略疏》下二付，續藏一一一五一一，p. 88 右)。
❻《圓覺經大疏鈔》一下（前揭，p. 223 右）。
❻《五祖略記》（續藏一一二乙一七一三，p. 277 右下）。

宗密三十二歲，澄觀七十四歲，以來二年間，宗密日夜隨侍澄觀。
如此地宗密的思想，總算被精鍊而成，而於元和十一年 (816) 以後，
他作為一個佛教者，開始踏出了自己的第一步。其最初的成果，是
於終南山智矩寺，撰述《圓覺經科文》及《圓覺經纂要》二卷。並
於元和十四年，入興福寺，著《金剛經論疏纂要疏》一卷，及《鈔》
一卷，再移保壽寺，而退居於終南山草堂寺。其間，並進行唯識思
想的研究，並再治前之《圓覺經科文》等的著作。長慶二年 (822)，
於終南山豐德寺著《華嚴綸貫》五卷。而於翌三年以後，其中全力
於《圓覺經大疏》三卷、《大疏鈔》十三卷、《圓覺經略疏》二卷、
《略疏鈔》四卷、《圓覺經道場修證儀》十八卷等《圓覺經》關係的
著作，及其他。這種宗密對《圓覺經》的偏愛，在檢討其思想的全
體像上，是極為重要的。

太和二年 (828)，於慶成節受文宗之召而入大內，賜大師號，而
於城內留住二、三年之後，再回草堂寺。於此前後，著有《中華傳
心地禪門師資承襲圖》。與裴休及蕭俛等名士們親交，也大概是在此
前後吧。太和九年 (835)，藏匿了發起甘露之變而失敗，逃到終南山
的李訓❻。會昌元年 (841) 正月，圓寂於興福院，是在師之澄觀圓寂
二年後的事。又，除了上記的著書之外，尚有《禪源諸詮集都序》
四卷、《原人論》一卷、《注法界觀門》一卷、《華嚴行願品隨疏義
記》（《行願品疏鈔》）六卷、《盂蘭盆經疏》一卷等❼。

---

❻《舊唐書》一一九，〈李訓傳〉，參照。

⑵教判立場的演變

宗密所追求的思想史的任務是什麼呢？想來，一言以蔽之，是將失去國家的保護，而內部的混亂及對立又日益增加的佛教界，加以再統合，並確立新佛教的方向。他於《禪源諸詮集都序》云：

今時弟子彼此迷源，修心者以經論為別宗，講說者以禪門為別法。聞談因果修證，便推屬經論之家，不知修證正是禪門之本事。聞說即心即佛，便推屬胸襟之禪，不知心佛正是經論之本意。今若不以權實之經論，對配深淺禪宗，焉得以教照心，以心解教⓪。

嚴格批評當時佛教者們的爭論，並將儒道二教亦放入自己思想之內，嘗試著能成為人們之憑依的全思想之體系性的理解。其成果，即為《禪源諸詮集都序》的「禪」和「教」的關係論，及《原人論》的五教論。此二種體系化是互相關聯的，若將二者合起來表示的話，即如次所示⓫（點線是表示，上下的內容幾乎是一致的）。文出《禪

⓭關於此點，以「華嚴禪」為中心而整理成的著作，是吉津宜英《華嚴禪の思想史的研究》（1985 年，大東出版社）。

⓪《禪源諸詮集都序》上（大正四八，p. 400 中）。

⓫以下的「禪之三宗」和「教之三種」的對照，是依據《禪源諸詮集都序》上

源諸詮集都序》上二及《原人論》。如圖所示：

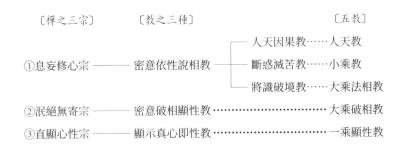

〔禪之三宗〕　　〔教之三種〕　　　　　　　　　　　〔五教〕

　　　　　　　　　　　　　　　　　　┌─　人天因果教⋯⋯人天教
①息妄修心宗 ──── 密意依性說相教 ├─　斷惑滅苦教⋯⋯小乘教
　　　　　　　　　　　　　　　　　　└─　將識破境教⋯⋯大乘法相教

②泯絕無寄宗 ──── 密意破相顯性教⋯⋯⋯⋯⋯⋯⋯⋯⋯⋯大乘破相教

③直顯心性宗 ──── 顯示真心即性教⋯⋯⋯⋯⋯⋯⋯⋯⋯⋯一乘顯性教

　　第一的息妄修心宗，依宗密的說明，是這樣的。即眾生本具佛性，因無始以來的無明所覆，故其佛性不顯，故眾生輪迴於生死（迷界）。另一方面，因諸佛已斷煩惱妄想，故能明見佛性，遠離生死（迷界），而自由自在地活動。重要的是，要觀心而滅妄念。妄念盡，則能得到完全的悟境。而其入道之要，即要正確坐禪，以進入禪定的境地。此正如宗密自身所明言，具體上是指北宗禪的立場。

　　第二的泯絕無寄宗，是言諸法如夢、如幻，本來空寂。而要達到其「無」的智慧，也是不可得的。既無所執的法，也無所成的佛。如果能了得這些，則能得「本來無事」的解脫境地。宗密認為：「此立場是屬於石頭希遷和牛頭法融的禪，而此禪法即被一群道士和儒學者當作究竟的學說而加以接受。」

　　第三的直顯心性宗，是言一切諸法皆為真性所顯。於此有二立

───────────────────────────────
二（大正四八，pp. 402 中～405 下）。又，「五教」是依《原人論》（大正四五，pp. 708 下～710 下）。此與上之二種相對應，是由文脈和內容來判斷。

場，即視一切行為皆為佛性之德用，而強調任運自在的立場，及唯有空寂之知為眾生所具真性，而重視無念的知見之獲得的立場。具體而言，前者是指洪州宗，後者是指荷澤宗。

以上的「禪之三宗」則與「教之三種」相對應。

首先，相對於息妄修心宗，而立密意依性說相教（祕密地，依於真性，而從眾生的迷之見解來說法）。於此有三種，第一是人天因果教，說善因樂果，惡因苦果（為善得樂，為惡得苦之教），而導人行善。此教法亦含儒道二教，若修此，則可得生天等之報。第二是斷惑滅苦教，說三界難逃之苦，勸修斷迷惑根本之道，以使得悟境之安寧。此兩教法是《阿含經》和《大毘婆沙論》等諸經論所說的。第三是將識破境教，基於八識說而否定客觀存在的實在性，實踐上依唯識觀等的修行，而轉八識成四智。《解深密經》、《瑜伽論》、《唯識論》等，明白的道理不出於此。

由上之概述可知，宗密縱觀他所知道的全部思想，而加以定位。其中，被當作華嚴宗根本聖典的《華嚴經》，則被分配於最殊勝的顯示真心即性教，但亦絕非是單獨立於佛教的頂點。於此意義，可知宗密並沒有將《華嚴經》當作唯一的根據。因此，若以根本概念而言，甚至連是否將他當作華嚴宗的人都令人猶豫。而此事也從內面證明了，中國佛教全體在逐漸傾向禪佛教化之中，使華嚴宗的教判精神和教理再生之道，除了向教禪一致的方向，諸教融合的方向發展之外，沒有其他的道路可行。

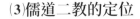

⑶儒道二教的定位

宗密定儒道二教的思想為「人天教」，而他又是如何來把握此儒道二教的思想內容的呢？首先，關於此點，可當作他的總合性看法而舉出的，是《原人論》開頭的文章。

> 儒道二教，說人畜等類，皆是虛無大道生成養育。謂道法自然生於元氣，元氣生天地，天地生萬物。故愚智、貴賤、貧富、苦樂，皆稟於天，由於時命。故死後卻歸天地，復其虛無。
> 然外教宗旨，但在乎依身立行，不在究竟身之元由。所說萬物、不論象外。雖指大道為本，而不備明順、逆、起、滅、染、淨因緣❷。

簡言之，宗密認為：儒道二教是立「氣」為現象界的原理，進而於其根底承認「道」的思想❸。但是此思想對於眾生依憑為究竟之根據的根本世界的開示，卻是不完整的。

---

❷《原人論》（大正四五，p. 708 上～中）。引用文中的前半，《圓覺經大疏》中三（續藏一一一四一二，p. 163 右上）也幾乎是同文。

❸若檢討宗密的理解之方法，可發現他著重於現象原理之「氣」。其「氣」，亦被表現為「混沌之一氣」。《原人論・序》（大正四五，p. 708 上），《圓覺經略疏鈔》五（續藏一一一五一二，p. 133 左上～下）參照。

　　此種對儒道二教的把握，恐怕是反映了當時儒教後退，道教興隆的一般思想狀況，而傾向於道教思想。但此事並非意味著，宗密不知儒教之特質，特別是道德論。關於此點，只由他將兩教當作「孔教」和「老教」，而加以平等對待之事，也是可以明白的**❼❹**吧！

　　宗密論儒教之宗旨如下：

　　儒教宗意，在道德、仁義、禮樂、智信，不在於馳騁名利所令揚名後代者。以道德孝義為名，不以官榮才藝為名**❼❺**。

　　由此一文可看出，他對儒教持有一定的見識，並且絕未加以低估。

　　那麼，宗密是如何來考慮佛教和儒道二教的關係呢？關於此點，他的基本主張可見於《原人論》的〈序〉。即：

　　孔老釋迦皆是至聖，隨時應物設教殊塗。內外相資，共利群庶。策勤萬行，明因果始終，推究萬法，彰生起本末。雖皆聖意，而有實有權。二教唯權，佛兼權實。策萬行，懲惡勸善，同歸於治，則三教皆可遵行。推萬法、窮理盡性至於本源，則佛教方為決了**❼❻**。

---

❼❹《圓覺經大疏鈔》七上（續藏一一一四一四，p. 352 右上～下）參照。

❼❺同，一下（續藏一一一四一三，p. 222 右下）。

　　宗密基於「權」和「實」的觀點，來把握三教的不同。而以儒道二教為「權」，佛教為「兼權實」。

　　但是，「權」因「實」而得成其「權」；又，因「權」而「實」得以明示。故本質上，「權」與「實」必須說沒有不同。因此我們亦不得不頷首同意，他以「三教皆為聖人所設，文異理符」 ❼，來說明三教的根本性之一致了。

　　那麼，具體上，宗密是在何處安定了「實」，及與其內容相對應的「權」之二教的教說的呢？

　　關於此問題，可分二部分來看，即在前面被當作傾於道教，而總括論述的儒道二教論；及各別而論的二教論。亦即，首先關於前者，在《原人論》中被整理為如下二點：①其方便之說的性格，儒道二教不說前世、前業，而執著於「自然」；②氣是心之變化，而卻不知其唯一的大心之世界 ❼。而，在二教被區分的立場上，則被強調其等實踐的意義，並言：「儒教為戒律之資，道教有助於瞑想（禪那）。只是於修得智慧而證入處，有累無益而已」 ❼ 等。

---

❼《原人論・序》（大正四五，p. 708 上）。

❼《圓覺經大疏鈔》九下（續藏一─一四─五，p. 421 左上）。

❼《原人論》（大正四五，p. 710 中～下）。《圓覺經大疏鈔》九下（續藏一─一四─五，p. 421 右下），以識（心識）為正因，氣為助緣，來定義人之存在，此可看作是由上之權實論，給予儒道二教更高評價，而更進一步的解釋。

❼《圓覺經大疏鈔》七上（續藏一─一四─四，p. 353 左下）。只是，對此論旨

　　由以上可知，在表面上與立儒道二教的教判為「方便之教」的宗密之印象所不同的，他在哲學上亦感到儒道二教的界限，但在根本上，他認為儒道二教與佛教是一致的，毋寧於各立場上，可以補充佛教的教理。例如，他於《盂蘭盆經疏》中，讚賞「孝」的倫理性根本如下：

　　混沌始，天地塞，人神通，貴賤貫，儒教佛教皆為宗者，孝道而已❽。

　　這可以看作是他對儒、佛、道三教的基本見解的率直表現吧！

⑷作為根源的真心

　　最後，想簡單敘述，宗密承繼了澄觀的思想，而如何來表達其對「心」的看法。

　　如前所述，宗密明示了「禪」與「教」的對應，其中，第三的直顯心性宗和顯示真心即性教，又，被置於五教之第五的一乘顯性

有疑問。為什麼呢？因為若依照三學是相互關聯的立場來看，於戒律及定學有益，而於智慧卻無益，此於理論上是有矛盾的。

❽ 《盂蘭盆經疏‧序》（《盂蘭盆經疏新記》上，續藏一—三五—二，p. 100左）。拙稿〈中國佛教における孝倫理の受容過程〉（《東方學》三九，昭和四十五年）參照。

教，是指最高、究竟的佛教。現在將此由「心」之理解的觀點來看的話，他最重視積極推出名為「心性」、「真心」乃至「性」的諸概念。

宗密認為，在與以「空」為旗印的空宗相對比的立場上，稱為「性」不如稱為「心」來得恰當。如《勝鬘經》的自性清淨心、《起信論》的一心、《楞伽經》的堅實心等。為什麼呢？在「性宗」的立場上，成就存在的本源的並非只有「空」，因為具有「常知自然」之德用的緣故。唯有此心，超越了一切的存在和認識，同時包容一切萬象，並孕育出真實❸。

因此，在宗密而言，他亦以此「心」之立場，來理解華嚴教學的「無障礙法界」（無任何障礙之世界）。例如，他述其定義如下：

> 諸法是全一心之證法，一心是全諸法之一心。性相圓融，一多自在。故諸佛與眾生交徹、淨土與穢土融通。法法皆彼此互收，塵塵悉包含世界，相入相即、無礙鎔融，具十玄門重重無盡。名為無障礙法界❷。

如此地，宗密確實承認了法藏和澄觀所宣揚的華嚴教學，並給予很高的評價（即使是如此，但如前所言，二者間有不可忽視的不

❸《禪源諸詮集都序》上二一下一（大正四八，pp. 405 下~406 中）。

❷同，下一（同，p. 407 下）。

同點）。但那決非意味著，他認為華嚴教學，乃至《華嚴經》的教理，是唯一，且是最高的。對宗密而言，那不過只是表達了佛教最優秀的一面而已。若以華嚴教學的立場而言，宗密的「唯心緣起」，是置不動的重心於「唯心」，亦即在如來藏思想的範圍內被一般化的「唯心」；同時地，基本上，由其觀點而於本體和德用的關係上，緣起的樣態被單純化地把握了。想來，正是此種定義方法，而給予了其後的華嚴思想，甚而中國佛教思想，根本的範圍結構。

第八章

近世華嚴思想的諸樣相

一、概觀

澄觀、宗密的思想,幾乎決定了包含其後的華嚴教學在內的華嚴思想的性格。以被稱為「中興教主」的宋代之淨源 (1011～1088) 為首,以後的華嚴宗的人們,大概也多不出在祖述、整理他們所改革的華嚴教學——即使如此說,也不會過言的。

但是,即便如此,尚有新思想的傾向可被提出。例如,可明顯看出的,宋代的子璿等,更重視了《大乘起信論》,及相應於此的華嚴教學的理解❶。但是,在思想史上更重要的事,筆者認為大概有如下諸點:諸宗的教理融和的傾向更臻於明顯,而華嚴思想的獨自性更為稀薄,及華嚴思想與禪和念佛的實踐更深連結,而栽培了實踐佛教者的思想。在下一節,想提出幾個代表事例,來探究華嚴思想在近代的演變過程及其情況。

---

❶拙稿〈北宋佛教における「大乘起信論」──長水子璿と四明知禮〉(平川彰編《如來藏と大乘起信論》。1990 年,春秋社,pp. 411～432) 參照。

二、鮮演的華嚴思想

⑴基本立場

　　《華嚴經談玄決擇》（以下略稱《決擇》）六卷，是將中國華嚴宗四祖澄觀 (738～839) 的《華嚴經疏》卷一～卷三，及其復注的《演義鈔》卷一～卷一五的重要語句，加以解釋、敘述的書物。完本上有日本湛睿 (1271～1346) 的手抄本，被保管於金澤文庫。近年，其卷一被收錄於《金澤文庫資料全書》（〈佛典第二卷・華嚴篇〉），已是眾所周知的事。另外，尚有缺卷一的卍字續藏所收本。《決擇》的撰述者，是遼的道宗時代 (1055～1101)，華嚴宗的第一人，住於上京（臨漢府）開龍寺的圓通悟理大師鮮演❷，此書中很鮮明地表達了遼代華嚴思想的特徵。

　　鮮演在《決擇》中，很明顯地表達了，自己的思想根本是在《華嚴經》和華嚴教學，特別是澄觀的華嚴教學。但是，其中有一事應特別注意，即主張「誠理及妄事的非一、非異，是性宗的綱領，學人的斜科」，並描繪如下所示〈全依大疏〉的圖，而請群英一評的事❸。

---

❷關於傳記，請參照龜川教信〈華嚴經談玄決擇の完本について〉（《龍谷學報》三一一），pp. 54～75、拙稿〈鮮演の思想史的位置〉（《佛教の歷史と文化》，1980 年，佛教史學會），pp. 306～308。

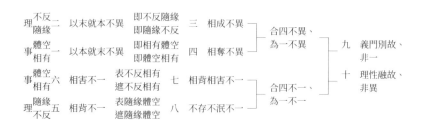

　　此「真理妄事非一非異圖」，理和事中又各具有二義，即基於理的不變（不反）和隨緣，事的體空（本體是空）和相有（作為事象而存在的），兩者又各具有不異和不一兩義，及兩者之間的不異和不一兩義，進而不異和不一的兩義之間的非一、非異，由此多層地加以分析、整理而成。在這裏，承繼於澄觀，而通過理和事的觀念，以欲把握住究竟之一心的世界之真實的鮮演的基本立場，被簡潔明瞭地表達了。而在後文中，澄觀基於《法界觀門》而論理和事的一體化之中❹，被當作教證而引用的《八十華嚴‧如來出現品》之語：

　　　如來成正覺時，於其身中，普見一切眾生成正覺，乃至普見一切眾生入涅槃。皆同一性，所謂無性❺。

---

❸《決擇》一（《金澤文庫資料全書‧佛典第二卷‧華嚴篇》，p. 32）。

❹《華嚴經疏》二（大正三五，p. 514 中）。

❺《八十華嚴》五二（大正一〇，p. 275 上）。經典本身，將「同一本性」當作「無性、無何等性」，並加以解釋。

鮮演將其解釋如下，由此解釋可以說明白表達了鮮演的立場。

斯乃圓宗祕鍵、性海玄關。若未廓於通達，實難臻於壺奧。欲
彰邃旨，故引全文，貴令時根照然可解爾❻。

由澄觀的立場而徹底轉向「理事無礙」方向的鮮演之思想，對
於其他的佛教諸學顯示了極為協調、融和的關係。為什麼呢？因為
他認為全部的佛教之實踐和思想，皆是追求、開示理或事的一面，
而將其包融入理和事的非一、非異的立場之緣故。於此原則，因此
他可被稱為諸教一體論者，或是教禪一致論者。

但這也並非表示，他對於現實的佛教諸派是協調的、融和的。
毋寧因為他確信大一統的諸教一體、教禪一致，因此若偏向於
「教」，或是「禪」，或是執著於那一部分的「教理」，他皆展開嚴格
的批評。例如，在明示諸經論中說二種清淨、二種解脫的思想之後，
他論述如下：

今時學淺之人，或只知離垢清淨，離垢解脫，故毀於禪門即心
即佛。或只知自性清淨性淨解脫，故輕教相，序於持律坐禪調
伏等行，不知必須頓悟自性清淨解脫、自性解脫，漸修令得離
垢清淨離障解脫，成圓滿清淨究竟解脫❼。

---

❻《決擇》六（續藏一一一一一五，p. 491 右下）。

　　鮮演認為：否定頓悟的教家，不承認漸修的禪者，皆是不了解佛教全體的。這種批評，有時亦會轉為嘆息。例如，在解釋《圓覺經》中所說的四病❽之第二「任病」時，云：

　　嗟乎近代，多落此科。誦禪歌，毀於法筵。虛尋名相，說理性，非於塔寺，狂認福田。妄立宗途，誤惑含識，斷除佛種，良足悲哉❾。

　　這是對於標舉自證自悟而沾沾自喜的，頓悟主義之禪者的悲嘆吧！另外，對於教家同士的爭執，則如下云之：

　　哀哉！此方兩宗（中觀、唯識）後學經論之者，相非相斥、不異仇讐。何時得證無生法忍？努力通鑒，勿偏局也❿。

　　在將大乘佛教全體由中觀和唯識二流派來把握，並視二者為一體、無礙的鮮演之眼中，或許反映出了，以論爭為大事的當時之教

---

❼ 《決擇》一（《金澤文庫資料全書・佛典第二卷・華嚴篇》，p. 39）。

❽ 《圓覺經》（大正一七，p. 920 中～下）。所謂四病，是作病、任病、止病、滅病。其中有問題的任病，是指「將全部託負，即可開悟」的錯誤想法。

❾ 《決擇》二（續藏一─一─一─五，p. 425 左上）。

❿ 同，五（同，p. 471 左上）。

家們，毋寧是可悲嘆之存在的吧！

(2)與諸學的關聯

如上所示，鮮演在基本上，是立於以理和事的非一、非異為根據的諸教一體、教禪一致的立場。但是，於其處所孕育出來的融合思想的型態，當然也制限於鮮演本身的個性和歷史條件，而成為他獨自的東西。在此一章節，想將其顯著之一面，由他如何與不同系統之諸思想相關，而來建立出自己的思想之觀點來探討之。

①天台教學的導入

由此觀點來看《決擇》，第一個可注意到的是，將澄觀的方法更進一步推進的形式，來導入天台教學。例如，鮮演於澄觀的經名解釋中，又新加十義，其第六即是「三諦止觀釋」，他云：

㈥三諦止觀釋者，大方廣者，無礙之三諦也。大者，真諦也，唯理法界；方者，中道諦也，具四法界；廣者，俗諦也，多事法界。三諦互收，忘言絕慮，即所觀行，證真俗無礙之境也。佛華嚴者，無礙之止觀也。佛者，中觀離邊止也，妙覺之心離邊邪故。花者，假觀隨緣止也。涉有化生，如花開敷故。嚴者，空觀體真止也，離妄飾真，以智莊嚴故。

止觀相融，難思難議，即能觀能證止觀無礙之心也。欲令眾生，依茲圓教，遍修止觀相融之心，頓契真俗無礙之境，故立斯題❶。

　　由此可知，鮮演將《摩訶止觀》中所細說的二諦、三觀、三止
之思想❶，從華嚴教學的觀點來加以修正、簡略化，並以此來說明
解釋《華嚴經》的經名之意義。

　　鮮演似極為重視此三諦、三觀、三止。為什麼呢？因為澄觀在
《華嚴經疏》的自序之開頭，讚嘆法界之究竟性、絕對性如下：

　　往復無際，動靜一源，含眾妙而有餘，超言思而迥出者，其唯
　　法界歟❸。

　　而鮮演在解釋上之語句時，也提出了三諦等之思想的緣故。亦
即他進一步發展了《演義鈔》的說明❹，增加了十義，而於其第七
釋～第九釋的解釋之中，將「往復無際」由俗諦、假觀、隨緣止；
「動靜一源」由真諦、空觀、體真止；「含眾妙而有餘」由義諦、中
觀、離邊止來把握❺。

　　如此地，鮮演將天台教學的三諦、三觀、三止的思想，明確地

---

❶《決擇》一（《金澤文庫資料全書・佛典第二卷・華嚴篇》，pp. 23～24）。

❷《摩訶止觀》三上～下（大正四六，pp. 23 下～29 下）的〈釋止觀之體相〉
　一節參照。

❸《華嚴經疏・序》（大正三五，p. 503 上）。

❹《演義鈔》一（大正三六，pp. 1 中～2 下）。

❺《決擇》一（《金澤文庫資料全書・佛典第二卷・華嚴篇》，p. 29）。

包融入自己的華嚴教學之體系中❶。而其幼苗，是已見於澄觀之思想中的。例如，在《演義鈔》中，在注釋〈智周鑑而常靜〉之最後部分時，澄觀論述如次：

> 若作三觀釋者，以智鑑體空、空觀也。鑑用，假觀也。鑑相，中觀也。三諦齊觀，故云周鑑。
>
> 對此三觀，常靜之止，亦有其三。㈠體真故靜。㈡方便隨緣無取故靜。㈢離二邊分別故靜。
>
> 三止三觀融為一心，契同三諦無礙之理。則心境融即，而常歷然❷。

但是，如後文中亦可看出，澄觀與天台教學的關聯，是在解釋上必要的範圍內引用之。而鮮演對於天台教學的態度，可說是直接承繼於澄觀，但卻比澄觀更為積極。在鮮演的思想中，天台教學的三諦、三觀、三止的思想，甚而有構成了華嚴教學的支柱之一之想法的傾向。

鮮演的積極導入天台教學，是以澄觀的「與華嚴教學之調和」為前提的思想為背景，而另一面，也衍生出了鮮演的固有思想。而其中最受注目的，即是「五重中道」的思想，和「性惡」的思想。

---

❶《華嚴經疏・序》（大正三五，p. 503 上）。

❷《演義鈔》一（大正三六，p. 8 上）。

首先，所謂「五重中道」思想，是上所引用的澄觀的三觀釋中所表明的思想，亦即開示了「中道諦」之內容的部分（「中道諦」被區別於以體、用、相之三大為根據的根本真理之第一義諦，是通於四法界的「相」之真理，而成為中觀之對象）。亦即，鮮演論述：在中道中，有「事」之幻有中道，和「理」之真空中道，及通於兩者之俱融中道。進而將此由「行相」之面分為五重：①幻有中道、②真空中道、③真空成幻有中道、④幻有成真空中道、⑤俱融中道，並詳細圖解如次❶：

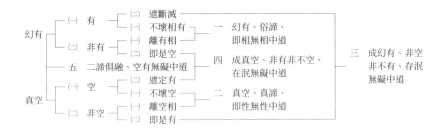

將中道各立名義的作法，可上溯到吉藏加以批評而攝取的成實論師之三種中道說❶。亦即，將中道分成世諦中道、真諦中道、非真非俗中道的三種思想。可說，基本上鮮演亦是繼承了此種思惟方式。或者，或許是直接受到那些思想的影響，也說不定。但是，此

---

❶《決擇》二（續藏一一一一一五，pp. 423 左〜424 右）。

❶《三論玄義》（大正四五，p. 14 下）。《大乘玄論》二（大正四五，p. 25 下），將非真非俗中道，稱為「真俗合論中道」，並加以詳細說明。

五重中道說中，可想知存有固有的價值。為什麼呢？因為筆者認為，由華嚴教學的立場來看，那可說是最被細密地分析、體系化的中道論。不管怎麼說，此思想是由三諦說的導入、追求而孕育出，是很優秀的理論體系之一，則是可以確定的。

其次，鮮演的「性惡」思想，直接由《演義鈔》中的「如來亦不斷性惡」[20]一句之解釋，可明白知道。此一句，如前章所述，很明白地表達了澄觀包容了天台的性惡思想，而鮮演的解釋如下：

言如來不斷性惡者，小教有二義，㈠佛前十五界[21]，是有漏起他惡法故。生無比之貪，引央掘之嗔。㈡云示現，愛語羅睺，叱呵調達故。

始教示二義，㈠云真如，昔日與惡而為實性，今至果位，惡法雖斷，惡性常存故。㈡云示現，同其小教。終教亦有二義，㈠云昔日真如隨緣以作說法，今至果位，無明既斷，惡相雖無，隨緣真性仍存故。如依靜水，隨風成波，風停波息，成波三性恆存故。如龍樹論獨力隨相非所斷故。㈡云惡，具二義，①不壞相異真義（當緣生相有也）。②稱性即真義（當無性體空義），今據後義，故云不斷。

頓教云，惡相本盡，更不待惡。惡性本現，非所斷故。圓教云，

⑳《演義鈔》一（大正三六，p.8 中）。
㉑《俱舍論》二（大正二九，p.8 上）等參照。

稱性之惡，如鏡中火，現而常虛，非所斷故。（《演義鈔》的「如
來亦不斷性惡」之說）

雖通五教，正取能同終教事理無礙❷。

　　由此可知，鮮演沿習華嚴教學的五教教判，將「性惡」的意義，
加以階段式地分類、區別。並將澄觀的性惡思想，直接分配於終教，
而加以理解。這種性惡式的教判式分類，在其他地方無可見其例。
其中，例如亦包含了始教的性惡義等若干的疑問點，但是在全體上，
若說那是表示了華嚴教學之把握的一種完成態，亦是不為過的。

　　而於其中，興味盎然的，則是鮮演自立的圓教的性惡義。關於
此點，想再多探究一些。

　　鮮演承繼《演義鈔》的「迷於法界而趣六道，亦為法界之用」❸
之說，而論述如下：

清淨法界，如淨明鏡。法界染用，鏡現穢影，非直不污法界，
亦表法界清淨故。非直不污明鏡，亦表明鏡清淨故。不以稱性
妄染不斷，便難法界，不清淨耶。不以明鏡穢影仍存，便難鏡
不清淨耶。勿謂、稱性之染不斷，便令佛起煩惱耶。勿見、鏡
影之穢常現，便謂鏡有昏塵耶。以法對喻，昭然可見。

---

❷《決擇》二（續藏一－一－一－五，p. 424 右上～下）。

❸《演義鈔》一（大正三六，p. 1 中）。

良以妄染，乃具二義。㈠者可斷，㈡者不可斷。初義同常，後
義當悉。故我世尊演教，隨宜應權山根，說染妄之過患，則一
向斷。順圓頓根，示染妄之功德，亦通不斷❷。

在前文之後，進而在經證上，引用了《八十華嚴‧入法界品》
中，反道行善知識❷的澄觀之注釋，及十玄門的「同時具足相應門」
等。映照於此些引用可知，前文的「法界染用」、「稱性妄染」，及前
之「稱性之惡」，亦即圓教的「性惡」。鮮演在根本上，可說是於無
法斷的法界之德用上，來把握性惡的。

②法相教學的援用

　　其次應該注意的是，對於法相教學，鮮演給予一定的評價並加
以援用。這恐怕和鮮演曾學過法相教學，有很深的關係吧！例如，
他承繼了澄觀的言及於法相宗之「百法」❷，而言：

夫百法者，瑜伽經緯，唯識宗挑，具義何限於萬里，出體無過
於百數❷。

---

❷《決擇》一（《金澤文庫資料全書》〈佛典第二卷‧華嚴篇〉，p. 31）。

❷拙稿〈華嚴思想家と反道行〉（《印度學佛教學研究》一七─二，pp. 319～
　324）參照。

❷《華嚴經疏》二（大正三五，p. 512 下）。

❷《決擇》五（續藏一─一─一─五，pp. 479 右下～482 右下）。

並加上詳細的解說，而於最後結言如次：

法相要義，不可不知，願諸後學，勿倦文繁❷⃝。

由此可知，鮮演十分承認法相教學的價值。

此外，於澄觀在《演義鈔》❷⃝中所提到的「習氣」之說明，鮮演亦援用了法相宗的教義。亦即他言：「若准法相宗，習氣有二種」，而舉出「粗重」和「種子」。進而將後者分為名言、有支、我執而加以論述；並斷定澄觀所說的「習氣」是「二障之氣分」的「粗重」❸⃝。在這裏所能見到的鮮演之理解，可說是正確地沿襲了《成唯識論》及其法相宗之解釋❸⃝。並可看出，鮮演的佛教學基礎，是由法相教學之學習而得以穩固的。鮮演引用了《唯識論樞要》，對澄觀所言的護法和難陀皆非聖人之說❸⃝提出異議，而委婉地主張護法是聖人的緣由❸⃝，恐怕也是在此吧！

---

❷⃝同❷⃝。

❷⃝《演義鈔》一（大正三六，p. 4 上）。

❸⃝《決擇》一（《金澤文庫資料全書・佛典第二卷・華嚴篇》，pp. 40〜41）。

❸⃝若依佐伯定胤《成唯識論》（新導本），請參照卷九，p. 20、卷二，p. 17、卷八，pp. 11〜14。

❸⃝《演義鈔》七（大正三六，p. 53 上）。

❸⃝《決擇》五（續藏一—一一—五，p. 470 右上〜下）。

③禪思想之應對

　　第三，是禪思想之把握的問題。如前所述，鮮演承認頓悟是不可缺的。亦即，承認了南宗禪之立腳點的重要性。而他所正視的南宗禪，是承襲於宗密的荷澤禪。關於此事，由為了明示「南北二宗」而引用了《禪門師資承襲圖》，其中將「南宗」當作荷澤宗之事❸；及將禪宗的立場所言的「三大」（體大、相大、用大）關係，由荷澤宗的思想來加以理解之事等❸，亦可明白了吧！

　　那麼，鮮演是如何將禪思想，來與其自身的華嚴教學相關聯的呢？

　　在澄觀的《華嚴經疏》之中，在無礙世界成立之根據的第一中，舉出了「唯一心所現」，並說明其意義如下：

　　　　一切諸法，真心所現，如大海水，舉體成波❸。

　　在解釋初句時，鮮演首先引用了宗密的《禪門師資承襲圖》一節之長文。其內容是言，由現黑色的摩尼珠之喻，而論禪之四宗，亦即北宗、洪州宗、牛頭宗、荷澤宗的思想之特徵，而在結論中言：明珠其物是不變，但只有主張現黑色的荷澤宗能真見明珠，其他的

---

❸《決擇》三（續藏一－一－一－五，p. 437 右上～左上）。

❸《決擇》一（《金澤文庫資料全書·佛典第二卷·華嚴篇》，p. 25）。

❸《華嚴經疏》二（大正三五，p. 516 上）。

以黑色為珠的洪州宗，離黑色而求珠的北宗，及主張明珠和黑色皆無的牛頭宗，皆是尚未見明珠的❸❼。進而，鮮演在引用此一節後，論述如次：

> （宗密）之釋，彼約禪門。隨見解而淺深汎異，據法理而南北源同。
> （澄觀之釋）約圓宗，隨事相而終行布，據心性而本末圓融。頓（禪）圓（華嚴）之義旨雖殊，法（教理）喻（比喻）之意趣固別，以頓成圓，妙之至矣！學者存心，非不曉乎❸❽。

在此顯示了，鮮演對於禪的基本認識。簡而言之，亦即窮究了荷澤宗的禪之立場，其結果與圓教的華嚴宗之立場是一致的。他對於現實的禪宗加以嚴格的批評，也是因為承繼了宗密的教禪一致論，而確切地存在此認識的緣故。

若從大方向來看，中國佛教思想的潮流，可看出幾乎是以中唐時代為界線，而開始改變方向，朝著全佛教的總合、融和方向變化。在此種趨勢之中，契丹人所建立的遼代之佛教，受到了很雄厚的保

---

❸❼ 《決擇》六（續藏一－一－一－五，p. 496 右下～左下）。關於原文，請參照鎌田茂雄《宗密教學の思想史的研究》（1975 年，東京大學東洋文化研究所）pp. 399～403。

❸❽ 《決擇》六（續藏一－一－一－五，pp. 496 左下～497 右上）。

護政策之助，而產生了優秀的諸成果，鮮演的思想，可說即是其中之一！在鮮演的《決擇》思想中，我們可看出中國的融合佛教之一典型。

三、覺苑的華嚴思想

⑴對《大日經》的看法

在遼代，尚有一需從華嚴思想史上來注意的人物。即是《大日經義釋演密鈔》（1077 年以後成立，以下略稱《演密鈔》）的著者，總秘大師覺苑。他幾乎與鮮演相同的，於道宗時代，以皇帝顧問的僧官資格，住於燕京（北京）的圓福寺。趙孝嚴於上之《演密鈔》序文中，如下言之：

> 覺苑幼攻蟻術，長號鵬者，學贍群經，業專密部，稟摩尼之善誘，窮瑜伽之奧詮❸。

又，在《演密鈔》中，亦可看到銳利批評禪宗南北爭執的文章❹。想來，覺苑是一邊以密教為歸趣，一邊亦著眼於禪宗，而將佛教全體由一元的、統合的立場來把握。而在那時候，展現了最重

❸續藏一一三七一一，p. 1 右下。

❹《演密鈔》二（續藏一一三七一一，p. 20 右上～下）。

要影響的，即是澄觀的華嚴教學。

　　首先，想來探究覺苑對於，於他而言是根本聖典的《大日經》
的看法。例如，其云：

　　此經乃被上下根，通顯密說。顯謂五性一乘、該諸經論。密謂
　　字輪觀行，陀羅尼門❹。

　　只由此事亦可知，他敏銳地著眼於《大日經》之包括、總合性
的性格❷。但是，《大日經》所言的「通顯密之說」，更具體言之，
又是什麼呢？很遺憾的是，覺苑關於此點，沒有詳論。但是例如，
他在依澄觀的《華嚴經疏》，而表示了小乘教、始教（分教）、終教、
頓教、圓教的五教分類之後❸，其云：

　　今神變經典，與此大同、但顯密為異耳。是故此經五教之中，
　　圓教所攝❹。

---

❹《演密鈔》一（續藏一一三七一一，p. 4 右上）。

❷關於此種《大日經》的看法與佛身觀的關係，請參照《演密鈔・序》（續藏
　一一三七一一，p. 1 左上）。

❸《華嚴經疏》二（大正三五，p. 512 中以下）。

❹《演密鈔》一（續藏一一三七一一，p. 3 右上）。

　　一邊將《大日經》明確地視作密教經典，一邊則將其分配於華嚴教學的圓教之中❹。並承繼了溫古在《大日經義釋》的序文中，稱《大日經》的趣旨是「秘藏圓宗」❻，而論「此相當於華嚴宗所云十宗之圓融具德宗，唯顯密相違而已」❼。總之，覺苑明顯地視《大日經》為密教經典，而卻視其思想的實質，是與華嚴教學所主張的《華嚴經》，是幾乎相同的。換言之，於覺苑而言，《華嚴經》和《大日經》的不同，明顯地只是在於各屬於顯、密之不同而已❽。真言行者的實踐之境位，被以入彌勒之樓閣的善財之境位來說明❾。或許，將彌勒世界的善財定位於密教的成佛四階段中的第二階段❺，也是與上面的《大日經》之根本看法，有不可分的關係吧！

(2)華嚴教學的援用

　　如此地覺苑的《大日經》之看法，及由其所示之佛教理解，理所當然地反映於《大日經》教理的具體解釋之方法上。其明顯的表

---

❹年代稍後的道㲀，將圓教分為「顯圓」和「密圓」時，引用覺苑的思想當作教證（《顯密圓通成佛心要集》上，大正四六，p. 994 上）。

❻續藏一－三六－三，p. 354 右上。

❼《演密鈔》一（續藏一－三七－一，p. 9 右下）。

❽《演密鈔》一（續藏一－三七－一，p. 8 左下）參照。

❾同，二（同，pp. 18 左下～19 右上）。

❺同，二（同，p. 14 右下～左上）。

徵，即《華嚴經》（主要是《八十華嚴》）的頻繁引用，和多次地依用華嚴教學。

那麼，有何特徵可見呢？

首先，關於《華嚴經》的引用，可提出的是，其引用範圍廣達諸品，及被引用的文言之中，必存有有名的，或者是非一般的。這些事告訴了我們，在當時由最高權力者道宗所先導的《華嚴經》流行之時代思潮裏，覺苑甚受其影響，而相當程度地熟讀了《華嚴經》。

又，關於華嚴教學的引用，已如鎌田茂雄博士❺所提示，依照澄觀之處，為數甚多。其中，尤其是關於佛身論及實踐論之處，更令人有其依賴澄觀之感受。特別是，以承繼於僧叡的澄觀之五種法身說❺為基盤，而解釋「本地法身」，同時地其法身和應身的關係，也是依照澄觀來理解的❺。又在提出中道實踐之問題時，於澄觀的「無心」之思想❺中，界定出了決定性之意義❺，及關於煩惱和菩

---

❺鎌田茂雄，前揭書，pp. 607～608。

❺《演義鈔》四（大正三六，p. 28 上）。所謂五種法身，是①法性生身、②功德法身、③變化法身、④虛空法身、⑤實相法身。

❺《演密鈔》二（續藏一一三七一一，p. 17 右下～左上）。

❺澄觀與「有作之修」相對照，而宣揚徹底的無心之實現（《華嚴經疏》一，大正三五，p. 505 上）。

❺《演密鈔》一（續藏一一三七一一，p. 7 右下）。同，七（同，p. 82 左上）

提，業和解脫的關係，引用了澄觀的反道行之解釋❺❻等事，是重要的❺❼。澄觀的思想，甚至對於覺苑的《大日經》理解之根本，也給予了很大的影響。

如上所示，在覺苑的《大日經》理解之中，華嚴教學有很深的影響。那麼，在此種前提之下，有何新思想成立了呢？其最重要的，是以自己的形態修正了「法界緣起」思想。而以下之宗趣論，即表達了其基本意義。

> 第五明經宗趣者，語之所上曰宗，宗之所歸曰趣。此經即以秘密不思議法界緣起觀行為宗。若以秘密不思議法界緣起為宗，即以觀行為趣。或以觀行為宗，即以秘密不思議法界緣起為趣。是宗之趣，或宗即趣，可以意得。由是疏文上下或歸於不思議法界緣起，或歸於甚深秘密觀行。其文非一、不煩具出❺❽。

表面，由其所論可看出，似是標榜了以一行的《大日經疏》，乃至《大日經義釋》為直接根據處。但是實際上，可推測的是，他借

亦可見同樣的說明。

❺❻關於此問題，請參照拙稿〈華嚴思想家と反道行〉（《印度學佛教學研究》一七一二，1969年）。

❺❼《演密鈔》四（續藏一一三七一一，p. 42左上）。

❺❽《演密鈔》一（續藏一一三七一一，p. 4左下）。

用了以「法界緣起不思議」為宗的，澄觀之《華嚴經・宗趣論》❺⁹
的骨架，而再加上了二個重點。其二重點即是，第一，冠上「秘密」
之語，而由其之關係，逆用了「法界緣起」和「不思議」之語順。
第二，於其「秘密不思議法界」之對應、相即，而織入了「觀行」❻⁰
（甚深秘密觀行）。覺苑於其中之第一點，明確表示了《大日經》是
密教經典；而於第二點，即主張那是徹底地宣揚實踐立場的經典。
但是，若將此現象視為是，將華嚴教學的法界緣起思想，轉換為密
教思想的，覺苑個人的定義規劃，不是也可以的嗎？

　　於覺苑而言，「法界緣起」之真實世界的把握，並非單是表面上
的知識，此由其下之注釋中亦可了解：

　　自然有緣起智生者，即法界不思議秘密緣起之智生也。謂行者
　　以內自觀行力，為因外感佛神通加持力為緣由，斯二力故，自
　　然而有秘密法界緣起智生，即能得見不思議加持境界，是故不
　　同尋常耳❻¹。

　　此是由《大日經疏》和《大日經義釋》，其初階段的觀行實踐之

---

❺⁹本書，第三章第二節參照。

❻⁰如前所述，澄觀承繼慧苑，舉出了達摩笈多所說的「四十二賢聖觀行」的宗
　　趣說。覺苑或許是由此得到了啟示。

❻¹《演密鈔》四（續藏一－三七一一，p. 44 左上～下）。

成果，經由「阿闍梨」之口，直接而明白地論述了「緣起智」之發生的問題❷。而或許也是覺苑本身的體驗之表白，也說不定。無論如何，由此種注釋方法來判斷，至少可承認，覺苑的「秘密不思議法界緣起」，決非單是觀念性、思辨性的設定而已！

　　但此事亦非意味著，覺苑對於「法界緣起」之樣相，在主體上有十分的探究。毋寧，關於此點是有可懷疑之處。為什麼呢？例如，他承《大日經義釋》之〈序〉所論的「一一追究，而盡法界緣起」❸，而敘述如下：

　　即無障礙法界大緣起也。如下字輪品三十四字，更互助成，即為輪體，若隨闕一字，即不成故。即是法界緣起，隨闕一法，緣不成故。……然此緣起具總具別、有同有異、亦成亦壞，即世親六相圓融之義具矣！故云：以盡法界之緣起爾❹。

　　但也是只有此程度之敘述，幾乎是停留在華嚴教學，特別是澄

---

❷《大日經疏》三（大正三九，p. 609 中），《大日經義釋》二（續藏一一三六一三，p. 287 右下～左上）。

❸續藏本《大日經義釋》云：「一一推覈、目盡法界緣起爾」（續藏一一三六一三，p. 254 右上）。覺苑將文中的「目」引用為「以」，他所看到的原本是記為「以」也說不定，今依此譯出。

❹《演密鈔》一（續藏一一三七一一，p. 11 下）。

觀的範圍之內而已。覺苑的緣起論之功績，恐怕是由將「法界緣起」置於「秘密」之場，而一邊圖其質之轉換，並明言其是應於實踐上被探究的問題之點上吧！參照此點，在《演密鈔》中所示的覺苑之密教思想，可說是一種嘗試著質之轉換的華嚴思想，亦不為過吧！

四、圜悟克勤的禪和華嚴

(1)禪思想的基本構造

　　若依諸傳記❻之記載，克勤是彭州嵩寧（四川省成都西北）出身，於妙寂寺依自省出家後，在文照處通講說，並遊學於成都，受授《楞嚴經》。但是，時患大病而痛感佛教之單是學問理解之無力，而投禪門。以後即從真覺勝、玉泉承皓、金鑾信、真如慕喆、慶藏主、黃龍祖心、東林常總、白雲守端等廣而學禪，終於繼承了五祖法演之法嗣。他以後歷住於成都昭覺寺、澧州（湖南省）的夾山寺等，並提倡《雪竇頌古》、《碧巖錄》即是依此而成的。包含本書所表現的在內，克勤的禪思想大概不會讓人感覺到臨濟—楊岐系禪的味道。毋寧給人的印象是弘大不偏，這可能與他的經歷有很深的關係吧！

---

❻《續傳燈錄》二五（大正五一，p. 634 上）、《五燈會元》一九（續藏一一二乙一一一一四，pp. 369 左下～371 右下）、《佛祖歷代通載》二〇（大正四九，pp. 685 下～686 中）等。

那麼，克勤的禪思想，具有怎樣的基本構造呢？關於此點，最能明顯表示的是《語錄》之一節：

師乃云：禪非意想，以意想參禪，則乖道絕功勳。以功勳學道則失，直須絕卻意想。喚什麼作禪？腳跟下廓爾，無禪之禪，謂之真禪。如兔子懷胎、絕卻功勳。喚什麼是道？頂門上照耀。無道之道，謂之真道，似蚌含明月。到箇裏實際、理地既明，金剛正體全現。然後山是山、水是水；僧是僧，俗是俗。萬法樅然，初無向背。乃呵呵大笑云：山僧怎麼說話，大似無夢說夢，無事生事。若是明眼人，覷見一場敗闕❻❻。

簡而言之，克勤認為離心之用、功勳之想，而自由後，真的禪之實踐才成為可能。但是，知其並語之本身，是沒有究竟價值的。想來，這種立場，而孕育出如下的思想，毋寧也是自然的。

佛祖言教荃罤爾，藉之以為入理之門。既廓然明悟，承當得則，正體上一切圓具。觀佛祖言教，皆影響邊事，終不向頂顠上載卻❻❼。

---

❻❻《圜悟語錄》七（大正四七，p. 744 中～下）。

❻❼同，一五（同，p. 781 上）。

　　對克勤而言，佛祖所留下的教說，皆不過是導向開悟的工具而已。他認為唯有當作工具來活用，教說的意義才能表現出來。

　　那麼，如上所言，真的禪之實踐所切開的世界，又是怎樣展開的呢？依筆者所見，關於此，克勤似想定了三階段的層次。關於此事，在他描述了悟之境地：「大道坦然更無回互」之後，由如下的敘述，亦可窺知：

　　　若能實頭到這個田地，離情塵、絕露布，不落勝妙。更須知有一塵中含一切境界，一切境界入一塵中，悉皆含攝，於一毫端現無邊剎海。直得怎麼，更須知有大用現前時節始得。且作麼生是大用現前底時節。畢竟水須朝海去，到頭雲定覓山歸❸。

　　但是，克勤主張實踐的優越點：是從離開迷妄、超越差別的靜止之無的世界，轉向存在的萬物皆自由自在，而相入、相即的有之世界，並進而我與萬物同全於大自然之生命，且更應向大用之世界（大宇宙）邁進、超越。所謂「二六時中轉一切事緣，皆成無上妙智」❹，即是到此最後境地，才始有可能的吧！

---

❸同，九（同，p. 754 下）。

❹同，一五（同，p. 785 下）。

(2)和華嚴思想的交點

　　上所引述的克勤之論述中，亦可見到關於一塵和一切境界相入之言論。因這是屬於華嚴思想，故很明顯地克勤擁有獨自的華嚴思想。

　　那麼，這樣的知識，克勤是由《華嚴經》得到的呢？還是由華嚴教學得到的呢？再者，對於克勤而言，那些影響是到怎樣的程度呢？下面，想來檢討這些問題。

　　首先，想要從克勤論及《華嚴經》思想的方法，來進行考察。

　　例如，在《碧巖錄》第二十三中，有「保福長慶遊山」之話。內容是保福和長慶一日同遊山，保福指腳底下曰：「只這裏便是妙峰頂」，長慶答云：「是即是可惜許」 ❼⓪。克勤在此本則的評唱中云：

　　教中說妙峰孤頂，德雲比丘從來不下山。善財去參，七日不逢。
　　一日卻在別峰相見，及乎見了，卻與他說：「一念三世一切諸佛
　　智慧光明普見法門」。德雲既不下山，因什麼卻在別峰相見？若
　　道他下山，教中道：「德雲比丘從來不曾下山，常在妙峰孤頂」。
　　到這裏，德雲與善財，的的在那裏。
　　自後李長者打葛藤，打得好。道：妙峰孤頂，是一味平等法門，
　　一一皆真，一一皆全，向無得無失，無是無非處獨露，所以善

---

❼⓪《碧巖錄》三（大正四八，p. 164 上～中）。

財不見❼。

　　一看即可以明白，此處克勤是介紹了《華嚴經‧入法界品》的一節，及李通玄的解釋，並主張：妙峰山頂是意味著真實、絕對的世界，德雲和善財皆是生活在那世界的人。但是實際上，這種介紹方法相當欠缺可觀性。為什麼呢？因為被引用的《華嚴經》文中，並無德雲比丘不下山之句，而德雲比丘所說的法門，正確的應是：「憶念一切諸佛智慧光明普見法門」❼。再者，在後段被言及的李通玄之解釋，實際上是會合焦點於空之智慧的發現上❼，至少克勤所述之形態，在李通玄著作中是沒有的。由此可知，上之一文，很明顯地是克勤自身所受容消化的《華嚴經》思想，甚至可言是李通玄思想。這可看出，克勤相當主體地，乃至主觀地理解了《華嚴經》。

　　進而，表達了對《華嚴經》世界全體的看法，其次的論述是值得注目的。

---

❼同（同，p. 164 下）。

❼《八十華嚴》六二（大正一〇，p. 334 中）。《六十華嚴》四六（大正九，p. 690 上）是「普門光明觀察正念諸佛三昧」；而《四十華嚴》四（大正一〇，p. 680 上）則是「憶念一切諸佛平等境界無礙智慧普見法門」。

❼《新華嚴經論》三四（大正三六，p. 954 中～下），《決疑論》一下（同，p. 1016 上～中）參照。

又如華嚴法界無邊香水海，不可說浮幢王剎，盡向這裏一時開現。即此現成，即此受用。不以眼見，不以耳聞，不以口談，不以心知。還證得麼？若也證得，不必覺城東際初見文殊，樓閣門開，方參慈氏。

敢問大眾，且道，即今是什麼人境界。舉拂子云：盧舍本身全體現，當機直下沒纖毫❼。

由此可知，克勤將《華嚴經》之構想本身，由當下之悟境來把握，所謂毘盧遮那佛，即是其人本身。克勤並將悟境表現為「毘盧遮那大法性海」，或是一邊立於「日暖、風和、鶯吟、燕語」的洛浦之地，一邊吟詠：「不離普光殿，不出菩提場，遍遊華藏海無邊剎境」❼。進而，描述生活於悟境是：「掌擎日月、背負須彌，引手過越一百一十城，翻身獨立華藏界」❼。如此地，《華嚴經》的構想，成了表達克勤之悟境的不可欠之要素。由此可推知，他是如何地親近《華嚴經》了❼！

---

❼《圜悟語錄》二（大正四七，p. 722 上）。

❼同，一〇（同，p. 759 上），同，二（同，p. 722 上）。

❼同，七（同，p. 746 下）。

❼附加說明，關於法的存在問題，圜悟克勤將《華嚴經》之佛——毘盧遮那，及諸菩薩的代表，而被置於最高位的普賢菩薩，扯在一起，並論述如下：「一法若有，毘盧墮在凡夫；萬法若無，普賢失其境界。一法、萬法，或有、或

　　那麼，以《華嚴經》為根據而成立的華嚴教學，克勤是抱著怎樣的想法呢？

　　想來，關於他對華嚴教學的基本見解，可於他對「雲巖大悲手眼」的話頌評唱中看出。這是以大悲菩薩（千手千眼觀音）之手和眼的德用為主題的《碧巖錄》第八十九（或九十二）的話錄。亦即圜悟在注釋其頌中一句：「君不見，網珠垂範影重重」時，全面引用了華嚴教學：

> 雪竇引帝網明珠，以用垂範，手眼且道落在什麼處？華嚴宗中，立四法界，㈠理法界，明一味平等故。㈡事法界，明全理成事故。㈢理事無礙法界，明理事相融、大小無礙故。㈣事事無礙法界，明一事遍入一切事，一切事遍攝一切事，同時交參無礙故。所以道：一塵才舉，大地全收，一一塵含無邊法界，一塵既爾，諸塵亦然。網珠者，乃天帝釋善法堂前，以摩尼珠為網，凡一珠中映現百千珠，而百千珠俱現一珠中，交映重重，主伴無盡，此用明事事無礙法界也。
>
> 昔普賢國師，立為鏡燈喻。圜列十鏡，中設一燈。若看東鏡，則九鏡鏡燈，歷然齊現。若看南鏡，則鏡鏡如然。所以世尊初成正覺，不離菩提道場，而遍昇忉利諸天，乃至於一切處，七

處九會，說《華嚴經》。

雪竇以帝網珠，垂示事事無礙法界。然六相義甚明白，即總即別，即同即異，即成即壞，舉一相則六相俱該，但為眾生日用而不知。雪竇拈帝網明珠，垂範況此大悲話。直是如此，爾若善能向此珠中，明得拄杖子，神通妙用，出入無礙，方可見得手眼⓻。

由此可知，克勤甚了解華嚴教學的四法界說和六相說，及帝網、鏡燈的二個譬喻，並給予相當高的評價。而且，以「網珠」之喻為表達事事無礙法界之境界，並確信經由此追求，可進入禪的開悟世界。

但是，不言可知，在這裏所被開示的華嚴教學，並非是原本形狀，而是被克勤所消化過的華嚴教學。其明顯之一例即是，他以理法界為四法界之第一，事法界為第二，進而將事法界視為真理之現成所形成的現象世界。這很明顯地，是與宗密之前的華嚴教學不同，尤其是其配列和解釋。

但是，即使是如此，還是可以推測在這裏被明示的華嚴教學之淵源。資料有三：㈠是長久以來被認為是「杜順說」的法藏之《五教止觀》；㈡是宗密的《註法界觀門》；㈢是贊寧的《宋高僧傳》中

⓻《碧巖錄》九（大正四八，p. 214 中～下）。伊藤猷典校定《碧巖集定本》pp. 407～408 參照。

的〈法藏傳〉。為什麼呢？因為在《五教止觀》❼❾中，恐怕是最先論及到帝釋天的珠網之喻，及其與六相義之關連。《註法界觀門》❽⓿則以明確之形式，來敘述四法界說和十鏡、一燈的譬喻。又筆者認為：《宋高僧傳》❽❶是最早將鏡與燈之譬喻，歸於法藏的最初資料之緣故。

　　總之，如上所述，克勤承接當時的一般傾向，以四法界為基本來把握華嚴教學，並主張其通於禪之世界。此事可看作是，他將華嚴教學當作禪之實踐，邁向禪之悟境的工具，而加以重視。

　　但他也並非沒有限制地稱讚宣揚華嚴教學，他是清楚地了解其界限的。

　　關於此點，資料有二。第一，是克勤和張商英的對論❽❷。若依

❼❾《五教止觀》（大正四五，p. 513 上～下）。

❽⓿《註法界觀門》（大正四五，p. 691 上～下）。澄觀曾在《法界玄鏡》下（大正四五，p. 681 中以下）中用鏡子的比喻解釋周遍含容觀，但並不曾用燈的比喻。

❽❶《宋高僧傳》五（大正五〇，p. 732 上）。但此謂於十方設鏡，於其中燃炬使照出佛像之設定。

❽❷《羅湖野錄》一（《百部叢書集成·寶顏堂祕笈六》，pp. 13 左～15 右），《續傳燈錄》二五（大正五一，p. 634 中），《五燈會元》一九（續藏一一二乙一一一一四，p. 370 右上～下）。不過，《佛祖歷代通載》二〇（大正四九，pp. 685 下～686 上）雖也是記載克勤與張商英的對論，但並不包含圍繞著四法界的論議。

此資料，克勤於政和年間 (1111～1118)，在荊南之地與前宰相張商英❸，相見於繫於河岸之舟中，暢談華嚴世界之圓融無礙的真實世界，而結論是此華嚴世界亦尚不及「祖師西來意」的禪之世界。翌日，二人並再論及華嚴教學的四法界，當談至理事無礙法界時，克勤與張商英作了如次的問答：

師又問：「此可說禪乎？」

公曰：「正好說禪也。」

師笑曰：「不然正是法界量裏在。蓋法界量未滅，若到事事無礙法界，法界量滅，始好說禪。『如何是佛乾屎橛』？『如何是佛麻三斤』？是故真淨偈曰：『事事無礙如意自在，手把豬頭口誦淨戒，趁出婬坊來還酒債，十字街頭解開布袋』。」

公曰：「美哉之論，豈易得聞乎！」

若只依此資料來看，第一，克勤將四法界之中的前三法界，和最後的事事無礙法界之間，很明確地劃了一線，而將兩者的不同歸於法界，亦即真理世界之指定（範疇）的有無。第二，將事事無礙法界當作連戒律也超越的，活生生而自由的境地來把握❹。

---

❸關於張商英的傳記與思想，請參照阿部肇一《中國禪宗史的研究》(1963年，誠信書房)，pp. 353～375，又，以張商英為首的居士佛教徒們與克勤的關係，請參照 pp. 434～466。

其次應注意的資料，是文、倫二人以回答上人質問的形態，來表示對四法界之理解。若依此，克勤各別對於二位僧人所問四法界之本旨，回答如下：

理法界——ⓐ不動一絲毫。
事法界——ⓑ縱橫之十字。
理事無礙法界——ⓒ銅頭鐵額，鐵額銅頭。
事事無礙法界——ⓓ重重無盡，處處現真身。

並明示真實世界之型態如下：

若說理法界、事法界、理事無礙法界、事事無礙法界，當（與此世界）無關❽。

依筆者之見，前之四法界似各含有如下之意義。ⓐ真理的世界是非常寂靜的。ⓑ現實的事象世界是充滿了活動。ⓒ真理與事象之

---

❽高峰了州博士說：日本的鳳潭 (1653～1738) 在其著《鐵壁雲片》中批評克勤的這種華嚴教學觀，那是完全未達十玄的奧旨，所謂「手把豬頭、口誦淨戒」也不過只能歌頌事理無礙的一分罷了（引用《華嚴と禪との通路》，p. 267）。但是筆者認為在無礙世界的絕對觀念裏鳳潭的此種議論更有問題。

❽《圜悟語錄》一〇（大正四七，pp. 758 下～759 上）。

關係，確實而不變，但其亦只限於觀念之把握，從其處無法產生出活生生的主體。⑷無止盡的緣起世界，才是真實的生存世界。而且，若此見解是正確的話，亦即克勤認為：只有最後的事事無礙法界，才與禪的世界同性質。

但是，更重要的是，克勤在其後所述之事。亦即，克勤斷定：包括事事無礙法界在內，四法界皆是概念，是由語言來表達的世界，與真實的世界終是無緣的。筆者認為：正是此種以四法界之說示，是無價值的明快立場，證明了克勤的思想是禪思想。

由以上之考察，克勤的《華嚴經》及其與華嚴教學之關係，幾乎已可明白了！若整理之，首先關於《華嚴經》，他幾乎未持有客觀的看法，毋寧是大膽地將其根本思想主體化。而於《華嚴經》中，他似對〈入法界品〉持有很深的興趣。這恐怕是受李通玄思想的影響吧！再且，包含間接得到的知識在內，克勤似甚熟悉華嚴教學，並給予相當高的評價。但是，他於二層意義上，清楚劃清其界線。亦即第一，若是於觀念性思想上而言，那是無價值的。第二，若依四法界說，到第三的理事無礙法界的階段，是不及禪之世界。因此，克勤的思想，雖染上了很濃厚的華嚴思想色彩，但根本上，很明顯地是屬於禪思想的——這是筆者的結論。但是同時地，那也表示了在宋代以後的中國佛教中，華嚴思想確實流行過的，一種代表型態。

五、萬松行秀的禪和華嚴

　　《從容錄》（《萬松老人評唱天童覺和尚頌古從容庵錄》）六卷，和《碧巖錄》皆是有名的禪之名著。其後，在日本《碧巖錄》為臨濟系禪宗所接受，而《從容錄》則為曹洞宗所重用。《從容錄》的作者，是金至元代的禪僧萬松行秀 ⑧⑥(1166～1246)。同書之〈序〉中，元的名臣耶律楚材 (1190～1244) 評行秀為：「兼備儒釋、精通宗說，辯才無礙」。由此可看出，禪思想史上行秀位置的重要性。

　　但是，無關於其重要性，關於行秀的實證性研究，似乎不太多。特別是在他的思想中，以何種形態來受容華嚴教學，並具有何種意義，至目前為止，似乎還不太被人檢討過。但是，如諸傳記所記載，若行秀真是「恆以華嚴為業」 ⑧⑦的話，那麼上面問題的考察，在明確其思想立場和思想史上的角色，則是不可欠缺的。並且，如上問題之探討，也幫我們浮雕了，至少由哲學性格方面來看，在宗派上漸漸分立而成的，唐末至五代以後的禪宗各派思想，所具有的共通點。

---

⑧⑥關於《從容錄》全盤，包含行秀的傳記等，請參考加藤咄堂《從容錄》（《修養大講座》九一一四所收錄。1941～1942 年，平凡社）。

⑧⑦《五燈會元續略》一（續藏一一二乙一一一一五，p. 430 右上），《五燈嚴統》一四（續藏一一二乙一一二一三，p. 314 右下）等。

⑴「嚴經智慧」的解釋

　　現存的行秀之著書中，有《從容錄》六卷和《請益錄》（《萬松老人評唱天童覺和尚拈古請益錄》）二卷。其中，前者是於天童正覺（宏智，1091～1157）所編的《頌古百篇》中，受湛然居士耶律楚材之請，行秀附上示眾、著語、評唱，而於元太祖十八年(1223)完成的。而後者，成立年時雖不明，同樣地是選擇了正則所拈的古則，而行秀加以著語和評唱。因此兩書同時具有，於正覺的思想路線上，展開了行秀思想的共通性格。總之，於此兩書中所被示的行秀之思想，存有正覺引導之一面，及加以制限之一面。特別是，與本論之目的有密切關係的問題是，《從容錄》百則之中，以經說為主題，即有五個，這是值得注目的❽❽。其五則即是《楞嚴經》（二則）、《圓覺經》、《金剛經》、《華嚴經》（各一則）的諸教說。我們必需要考慮到，此種正覺的主題選擇，在行秀的撰述態度和評唱方法上，所給予的一定影響之可能性。又，在《請益錄》中，經典之說被直接提出來的只有一次，即是關於《楞嚴經》的「心」之教理。

　　首先，想來探討行秀的《華嚴經》之教說，乃至對於華嚴教學的基本態度。在此問題上，最容易入手的，應是上面所提到的，以《華嚴經》之教說為問題的一則，亦即《從容錄》第六十七則的「嚴經智慧」。

---

❽❽〈從容庵錄目錄〉（大正四八，p. 227 上～下）參照。

正覺在此所提出來的主題是：

舉。《華嚴經》云：「我今普見一切眾生，具有如來智慧德相，
但以妄想執著，而不證得❽。」

此很明顯地，是《八十華嚴・如來出現品》❾一節中之簡要。
行秀將此點，在評唱中很正確地指示出來。並且，更受注目的是，
在解釋此部分時，先言及澄觀的《華嚴經疏》和《普賢行願品疏》，
明言此是「開因性」❶，及「開物之性源」❷的一段。我們由此事
可以知道，在行秀的《華嚴經》理解之基礎中，澄觀的思想毋寧是
當作一種範圍、框架，而存在的。

行秀在舉出上之教說後，引用《華嚴經疏》之一文：

眾生包性德而為體，依智海以為源。但相變體殊，情生智隔。
今令知心合體，達本情亡。故談斯經，以為顯示❸。

---

❽《從容錄》五（大正四八，p. 269 上～中）。

❾《八十華嚴》五一（大正一〇，p. 272 下）。

❶《華嚴經疏》一（大正三五，p. 504 下）。

❷《普賢行願品疏》一（續藏一一七一三，p. 237 右下～左上）。

❸出處同❾。但該處的「攬智海」是「依智海」、「忘情」是「情亡」。還有，
　這一句話曾在前面提到的「開因性」（開頭「教起因緣」的說十義中的第九）

並附上解釋如下：

> 此則兼明眾生迷真之由也，譬如福德智慧具足相貌之人，忽然
> 夢見貧病苦身，即相變也；不見本身，即體殊也；執認云是我
> 身，即情生也；不信自身福德端正，即智隔也❹。

由此可知，行秀雖深深共鳴澄觀的眾生論，但亦將其思想往更
單純化、主體化的方向推進。以下所提出來的二則禪語，也是與此
解釋有直接關係的。筆者認為，行秀似特別將問題的焦點，集中於
如何來突破「相」。

其次，對於上面的「提示」，正覺本身的頌是：

> 天蓋地載，成團作塊。周法界而無邊，析鄰虛而無內。及盡玄
> 微，誰分向背。佛祖來償口業債，問取南泉王老師，人人只喫
> 一莖菜❺。

一節中出現。

❹《從容錄》五（大正四八，p. 269 上～中）。

❺同（同，p. 269 中）。原文如下：「天蓋地載，成團作塊。周法界而無邊，析
鄰虛而無內。及盡玄微，誰分向背。佛祖來償口業債，問取南泉王老師，人
人只喫一莖菜」。

　　其中最後的二句，若依行秀之釋，是根據如下之故事而成的。即南泉有一天，和名為杉山的僧共做揀分蕨菜的工作。南泉拈起一莖曰：「這箇大好供養」。杉山云：「非但這箇，百味珍羞，他亦不顧」。南泉云：「雖然如是，箇箇須嘗過始得」。南泉此種言行，恐怕是在批評住於「絕對」悟境之不徹底，而認為應在現實中，體證、深入悟境。亦即明示了，應重視一事一物所具有的真實，且將其真實應用於日常生活中的重要性。

　　想來正覺是沿用此故事，而在歌頌眾生與由相對的觀念、語言所無法把握的佛，是同一存在的。而且，在他的見解中，也包含了由來於《華嚴經》的「小包含大，一中入一切」的無礙之思想❾❻。但是行秀，在對於此頌的評唱中，既無提到《華嚴經》，亦無提到華嚴教學。代而引用的是，偽經的《楞嚴經》，和被傳為是僧璨撰的《信心銘》。其直接原因，恐怕是因原文的「鄰虛」之語，是出於《楞嚴經》❾❼；及《信心銘》❾❽中有簡潔地提示了極小＝極大的思

---

❾❻參照中村元〈華嚴經の思想史的意義〉（《華嚴思想》所收，1960 年，法藏館）。博士說其思想可與新柏拉圖派的布羅德羅斯 (Plotinos, pp. 204～269) 的真理論對比。

❾❼《楞嚴經》三（大正一九，p. 117 中～下）。

❾❽《信心銘》（大正四八，p. 377 上）。原文為「極小同大、忘絕境界。極大同小、不見邊表」。本書除此之外尚有「一即一切、一切即一」之語。附帶一提，行秀讚嘆被認為是此《信心銘》之作者的三祖僧璨道：「三祖是何等人

想吧！但是，即使是如此，在這裏《華嚴經》和華嚴思想沒有被言及，亦表示了那些思想本身對行秀而言，至少並非是不可缺的根據。在本則開頭的「示眾」中，有「一塵含萬象，一念具三千」的句子，各取一句表示華嚴思想和天台思想的代表句，來串聯成一個句子，亦可看出行秀並非是那麼地重視華嚴思想了吧！

⑵華嚴教學的引用和評價

實際上，關於《華嚴經》及華嚴教學，行秀具有何種程度的知識？並至何程度的主體化，及如何引用？

首先，他所言及的華嚴宗祖師，除了上面提到的澄觀之外，有法藏和宗密。現在想依法藏、澄觀、宗密之順序，來檢討行秀對他們的看法。

首先，關於法藏，行秀直接提及的，只有一個地方。即《從容錄》第三十四則，「風穴一塵」之頌的評唱中：

> 賢首國師，只立一塵變態，說百門義海。高名夷齊也，勳業太公也❾❾。

有如上之論述。由此可知，行秀對法藏的功績，評價很高。但

也！彼示一則，天下僧無能出其外」。

❾❾《從容錄》三（大正四八，p. 250 中）。

是雖然如此，對法藏的華嚴教學，卻無明確言及。僅於假託月之盈缺來論悟境的，《從容錄》第三十七則「溈山業識」的一節中，有〈華嚴宗名秘密隱顯俱成門〉⓿一文，這有可能是基於法藏的《華嚴五教章》⓿。但是，在後面要敘述的澄觀在秘密隱顯俱成門的說明之中，以八日之月來比喻「隱顯同時」⓿，故行秀依澄觀之說來解釋的可能性更大。順便一提的是，上引用文中所出的「百門義海」，恐怕是指法藏現存的著作之一《義海百門》吧！因為不僅語詞近似，而《義海百門》的序文亦有：

　　輒於一塵之上，顯其實德。窮茲性海，覽彼行林。總舉十門，別開百義⓿。

與行秀的敘述相呼應。行秀沿用此思想而加以敘述，應是沒有錯的。但是，他具體引用本書思想的地方，似又沒有。

　　相對於此，行秀對於澄觀思想的言及和引用，則是顯著的。與上述之「嚴經智慧」同時地，將其明白表示的，有對於《從容錄》

⓿同（同，p. 252 中）。

⓿《華嚴五教章》四（大正四五，p. 506 中～下）。

⓿《華嚴經疏》二（大正三五，p. 515 中）。《演義鈔》一〇（大正三六，p. 75 下）參照。

⓿《義海百門》（大正四五，p. 627 上）。

第七十四則「法眼質名」之本則的評唱。

正覺在此，對於所謂的 「由無住之本，立一切法」 的 《維摩經》 ❿ 之教說「無住之本」，提出了法眼所說的「現形亦非物，云名亦非名」。此法眼之句本出於被假託於僧肇之《寶藏論》 ❿，而正覺視此語句為「無住之本」的最適切之解說。

關於上之本則，行秀與《維摩經》之本文，僧肇的《註維摩經》之對應處所同時地，引用了澄觀的《心要法門》開頭的句子：

> 至道本乎其心，心法本乎無住，無住心體靈知不昧❿。

雖沒有特別注記，但是將此當作「傳燈清涼國師答皇太子心要」來引用，即可想像行秀深深敬慕澄觀，並且愛讀本書。又，此句中之「皇太子」，即指後之唐順宗（西元 805 年 1 月～8 月在位）。

此外，《華嚴經疏》的帝網之喻，是對應於《從容錄》第四十則「雲門白黑」中的正覺之頌「網珠相對」等語，而行秀加以引用的。即：「帝釋殿貫珠成網、光影互現、重重無盡」 ❿。

---

❿《維摩經》中（大正一四，p. 547 下）。

❿《寶藏論》（大正四五，p. 143 中）。

❿《從容錄》五（大正四八，p. 273 下）。《心要法門》的原文為續藏一－二－八－四所收。

❿《從容錄》三（大正四八，p. 253 下）。行秀的引用是取意引用，原文在《華

　　此譬喻可推測，在當時是已相當為人所知，而行秀則似是相當
喜愛此譬喻的一人。因為他將上語簡要為「帝網交羅、重重無盡」，
而於《請益錄》❿中，不止一次使用。而如後所述，他由此語來表
達了「圓頓一乘」的境位。

　　於行秀而言，更為親近的一句話，是由來於澄觀的：

　　理圓言偏、言生理喪❿。

　　此若據澄觀之言，是表示「超言思」之道，而行秀在前述的「雲
門白黑」中引用此語之外，於《從容錄》第四十九則「洞山供真」❿
的「滲漏無底血脈」一節中，亦加以引用。此語在行秀的思想形成
上，可說已成為一根支柱了吧！

　　又行秀在注釋《請益錄》第五十七則「雲門無滯」的本則中，
「具備三昧、性海」之語時，云：在華嚴宗中，此言「法爾本
具」❿。這到底是以何為根據，則不清楚。但是若大膽推測，有可

嚴經疏》二（大正三五，p. 515 下）。

❿《請益錄》上（續藏一－二－二乙－五，p. 413 左），同，下（同，p. 445
　　右）。

❿《演義鈔》一（大正三六，p. 2 中）。

❿《從容錄》三（大正四八，p. 258 中）。

❿《請益錄》下（續藏一－二－二二－五，p. 432 右下）。

能是指澄觀所說的「眾生性有」 ⑫，或是「本有的恆沙性德」 ⑬。

其次，關於宗密的思想，行秀也常常使用。例如，在《從容錄》第一則的「世尊陞座」 ⑭ 中，引用了《原人論》中所述的，由「心外無法」之立場而敘述的元氣被攝於阿賴耶識之教說⑮。而於第四十五則的「覺經四節」 ⑯ 中，揭示了《圓覺經》 ⑰ 之無念，乃至放念的本則評唱之開頭，引用了《圓覺經大疏》的解釋⑱，「此云妄心頓證，又各忘心入覺」。但是，在《從容錄》中所看到的宗密之思想，似是被當作禪思想的一種，而被引用的。由行秀的引用，可說幾乎無法浮雕出，宗密的華嚴宗祖師之形態。

行秀所言及的，關於華嚴宗的人和思想，大約如上所示。但是，在此想附加一言，即在前已言及的「潙山業識」的本則評唱中，行秀提出了「不動智」，此「不動智」是李通玄的關鍵性思想之一，而由雲庵克文 (1025～1102) 鮮明地指正過。而在評唱中，行秀提出了

---

⑫《華嚴經疏》一（大正三五，p. 504 下）。

⑬《演義鈔》三（大正三六，p. 22 上）。請同時對照「海印三昧」及「性空」的解說（《演義鈔》一，同，p. 4 中～下）。

⑭《從容錄》一（大正四八，p. 228 上）。

⑮《原人論》（大正四五，p. 710 下）。

⑯《從容錄》三（大正四八，p. 256 上）。

⑰《圓覺經》（大正一七，p. 917 中）。

⑱《圓覺經大疏》中四（續藏一一一四一二，p. 173 左上）。前半在《從容錄》中是「妄心頓證」，但原文是「忘心頓證」。是導於筆誤吧。

（雲庵所教之）童子、（回答的）僧，皆是徹底的不動智之高見解⑲。此事可看出，將法藏之教學批評性地攝入，而構築了獨自的實踐性之華嚴思想的李通玄思想，間接地也給予行秀很深的影響，可說證明了行秀經由李通玄思想，而更進一步推進了自己的境界。

　　由法藏等華嚴宗大家所明確化的華嚴世界，行秀給予怎樣的評價呢？關於此問題的資料，實際上很少。於筆者所注意到的範圍，直接上有關係的，只有如次資料。亦即在《請益錄》中，將「圓頓一乘」的境地，由帝網之喻提示後，行秀敘述如下：

　　　於衲僧門下，天地懸殊。更買草鞋行腳。如常啼東請、善財南參。尚云、道曠無涯、逢人不盡⑳。

　　若筆者的理解是正確的話，在此很明顯地行秀認為：華嚴宗的立場是宣揚停留於究竟之境位的，行秀對此思想加以批判。而行秀本身主張不住於究竟之境位，他認為在無止境的佛道追求中，即可

---

⑲《從容錄》三（大正四八，p. 525 上）。此話見於《林間錄》上（續藏一－二乙－二一－四，p. 295 右）。可能由此轉載。

⑳《請益錄》上（續藏一－二－二二－五，p. 413 左上）。包含前面一句，揭載原文如下「（然後）雙遮雙照、更有遮照同時、遮照不立、直得帝網交羅重重無盡、始是圓頓一乘。於衲僧門下、天地懸殊。更買草鞋行腳。如常啼東請、善財南參。尚云、道曠無涯、逢人不盡。」

找到真理（真實的佛法）。

(3)《華嚴經》思想的受容

　　《華嚴經》最早被傳入中國的，如第二章所示，是劉宋之初，五世紀初期。自此以來，此經被很多人學習、研究，而與很多學派、宗派的教學形成有很深的關係❶。以《華嚴經》為根本的華嚴宗思想，亦即華嚴教學，即是由此流程中興起的。若一言以蔽之，亦即將《華嚴經》思想由某一方面加以受容，而整理成一個體系。與此不同的，①由別的途徑來受容華嚴思想；②或是由《華嚴經》直接地重新攝取等事，對於華嚴宗已失去其勢力的中唐以後的佛教者而言，是自由的。例如行秀，如前所見，在「嚴經智慧」的「示眾」中，於《華嚴經》的唯心說中，導入了發源地之天台教學「一念三千」思想，可說是屬於上之二說的前者吧！

　　那麼，行秀是不經由華嚴教學等的媒介，而受容了《華嚴經》思想的嗎？若是如此，其受容方法裏又有何特徵呢？

　　若依現存資料，行秀直接提到《華嚴經》，或加以引用、敷衍的，絕對不多。此事引起了，行秀不如傳聞所言的「以華嚴為業」之懷疑。但是即使如此，關於某特定的《華嚴經》教說，行秀曾加以相當徹底的理解，則是不會錯的。

　　其教說，第一是成為《從容錄》的「嚴經智慧」之根據的，〈如

---

❶特別是參照拙著《初期中國華嚴思想の研究》pp. 169〜322。

來出現品〉中有關於「如來之智慧」的部分。在此教說中,由一塵之中有大經卷之譬喻,被提出了眾生之身中亦存有如來之智慧的說明。

其「嚴經智慧」之解釋,如上所述,基本上是不出於澄觀解釋之範圍。但是,例如在《從容錄》第八十四則,「俱胝一指」之頌的評唱中,關於《華嚴經》,言其是「一塵含法界,故名大不思議經」❷。此頌之內容是,俱胝和尚對於某人之質問,只豎一指來回答。而對於此一指之德用,行秀提出了上之《華嚴經》評唱來說明。由此可看出,行秀將上之一節視為《華嚴經》的中心思想,而深加以認同。

如此地,行秀所受容的〈如來出現品〉的思想,恐怕是直接受到正覺的影響。因為正覺在《從容錄》第六十四則「子昭承嗣」❸之頌中,也用到了「破塵出經」之語,他尊尊上之思想,甚而可推測是出於愛好。而行秀亦承此頌句,而於評唱中舉出了對應於〈如來出現品〉的教說❹。

---

❷《從容錄》六(大正四八,p. 281 中)。

❸同,四(同,pp. 266 下～267 下)。

❹同(同,p. 267 中)。但是,行秀所舉之文為「有一大經卷、量等三千界、在一微塵中、一切塵亦然。有一明眼人、破塵出經卷、利濟一切人」,與《八十華嚴》五一的原文(「如有大經卷、量等三千界、在於一塵內、一切塵悉然。有一聰慧人、淨眼悉明見、破塵出經卷、普饒益眾生」。大正一〇,p. 273 中)有若干不同。行秀的引用方法可說是一種取意、抄出,不過特別把

　　行秀特別注意到的《華嚴經》教說之第二，是〈入法界品〉中，善財主彌勒所，由其彈指而入毘盧遮那莊嚴藏大樓閣，而看到了各種境界的彌勒之姿等，不可思議的體驗❿之一節。行秀將此於《從容錄》第七十四則，「法眼質名」的頌之評唱中，幾乎正確地取意引用❿。但是，更惹人注意的是，《請益錄》第九十五則，詠彌勒經常無處不現，而誰也沒注意到的「布袋之頌」中，正覺加以著語並拈評的「布袋彌勒」評唱之開頭，行秀云：

　　善財，樓閣門開而見法界全體，皆是彌勒。今亦樓閣門開，皆見否❿？

　　只由此言表亦可知，行秀將彌勒和善財的世界由「現在」、「這裏」的角度來把握，並推測自己亦清楚地見到此世界。在《五燈會元續略》的傳記中，以上之教說為前提的問答，亦被記錄了❿。

原文的「聰慧人」改為「明眼人」這一點，說明中唐以後，「明眼的人」成為禪的世界中的一個重要的問題（《龐居士語錄》、《臨濟錄》、《趙州錄》等參照之），很是有趣。

❿《八十華嚴》七九（大正一〇，pp. 434 下～437 下）。關於本節所含之宗教意義，請參照津田真一〈釋尊の宗教と華嚴〉（《理想》六〇六號，1983 年）。

❿《從容錄》五（大正四八，p. 274 中）。

❿《請益錄》下（續藏一一二一二二一五，p. 447 左下）。

　　此外，行秀所引用的《華嚴經》之教說，有《從容錄》第七十
四則「法眼質名」中，關於《四十華嚴・普賢行願品》的「說」之
普遍性，和普賢的遍在性的內容❷，及第九十九則「雲門鉢桶」中，
提出《六十華嚴》（或《八十華嚴》）〈賢首品〉的「一微塵中入正受，
一切微塵三昧起」❸。但是，這些引用也只被提到一次，且無附上
積極的解釋，故成為行秀的自家蒙籠之物到何程度，則不可得知。

　　由以上之考察，我們大概可得到下列之結論。即行秀確實是繼
承了正覺等禪之傳統，對《華嚴經》及華嚴教學，深具關心，並具
有某一水準的知識。但是，關於《華嚴經》的知識，相當片面，他
所受容的重要教說，可提出的，僅有關於〈如來出現品〉之「一
塵」，及〈入法界品〉的「彌勒樓閣」。另一方面，關於華嚴教學，
可推測至少他熟讀了澄觀的《華嚴經疏》，及《演義鈔》的總論之部
分，並學習了其基本想法。又，澄觀的《心要法門》和宗密的《原
人論》等，由中國佛教固有的唯心論立場來討論的哲學概論性質的
書，行秀似也曾愛讀過。但是，其思想受容之成果，若加以整理，

❷《五燈會元續略》一（續藏一一二乙一一一一五，p. 429 左）。

❷《從容錄》五（大正四八，p. 274 中）。直接出典無定論。

❸《從容錄》六（大正四八，p. 291 中）。《八十華嚴》的原文是「一微塵中入
　正定、一切塵中從定出」（卷一五，大正一〇，p. 78 中），《六十華嚴》的「一
　微塵中入正受、一切微塵三昧起」（卷七，大正九，p. 439 上）較接近。可能
　依後者吧。

會使人聯想到，是集中在「一塵含萬象」的靜態 (static) 之存在論，和「言生理喪」之消極的 (negative) 言語論中。這些現象，恐怕與他對「圓頓一乘」的批判，乃至偏見，是互為表裏的吧！只是在受容李通玄所提出的「不動智」思想時，超越了向來的禪者之境界，是可承認的。因此筆者認為：關於行秀「恆以華嚴為業」的傳承，並非如文字所示來接受，而應從下列角度來理解，似較為妥當。亦即在當時的禪者之中，行秀對於《華嚴經》及華嚴思想，保持一定的距離，並抱以強烈的關心，至少對於其中的一部分，似極為了解。

但此事並非意味著，在行秀的禪思想中所占有的，華嚴思想的意義是輕微的。若想到他在大政治的動亂中，堅強地，甚而悠悠然地生存下來，則被他所受容、消化的華嚴思想，毋寧是支持其生涯的原動力要素之一，應是不會錯的！

六、李贄的佛教

⑴《簡要》的檢討

在十六世紀後半的中國，於長時期的封建社會之傳統中，資本主義萌芽，「近代」化的胎動開始了。李贄 (1527～1602)，是在如此複雜的明末情勢中，將其鮮明地反映於思想的人物。近年，李贄的思想一再被注目，並被加以再評價，其第一之理由，即在於他如何來把握了中國近代史❸，此問題上。

　　但是意味深長的是，李贄在晚年深信佛教，並加以皈依，而深深共鳴於唐代居士李通玄。據傳他自著《華嚴經合論簡要》（以下略稱《簡要》）。在此首先想探究有關於《簡要》的幾個基本問題。

　　首先，將《簡要》視為李通玄的著作，是否妥當的問題。想來此事向為一般所承認，是因為依據了《簡要》內題下題字的緣故。

　　唐滄州長者李通玄合論
　　明溫陵長者李　贄簡要
　　明吳興後學董廣曙閱正 **❸**

　　在此李贄敘述了將《合論》加以「簡要」的主旨。而被列名為校閱者的董廣曙，亦自投資金來刊印《簡要》，故可能是李贄的直接門下 **❸**。進而，李贄曾知《合論》，是不會錯的 **❸**。由這些事可知，將本書的撰者看作是李贄，一般而言，應是沒有問題的。但是，在

❸ 關於這方面的研究，最近幾年成果卓著，有溝口雄三《中國前近代思想の曲折と展開》〈上論・明代後葉における思想の轉換〉（1980 年，東京大學出版會，pp. 49〜213），任繼愈主編《中國哲學史》第三冊・第六篇・〈第十四章・李贄的進步的社會觀和唯心主義哲學思想〉（1979 年再刊，人民出版社，pp. 354〜374）等。

❸ 《簡要》一（續藏一一七，p. 191 左）等。

❸ 《簡要》四（續藏一一七，p. 236 右）參照。

❸ 《李溫陵集》二「又與從吾孝廉」。

李贄的其他著作中，皆未言及本書之撰述，及到目前為止的李贄之
研究中，本書完全被忽視等事來看，否定的材料亦並非是沒有的。
以下即由本書的序文之檢討，想來探究此問題。

　　《簡要》的序文❸，並非「簡要序」，而是被名為「李長者華嚴
經合論序」。亦即其名稱，與志寧編纂，慧研補訂的《華嚴經合論》
中，所附的二人之序文相同。此事恐怕與如次所示的，全體之構成
有關。

　　⑴撰者之文ⓐ

　　⑵天冊金輪聖皇帝製〈華嚴經序〉的拔粹引用

　　⑶撰者之文ⓑ

　　⑷李通玄撰《新華嚴經論‧序》（合論序）的拔粹引用

　　⑸撰者之文ⓒ

　　⑹志寧撰〈合論序〉的拔粹引用

　　⑺撰者之文ⓓ

　　⑻慧研撰〈合論序〉的拔粹引用

　　⑼撰者之文ⓔ

　　⑽馬支撰〈李長者事跡〉的再錄

　　其中，ⓐ是導入部分，簡單敘述了《華嚴經》（《八十華嚴》）的
譯出年代和譯者。又，ⓑⓒⓓ皆僅是聯繫文而已，皆極為簡潔。總
之，《簡要》的〈合論序〉之中，提示了撰者本身的意圖和立場的，

---

❸續藏一一七一三，pp. 189 右上～190 左下。

只有ⓔ的部分。全體上，毋寧是契合其表題，關於《合論》的序文之要約，在此意義上，此序文本身可說是諸「合論序」的「簡要」。

在此，要討論的是ⓔ的內容。首先要將其原文全文列舉如下：

卓和尚①曰：

備矣、先佛為經、後佛為論。佛志寧合經論而為一、佛慧研釐經論以標綱。皆不過為後代佛子便於觀覽故耳。其用心勤矣。然一百二十卷之繁、吾恐一切賢聖、終未敢輕易也②。

破夏以來、獲聽寧佛者袁文煒③、細讀華嚴合論一徧、乃知善說華嚴無如長者④。因簡其尤要者錄之。

儻有大心眾生、欲乘如來乘直至道場、則⑤此二百紙簡要之論文、便是華嚴無盡藏之法界也。自心是毘盧遮那佛智、自眼是佛文殊根本智、自身是佛普賢差別萬行智、自誦是佛音聲、自聽是佛觀世音力、自語是佛開不二之門、自念是佛不思議神通。自在功德皆佛也⑤。吾何幸身親見之❶。

今與主題有關，而需先處理的問題有四。第一是「卓和尚」的稱呼。如前節所述，李贄並無正式出家。但是，剃髮之後似亦稱為「卓吾和尚」 ❶ 。「卓和尚」 之表現在他處並沒有，但是將其當作

---

❶同，pp. 189 左下～190 右上。

❶例如：《續焚書》二，說彙，〈窮途說〉參照。

「卓吾和尚」的略稱來考慮，應是不會太牽強吧！

第二，②所示的《合論》之把握方法。其文意大約如下：「《華嚴經合論》是一百二十卷的大論，（那是聖賢們所製作的，）我禮敬一切聖賢，故至今未敢輕易變動」。此和④的「善說華嚴者，不如李通玄」的認識相連續的吧！但是與此種想法相對應的思想，亦可見於《李溫陵集》所收的一通書簡中（六十歲以後，芝佛院時代），亦即，「《華嚴經合論》之精妙，無可匹敵。不可易其一句，此亦一冊《華嚴經》也」❸。

由此可知，晚年的李贄閱讀《華嚴經合論》，並將其當作一冊經典，而給予很高的評價。當作一個推測，若《簡要》的編纂真是成於李贄之手的話，其時期應是在此書簡之後。

第三的問題，是關於③的「袁文煒」。此由文脈來判斷，似是人名。但是依筆者目前所調查的範圍，在李贄周圍的，無有名此姓名的人物。但是李贄曾親交於袁中道（小修）及他的二位兄長，故或許是他們的別號，或是一族之中誰的名字也說不定。不管怎樣，現在的時點，此「袁文煒」無法成為幫助斷定，《簡要》是否為李贄所撰述的線索。

第四，在⑤中所被示的《簡要》之根本規定，及由其所明示的華嚴經觀，乃至佛教觀的問題。在此，《簡要》的撰者主張，《簡要》表達了華嚴的無盡藏法界，並論其內實是「自心是毘盧遮那佛智」

❸《李溫陵集》二「又與從吾孝廉」。

等。那麼，此種思想可歸於李贄嗎？關於此點，首先應注意的是，芝佛院時代的李贄作了「告佛約束偈」❿，其中有「每年冬閒時，無所事事，日日讀誦《華嚴經》一卷」的敘述。若依此，則晚年的李贄確實時親近於《華嚴經》。其次，應注意的是與他的真心說之關聯。例如，他說山河、大地、虛空等諸相「皆為吾真心中之一點」❿，可說是繼承了僧肇的思想❿「天地與我同根」，「萬物與我一體」❿。此思想其云：「天下怎有人外之佛，佛外之人呢」❿，承認萬人成佛的人間觀之展開，毋寧是必然的吧！在⑤中所表現的自己及其行為的絕對價值之主張，看作是他的真心說，乃至成佛論的歸趣，也不會是不自然的。

(2)《簡要》的思想特徵

由以上之檢討可知，沒有證據可以決定《簡要》是李贄撰述的。但是，於其反面，可積極主張《簡要》為李贄以外的人物所撰述的根據，亦幾乎沒有。由綜合而公平地來看，《簡要》還是李贄的真撰，其編纂年代大約是芝佛院時代的後半，亦即可推定為是他六十

---

❿《焚書》四，雜述，「告佛約束偈」。

❿同，〈解經文〉。

❿《肇論・九折十演・妙存第七》（大正四五，p. 159 中）。

❿《焚書》四，雜述，〈念佛答問〉。

❿同，一，書答，〈答周西巖〉。

四、五歲到七十歲左右的作品。

　　而在《簡要》中，可看出怎樣的思想特徵呢？

　　由第六章所提出的李通玄《新華嚴經論》，產生出了下列三種同類作品❹。亦即，現在的《簡要》四卷，和高麗知訥的《華嚴論節要》三卷，及明方澤的《華嚴經合論纂要》三卷。其中，《華嚴論節要》是由《新華嚴經論》直接拔粹、編集；而其他的二書，則是《新華嚴經論》在被補訂後，成為《華嚴經合論》，而由其注釋部分加以拔粹、編集而成的。三者之間，有此不同。但是，基本性格可說是相同的。而完成的三書之間，因編輯者個性的不同，而產生了不可忽視的差別。但是有時亦令人懷疑，此三書是否正確地繼承了李通玄的思想立場，而加以簡要集成？

　　例如，在《新華嚴經論》❹的「依宗教別」（依宗旨而區別教理）之一段中，關於被分配於第七時的《涅槃經》之「捨權向實」（捨掉假說，而使歸向真實之教）的教說，首先《華嚴經合論》的著者慧研，不止是整理字句，使其易讀，並將李通玄的「有情」，改變為「無性有情」，又改變了對於「權」所使用的「實」為「實智」❹等。因此，承繼於《新華嚴經論》而成的《華嚴論節要》，及

---

❹參照拙稿〈李通玄思想の流布において〉（《印度學佛教學研究》二九—一）。

❹《新華嚴經論》三（大正三六，p. 736下）。

❹《合論》三（續藏一—五—四，p. 349右下～左上）。當然從《華嚴論節要》一（《金澤文庫資料全書・佛典第二卷・華嚴篇》，p. 78）中的「實」之下有

承繼於《華嚴論節要》而成的其他二書，皆已有所改變。特別是李贄的《簡要》⑭，大膽地削除了《涅槃經》的定義「盡見性之門」⑭，和《法華經》的定義「法界緣起理事性相之門」，這是很重大的事。由此可看出李贄認為：《涅槃經》的教理不可能使所有的眾生自覺於佛性；而在《法華經》中，亦未說示到「法界緣起」的理事、性相。不管怎麼說，這件事至少將李通玄本身的思想，更進一步地推向《華嚴經》至上主義的方向，則是不可不承認的。順便一提，《華嚴經合論纂要》⑭反而以「相盡見性之門」一語，來壓住《涅槃經》的教理。此事很明顯地反映了方澤的禪思想，是意味深長的。

　　如此地，《華嚴經合論》可說是李通玄《新華嚴經論》的改訂版⑮；而《簡要》則是《華嚴經合論》的注釋部分之拔粹。而在方

　　「知」字一事來推論，則《新華嚴經論》本來有可能也是如此。不過，假設即使是如此，推測此時的「知」並非與上面的「實」形成熟語，而是當作動詞承接下句。

⑭《簡要》一（續藏一一七一三，p. 201 右下）。

⑭正如《華嚴經合論纂要》明白地將包含此語句的句子讀成如此，恐怕要讀成「《涅槃經》、是三乘中捨權就實、相盡見性之門」，「相盡見性」解釋為「相盡而見性」才是正確。但李贄遵從《華嚴經合論》，將「相」與上之「實」熟而讀之，故留下此語句。

⑭《華嚴經合論纂要》上（續藏一一八八一四，p. 356 左上）。

⑮《華嚴經合論》三（續藏一一五一四，pp. 349 左上～350 右上）。此部分與

法上，似亦含有將李通玄思想簡潔化的意圖。但那並非僅是由《華嚴經合論》的文脈上來作形式上的簡化而已。語句本身幾乎是一致，但卻將文章細分切割，依主觀而適當地將語句加以聯繫，因此有時反而大大改變了《華嚴經合論》的思想特色。李通玄言及三昧的本質，由於發心之位開始，一邊由如來三昧所護佑，一邊以自己的三昧力，來印證迷界的真相。這是李通玄思想中很重要的部分，而《簡要》卻將它極為簡略化，這即是《簡要》已不同於《華嚴經合論》的明顯證據。李通玄是以瞑想為中心，而強調宗教實踐，而明顯地提示了由實踐中所產生的存在意義。而《簡要》則可說是削弱此方面的特色，而傾向於通俗化。

　　李贄主要是經由禪來接近《華嚴經》世界，而至對李通玄的《華嚴經》抱著很深的關心。而其具體表現即是在六十歲後半的《簡要》之編纂。但是，李贄到底是理解了李通玄佛教的本質到何種程度？並且消化吸收了多少？則是沒辦法給予太積極的評價。總之，只經由《簡要》等所看到的事實，似乎可以承認，李贄似乎尚不太了解李通玄的根本立場。這或許是他到最後還是貫徹了讀聖賢書走聖賢路的「志士」之道吧❺ !

《新華嚴經經論》三（大正三六，pp. 736 下～737 中）幾乎同文。

❺李贄在萬曆三十年 (1602) 被捕下獄，在獄中留有八首詩（〈繫中八絕〉）。〈不是好漢〉是其中最後一首，如下：「志士不忘在溝壑，勇士不忘喪其元。我今不死更待何，早日一命歸黃泉。」（《續焚書》五，《詩彙‧七言絕句》）。

初出論文・關係論文一覽

第一章

〈華嚴經典の成立〉（《東洋學術研究》二三一一，1984 年 5 月）

第二章、第三章

《初期中國華嚴思想の研究》（1977 年 10 月，春秋社），pp. 21～107。

第四章

〈華嚴宗の成立——その思想史的考察〉（《講座：大乘佛教三——華嚴思想》所收，1983 年 5 月，春秋社）

《初期中國華嚴思想の研究》（前揭），pp. 472～485。

〈十佛說の展開——智儼と義湘、法藏の間〉（《印度學佛教學研究》三三一一，1984 年 12 月）

〈智儼、法藏と三階教〉（《印度學佛教學研究》二七一一，1978 年 12 月）

第五章

《華嚴宗の成立——その思想史的考察》（前揭）

〈華嚴教學における因果の問題〉（佛教思想三《因果》所收，1978

年 3 月，平樂寺書店）

〈法藏の華嚴教學〉（《理想》六〇六，1983 年 11 月）

第六章

〈華嚴經と中國思想をつなぐもの〉（《中村元博士還曆記念論集——インド思想と佛教》所收，1973 年 11 月，春秋社）

〈李通玄の禪定論〉（關口真大編《佛教の實踐原理》所收，1977 年 12 月，山喜房・書林）

〈李通玄における六相と十玄〉（《印度學佛教學研究》二〇—二，1972 年 3 月）

第七章

《中國佛教思想史》（1979 年 11 月，世界聖典刊行協會），pp. 122～134。

〈宗密における道の體系化——儒道二教の組込み方を中心として〉（《日本佛教學會年報》五四，1989 年 7 月）

〈華嚴〉（《岩波講座：東洋思想一二——東アジアの佛教》所收，1988 年 6 月）

第八章

〈鮮演の思想史的位置〉（《佛教の歷史と文化》所收，1980 年 12 月，佛教史學會）

〈覺苑における法界緣起思想の受容〉（《平川彰博士古稀記念論集——佛教思想の諸問題》所收，1985 年 6 月，春秋社）

〈圓悟克勤と華嚴教學〉（《田村芳朗博士還曆記念論集——佛教教理の研究》所收，1982 年 10 月，春秋社）

〈萬松行秀と華嚴教學〉（《高崎直道博士還曆記念論集——インド學佛教學論集》所收，1987 年 10 月，春秋社）

〈「華嚴經合論簡要」について〉（《勝又俊教博士古稀記念論集——大乘佛教から密教》所收，1981 年 9 月，春秋社）

主要參考文獻

· 小林圓照、木村清孝《華嚴五教章·原人論》(《大乘佛典·中國日本篇七》,1989 年,中央公論社)

· 川田熊太郎·中村元等《華嚴思想》(1960 年,法藏館)

· 方東美《華嚴宗哲學》(全二冊,1981 年,臺灣,黎明文化事業公司)

· 木村清孝《初期中國華嚴思想の研究》(1977 年,春秋社)

· 末綱恕一《華嚴經の世界》(1957 年,春秋社)

· 石井教道《華嚴教學成立史》(1965 年,遺稿刊行會)

· 吉津宜英《華嚴禪の思想史的研究》(1985 年,大東出版社)

· 坂本幸男《華嚴教學の研究》(1956 年,平樂寺書店)

· 高峰了州《華嚴思想史》(改訂版,1963 年,百華苑)

· 高崎直道〈華嚴思想〉(《講座:大乘佛教三》,1983 年,春秋社)

· 湯次了榮《華嚴大系》(復刻版,1975 年,圖書刊行會)

· 鍵主良敬、木村清孝《法藏》(《人物·中國の佛教》,1991 年,大藏出版)

· 鍵主良敬《華嚴教學序說——真如と真理の探究》(1968 年,文榮

堂）

• 鎌田茂雄《中國華嚴思想史の研究》（1965 年，東京大學東洋文化研究所）

• 鎌田茂雄《宗密教學の思想史的研究》（1975 年，東京大學東洋文化研究所）

• 鎌田茂雄《華嚴五教章》（《佛典講座》二八，1979 年，大藏出版）

• 鎌田茂雄《華嚴學研究資料集成》（1983 年，大藏出版）

• Francis H. Cook, *Hua-yen Buddhism—The Jewel Net of Indra*, 1977, the Pennsylvania State University Press, U.S.A.

• Garma C. C. Chang, *The Buddhist Teaching of Totality—The Philosophy of Hwa Yen Buddhism*, 1971, the Pennsylvania State University Press, U.S.A.

• Thomas Cleary, *Entry into the Inconceivable—An Introduction to Hua-yen Buddhism*, 1983, University of Hawaii Press, U.S.A.

佛性思想

釋恆清／著

　　佛性（如來藏）思想複雜且豐富，對中國佛教有很深遠的影響。本書共收六篇專文，前三篇是印度佛教中有關佛性思想之經論的研究。第四篇討論《大乘起信論》的心性說。第五篇討論初唐性宗和相宗關於「一性」、「五性」的爭辯。最後一篇則是從天台宗主張草木有性談到現代深層生態學，以論證佛性說可為現代生態學的哲理基礎。

臺灣佛教一百年

闞正宗／著

　　本書旨在介紹近百年來在臺灣具有重大影響力的佛教宗派，在本書都有適當的說明。臺灣佛教的宗派主要傳承自福建鼓山湧泉寺，以臨濟宗為最多，在日據時代初期才有傳承曹洞宗派的覺力法師由閩來臺，其亦出身於鼓山湧泉寺，是臺灣佛教四大法派的開創者，光復後的臺灣佛教以大陸來臺僧侶為主導力量，至今仍是臺灣佛教的主流力量。

佛教史料學

藍吉富／著

　　本書綜合討論佛教文獻，是專為佛教研究者所設計的史料學專書。面對難以計數的佛教文獻，佛教研究者該如何入門？如何應用？本書首先將各常見大藏經作實用性的分析；其次介紹重要的佛教叢書與工具書；分論印度、中國（含西藏）、南傳、日本等系佛教文獻的內容及特質；最後以實例說明研究過程中不容忽略的佛典翻譯、版本、藏外文獻、偽經與遺跡等項目。

禪宗六變

顧偉康／著

　　禪宗乃是最典型的中國化佛教，本書運用文化選擇理論，從印度佛教中國化的角度契入，把一部禪宗史分為達摩禪、東山禪、曹溪禪、南禪、宋元明清禪和當代禪六個階段，系統地描述了這「禪宗六變」。對禪宗史上大量偽託的故事和著作的考證和「還原」，乃是本書的一大特色，使得本書對禪宗史的追溯和詮釋，迥異於以往的禪史成說。

簡明佛學概論

于凌波／著

　　本書概述佛教之史傳、佛學之理論，及佛法之修持三大單元。在史傳篇中，簡介釋迦牟尼的生平傳略，及印、中的佛教發展。在理論篇中，以緣起論、五蘊百法、十二緣生觀、三法印、四聖諦、空性哲學六章，概述大小乘、空有二系之基本哲理。在修持篇中，由對佛教之認識、五乘佛法之組織、修持，以及修密念佛四章，概述大乘小乘修持之方法與步驟。

佛教思想發展史論

楊惠南／著

　　佛教，從印度到中國，不管在教團、戒律、教義等各方面，都有不同的內容發展。作者以佛教概論和佛教史的雙重角度，分析、考查中、印佛教在思想上的發展。概論式的面向，著重在佛教哲學問題的橫面意義，討論了佛教哲學中的各種重大問題。本書即是以這雙重面向，討論了中、印佛教各宗各派的哲學內涵，因此它既是佛學概論，也是佛教史。

龍樹與中觀哲學

楊惠南／著

　　龍樹一生著作甚多，其中以《中論》及《大智度論》最為著稱。本書作者楊惠南教授，潛心鑽研印度佛學，專心研究龍樹的著作，並透過論文釐清龍樹哲學中一些重要概念的問題。例如：「空」的真義是什麼？龍樹的方法論是黑格爾(Hegel)式的辯證法(dialectic)嗎？集結多年心血為一書，是研究龍樹與中觀哲學不容錯過的重要著作。

國家圖書館出版品預行編目資料

中國華嚴思想史／木村清孝著;李惠英譯.――三版一
刷.――臺北市: 東大, 2022
　　面;　　公分.――（現代佛學叢書）

　ISBN 978-957-19-3338-2（平裝）
　1. 華嚴宗 2. 佛教教理

226.31　　　　　　　　　　　111016917

現代佛學叢書

中國華嚴思想史

作　　者	木村清孝
譯　　者	李惠英
發 行 人	劉仲傑
出 版 者	東大圖書股份有限公司
地　　址	臺北市復興北路 386 號 (復北門市) 臺北市重慶南路一段 61 號 (重南門市)
電　　話	(02)25006600
網　　址	三民網路書店 https://www.sanmin.com.tw
出版日期	初版一刷 1996 年 2 月 二版一刷 2011 年 5 月 三版一刷 2022 年 11 月
書籍編號	E220410
I S B N	978-957-19-3338-2

東大圖書公司